운(학습운 · 사업운)

성보의 풍수인테리어

안종선 지음

도서 출판
산 청

운(학습운 · 사업운)

성보의 **풍수인테리어**

CONTENTS

INTRO · 10

제1편 - 운을 부르기 위한 풍수

제1장   주택 · 14

주택이란 · 14
주택의 자리 잡기 · 17
주택의 선별조건 · 26

제2장   주택풍수의 영역 · 30

중앙 · 32
북쪽 · 33
북동쪽 · 34
동쪽 · 36
동남쪽 · 38
남쪽 · 39
남서쪽 · 40
서쪽 · 43
북서쪽 · 44

제3장   주택의 외향 · 47

북쪽 · 48
동쪽 · 50
서쪽 · 51
남쪽 · 52
북동쪽 · 53
남동쪽 · 55
남서쪽 · 56
북서쪽 · 57

제2편 - 주거 공간의 풍수

제1장　**개인주택** · 60

　　　입지 · 60
　　　정원 · 72
　　　건물 · 75
　　　바닥 · 77
　　　지붕 · 79
　　　방과 내부 공간 · 82

제2장　**아파트** · 93

　　　입지 · 93
　　　배산임수 · 94
　　　전저후고 · 96
　　　전착후관 · 96
　　　위치와 배열 · 97
　　　내부의 방문 배치 · 101

제3장　**학교** · 105

　　　입지 · 105
　　　도로의 영향 · 107
　　　건물 · 107
　　　교실의 구조와 책상위치 · 110
　　　띠별로 찾는 자리 · 112

제4장　**업무시설** · 113

　　　입지 · 113
　　　교통 · 115
　　　외관 · 116
　　　건물의 내부 · 118

제3편 - 기를 살리는 공간 구성

제1장   **기를 살리는 공간** · 122

　　　　침실 벽에는 시계를 걸지 않는다 · 127
　　　　침대의 배치 · 127
　　　　소품과 가구 · 137
　　　　조명 · 140
　　　　거울 · 142
　　　　커튼 · 144
　　　　전자기기 · 146
　　　　문과 창문 · 148
　　　　책상 · 149
　　　　옷걸이 · 151
　　　　벽의 장식(그림) · 152
　　　　다양한 물건 · 156
　　　　식물 · 159

제2장   **의복과 소품** · 167

　　　　사주에 따른 색상 선택 · 167
　　　　정장과 코트 · 168
　　　　셔츠와 블라우스 · 169
　　　　속옷 · 171
　　　　가방 · 172
　　　　지갑 · 173
　　　　명함지갑 · 174
　　　　화장품 · 175
　　　　운동용품 · 176
　　　　장난감 · 177

제3장   **수맥의 영향** · 179

　　　　인체에 미치는 영향 · 181
　　　　학습에 미치는 영향 · 187
　　　　시험에 미치는 영향 · 188
　　　　업무에 미치는 영향 · 189

제4편 - 풍수지리 일반 이론

제1장　**풍수 일반**·196

　　　풍수지리란?·196
　　　자연의 법칙을 적용한다·199
　　　음택풍수(陰宅風水)·202
　　　양택풍수(陽宅風水)·203
　　　풍수지리의 역사성·205
　　　음양오행론과 팔괘·208

제2장　**양택풍수**·213

　　　양기와 양택, 그리고 형세·213
　　　양택3요결·215
　　　양택구성의 3요소·225
　　　동서사택·228

제3장　**입지와 택지**·239

　　　좋은 집과 나쁜 집·239
　　　주택의 입지·245

부　록

　　　반드시 알아야할 풍수 인테리어 지식 91가지·260

INTRO

최근 시중에 '풍수 인테리어'라는 말이 膾炙되고 있다. 어제 오늘의 일이 아니다. 그러나 새롭게 인식되고 있으며 새롭게 받아들여지고 있는 것도 사실이다. 그렇다면 과거에는 풍수 인테리어가 없었는가 하고 묻는다면 대답이 막막해진다.

오래전부터 우리의 조상들은 풍수지리를 생활화하였다. 이 풍수지리의 범주는 대부분 陰宅風水와 陽宅風水로 대별되는 흐름을 가지고 있었다. 물론 形氣論이냐, 理氣論인가를 따지는 것도 문제가 되고 이야기 거리가 되겠지만 음택과 양택을 판별하고 적용하는 것이 드러나는 풍수지리의 모습이었다.

특히 양택은 인간이 살아가며 이용해야 하는 집이라는 명제를 드러내는 것이다. 이 집을 이용하여 인간이 어떻게 효율적으로 살아가는가하는 것이야말로 양택풍수를 올바로 이해하는 관점으로 이용되었다.

오래도록 우리 조상들은 주택을 파악하고 지어왔으며 분석하고 그 결과로 우리가 살기 좋은 집의 형태와 그에 따르는 부수적인 사항들로 양택풍수의 이론을 정립하였다. 그 결과 우리의 양택풍수는 背山臨水, 前低後高, 前着後寬의 법칙과 陽宅三要를 이용하여 올바른 가상을 구분하는 東西舍宅法의 방법을 그 모태로 삼아왔다. 이 과정에서 우리 조상들은 풍수지리가 天氣, 地氣, 人氣를 이용하여 기를 순화시키고 응용한다고 주장해 왔다. 그러나 하나 빠진 것이 있으니 바로 物氣라는 것이다. 사물도 고유의 기가 있다는 것을 주장하면서 양택에서 사용하는 가구나 각종 물건의 기에 대하여 면밀하게 분석하지 않았다는 측면이 있으며 다른 주장에 비교해 가구배치와 같은 소소한 가상의 부속적인 물건들에 대한 이념은 아직도 정립이 약하다.

　최근 들어 홍콩의 풍수가 중국을 거쳐 영국과 프랑스, 미국을 거쳐 다시 우리나라로 유입되고 있다. 이에 일본의 풍수까지 더해져 어느 것이 옳고 그른 것인지 막연하게 되었다. 그리고 마치 내부를 장식하는 실내 인테리어가 모두 풍수지리인양 호도하기도 한다. 물론 내부를 치장하는 풍수 인테리어가 있음도 틀린 말은 아니다. 문제는 이 내부를 치장하는 풍수 인테리어가 풍수의 모두인 것처럼 호도하는 것이다.

　내부 인테리어는 내부일 뿐이다. 인테리어라는 말은 이미 내부를 지칭하고 있는 말이다. 그러나 양택은 단지 내부로 이루어진 것은 아니다. 진정한 측면에서 보면 사람이 살아가는데 내부적인 요소는 매우 중요하지만 양택이라는 측면에서 보면 그 의미는 매우 작다.

　가장 중요한 것은 이미 집이 있은 후에 인테리어가 따른다는 것이다. 집의 규모나 구조, 즉 家相이라는 것은 이 집이 근본이 좋은 집이냐, 나쁜 집이냐를 가리는 것이다. 이는 동서사택으로 가릴 일이다. 내부 인테리어는 치장에 불과하다. 아무리 잘 치장한들 근본이 옳지 않으면 그 효과를 기대하기는 어렵다. 그러나 근본이 옳으면 내부의 치장이 조금 모자라도 크게 모자라지 않는 것이다. 물론 어느 것을 등한시 할 수는 없다. 그러나 내부 인테리어를 주장하기 전에 먼저 올바른 가상을 확립하는 것이 중요하다.

실내 인테리어를 주장하는 경우라도 반드시 건물의 기본적인 옳고 그름을 판단하는 가상을 주장할 일이다. 가상이 올바른 후에 풍수 인테리어를 주장할 일이다. 아무리 풍수 인테리어가 화려하고 올바르다 하여도 가상이 올바르지 못하다면 이는 고양이 얼굴에 치장을 한 것이나 다름없다. 아무리 치장을 하여도 고양이가 사람이 될 수 없는 것처럼 인테리어를 아무리 잘해도 올바른 가상이 아니라면 역시 올바른 집이 아닌 것이다.

실내 인테리어가 풍수 인테리어가 되기 위해서는 올바른 가상을 바탕으로 하여야 한다. 따라서 반드시 동서사택법에 의거하여 올바른 가상을 찾은 후에 인테리어를 통해 완성도를 높이는 기법이 필요하다 할 것이다.

이 책은 가장 중요한 家相法을 그 바탕으로 한다. 다른 서적의 현란함을 추구하지 않은 이유는 바로 그 기본에 충실하기 위해서다. 무작정이라고 할 정도로 인테리어만 주장하는 경우도 있는데, 이는 사람인지 짐승인지도 모르고 치장을 하라는 격이 될 수도 있다. 따라서 이 책은 기본에 바탕을 두고 사람이 확인된 후에 치장을 하듯 사람이 살기에 올바른 집을 찾아내는 것을 우선으로 하고 그 후에 기를 받아들이는 풍수 인테리어를 기술하였다.

모쪼록 이 책을 통해 기를 받아들여 목적을 이루거나 발전에 보탬이 되는 도구가 되기를 바라는 마음 간절할 뿐이다.

2014년 轟轟軒에서

晟甫 安鐘善

제1편
운을 부르기 위한 풍수

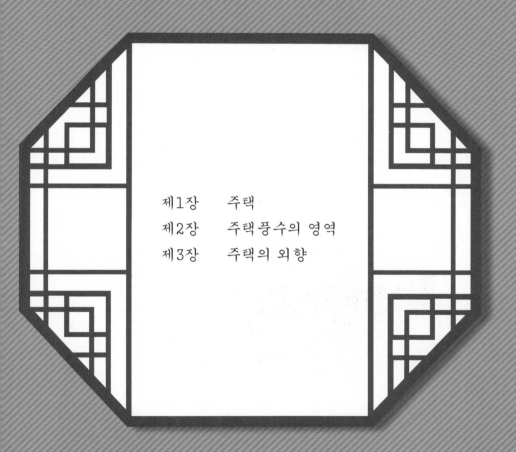

제1장   주택
제2장   주택풍수의 영역
제3장   주택의 외향

제1장 주택

1. 주택이란

  사람이 사는 곳을 일반적으로 주택이라 부른다. 이 주택에서 사람들은 가정을 꾸리는 것이다. 동서양을 막론하고 이 개념은 동일한 것으로 볼 수 있는데 영어로는 집이란 house, housing정도가 될 것이다. 이 땅에 살았던 조상들은 주택이란 가정의 거주지이며 학습장소, 아이를 낳고 기르는 양육의 장소이며, 제사를 지내는 장소로까지 사용하였다. 아직도 많은 부분은 변하지 않고 적용되고 있다.

  주택이란 가족이라는 관념을 버리고는 설명되지 않는 개념이다. 영어문화권의 개념과 우리의 전통적인 개념을 혼합하여 주택을 분리하거나 분류해보면 그 개념상 적지 않은 주택이 있음을 알 수 있다.

모든 건물이 주택은 아니다. 주택은 양택 중에서 사람이 가정을 이루고, 혹은 주거용 목적으로 사용하는 건물이다. 공공주거용으로 지어진 아파트, 연립주택을 비롯하여 별장 등도 주택의 범주에 포함된다. 그러나 사업용 시설이나 상업용 빌딩은 주택에 포함되지 않는다.

  주택의 종류는 여러 가지가 있겠지만 detached house, single-unit house는 우리가 흔히 알고 있는 단독주택이라는 개념이 된다. mansion, palace는 대저택으로 아마도 우리의 조상이 남긴 고택이 해당될 수 있을 것이다. 안동의 하회마을, 경주의 양동마을, 영주 봉화지역의 법전, 그리고 전통가옥이나 문화재로 지정된 가옥들이 이러한 개념에 들 것이다.

현대의 주택과 고전적인 과거의 주택과는 엄연한 차이가 있다. 현대의 주택 개념에서 규모가 커졌다고 하면 건축물의 면적 개념이지, 많은 수의 건물이 하나의 담장 안에 자리하거나 그 자체로 그룹을 이루는 장원의 형태는 이루어지지 않는다. 한국 사회의 주택 개념에서 여러 대의 가족이 모여 사는 대가구의 개념과 장원의 개념은 사라져가고 있다.

(Am)duplex, (Brit)semi-detached house는 두 가구용 주택으로 최근 소규모이지만 한국에도 이러한 집들이 지어지고 있다. 연립주택의 변형이거나 개인 주택에서 전세를 놓는 구조, 혹은 최근 지어지는 두 가구용 주택이 이에 속한다 할 것이다. cottage는 흔히 볼 수 있는 시골의 작은 집이며 apartment, (Brit)flat (※임대만 가능)라고 불리는 아파트는 1950년 이후 대부분 지어지기 시작했는데 이미 우리생활에 가장 많은 부분을 차지하는 집의 형태가 되었다. 한국의 아파트 문화는 1962년부터 시작되었다.

영어로 (Am)townhouse, (Am)row house, (Brit)terraced house라고 표기되는 연립주택은 애초부터 우리문화의 주택은 아니었다. 1980년대 즈음부터 유입된 주거형태로 2000년 즈음을 지나면서 아파트와 더불어 주택문화 전반을 지배한 시스템이다.

최근에는 (Am)studio (apartment), (Brit)studio (flat)이라는 불릴 수 있는 주택 문화가 자리를 잡아가고 있다. 원룸이라고 불리는 이 주택형태는 처음에는 대학가에서 소규모로 지어졌지만 최근에는 주택가에도 대량으로 지어지고 있으며 대규모 신시가지를 비롯해 상가, 비즈니스센터 등에 점차 증가추세를 이루며 자리 잡고 있다. 이 원룸이라 불리는 건물은 단순한 주거형태의 건물로 주택이라 부르기에는 부족한 점이 있지만 경제적인 문제와 소규모의 거주자를 위한 선택에서 유리하므로 주거용 뿐 아니라 소규모 사업자들의 사무용으로도 대거 사용되고 있으며 앞으로도 지속적인 증가세를 이룰 것이다.

예전에는 그저 집이라고 불렸을 것으로 보이는 주택형태이지만 변화를 가져온 주택의 형태도 적지 않다. country house[villa]라고 불리는 전원주택도 애초 단독으로 지어지거나 농가 인근에 지어지던 것이나 최근에는 단지의 형태를 지니며 개발되어 대단위를 이루는 경우도 많고 condominium, condo (※ 보통 apartment에 비해 규모가 좀 더 크고, 임대만 가능한 apartment와 달리 개인이 소유할 수 있는 집이다.)라고 불리는 주택형태는 관광이나 일정 지분의 별장 형태로 소유지분의 일부로 사용이 가능해진 형태이다. 콘도미니엄은 완벽하게 자신의 소유가 아니라 일정 지분을 가지는 것이며 경영은 운영자의 주체로 이루어지는 것으로 소유와 경영의 분리가 이루어져가고 있다.

한국의 전통 거주용 건물과는 다른 이 모든 시스템은 명확하게 양택의 개념이지만, 세분하여 살펴보면 주택의 의미를 가지는 경우가 대부분이다. 따라서 가족이 주거하는 목적만의 건축물이 아니라 해도 모든 건축물들이 우리가 살아가는 데 얼마나 영향을 주는지 파악하고 인식할 필요가 있다.

2. 주택의 자리 잡기

주거용 주택, 즉 가족이 주거하는 집을 지으려면 어느 곳에 지어야 할지 고민이 많아진다. 이미 지어진 주택은 어디에나 적지 않지만 본인의 생활 형태를 기초로 하여 주거지를 선별하기란 쉽지 않다. 주택을 선택하거나 지으려면 여러 조건을 생각해야 한다. 현실적으로 경제적인 문제가 가장 크겠지만 그 밖에도 여러 가지 상황을 고려하지 않을 수 없다. 현대사회는 과거와 달리 농사만을 지으며 사는 고려시대나 조선시대와 다르다. 출퇴근의 문제, 학교나 기타 학습여건의 문제, 생산과 소득의 문제, 수송, 병원의 거리와 같은 문제들이 산재하고 있으며 이를 적극적으로 고려하지 않을 수 없다.

주택의 입지를 선정함에는 여러 가지 요인을 고려하지 않을 수 없다. 출퇴근의 문제, 학교나 기타 학습여건의 문제, 생산과 소득의 문제, 수송, 병원의 거리 등이 입지 선정의 비교 요인이 된다.

주택을 짓거나 이미 지어진 주택을 선택하여야 할 때 일반적으로 경제적인 문제가 가장 중요한 고려 사항이다. 이러한 문제가 우선적으로 고려되었다면 출퇴근을 포함하는 직장의 문제, 학교와 학원들을 포함하여 자식의 학습권에 관한 문제도 고려한다. 특히 현대적 사고의 관점에서 자식의 교육 문제 등은 아주 깊이 고려해야 할 문제이므로 심사숙고 한다.

아울러 출퇴근 거리가 멀어지기 때문에 경제활동에도 영향을 미칠 것이다. 그러나 가까운 곳에 근무처가 있거나 주택이 이전함에 따라 사업장이나 근무지가 이전이 가능하다면 입지 선정의 고려 대상이 될 것이다.

근무처가 지나치게 멀다면 출퇴근에 많은 시간이 걸릴 것이고 늘 스트레스와 피곤이 쌓일 것이다. 근무지는 가능한 가까워야 하고 교통이 편리해야 한다. 만약 근무처와 주택 사이에 거리가 있다면 교통이 좋거나 도로가 좋아야 한다.

(1) 방향을 올바로 정해야 한다

주택을 짓거나 이미 지어진 집을 구매한다면 목적과 효과를 가늠하지 않을 수 없다. 경제적인 면과 교통, 가장이나 주 소득자의 업무적 성향을 고려하여 지역을 정하였다면 실제적인 주택에 대해 파악해야 한다.

일반적으로 주택을 정하거나 선택할 때는 좌향(坐向)을 많이 생각하는데 일반적으로 남향이나 동남향을 하고 있으면 집안이 자연히 따뜻하기 마련이다. 남향이란 관점에서 좌향이란 것은 남쪽으로 거실 창이 있어 빛이 많이 들어온다는 것이다. 일반적으로 남향과 동향은 태양이 많이 비쳐드는 특징을 지닌다.

남향은 빛이 많이 드는 방향의 특징을 지닌다. 만일 그 반대 방향이면 북쪽에 거실의 창이 나있는 형태가 될 것이다. 우리나라의 경우 겨울에는 북서풍이, 여름에는 동남풍이 불어오기 때문에 겨울이면 춥고 여름이면 오히려 덥다. 따라서 고려대상이 된다.

집안으로 태양이 들면 따스하다. 난방시설을 사용하지 않았음에도 따뜻하다는 것은 빛이 집안 내부로 많이 들어온다는 의미이고, 에너지의 순환이 활발하다는 것이며 밝은 것을 의미한다. 그늘져 어둡거나 빛이 스며들지 못해 음침한 집은 가격 면에서도 불리하지 않을 수 없다. 필요시 판매가 잘 이루어지지 않아 환금성도 부족하여 재산으로서의 가치도 적다. 아울러 따스하다는 것은 자연적인 소독이 이루어진다는 것을 의미하기도 하고 가정이 평화로울 것이라는 느낌을 준다. 따스함이 스며드는 주택은 양(陽)의 에너지가 흘러 가정이 화목하고 밝다.

흔히 남향이라는 말을 한다. 이 말은 북쪽. 북서쪽이 산에 둘러막히고 남쪽을 바라보는 좌향을 지닌 집이라는 의미를 가진다.
남향집은 연료절감. 밝은 기운, 자연소독의 이점이 존재한다.

문제는 무조건적으로 남향으로 지어져야 한다고 믿는 생각이다. 예로부터 주택은 남향이라는 생각이 지배적으로 존재하고 있음도 사실이다. 그러나 그 이면에는 배산임수(背山臨水)를 바탕으로 하는 사상이다. 즉 등 뒤로 산을 등지고 앞은 낮은 구조의 지세에 집을 지어야 한다는 것이다. 남향이라는 사고도 중요하지만 그보다는 산을 등지고 안정된 지세를 구한다는 것이 먼저이다. 만약 남쪽으로 산이 있다면 북쪽을 바라보며 집을 지을 수밖에 없다. 이 때는 다른 방법으로 빛을 주택으로 끌어들이는 지혜가 필요하다.

일반적인 생각으로 남향으로 창을 내거나 거실의 방향을 정하면 주택 안으로 빛이 많이 들어오고 집안이 밝을 것이라고 생각하는 사람이 많을 것이다. 틀린 생각이 아니라는 것은 분명하지만 문제는 무조건적인 남향에 대한 기대와 사랑이다. 만약 남향이라 해도 앞에 자리한 타인의 집이 지나치게 높거나 높은 산이 자리하고 있다면 빛이 차단되므로 구매와 건축을 다시 생각해야 한다. 앞집이 지나치게 높거나 높은 산이 있다면 심신이 억압을 당하거나 불행한 일이 일어날 가능성이 있다.

태양을 받아들여 따스하고 안정적인 에너지가 존재하는 집을 짓는다는 측면에서 남향을 고집한다면 주변 지세에 따라 생각을 바꿀 필요가 있다. 현대 사회는 과학이 발달한 사회이다. 반드시 햇빛이 아니라도 온기가 있는 집을 짓거나 에너지를 이용한 빛을 발생시켜 배치 할 수 있으며 인테리어를 통해 충족할 수 있다. 북향이라 하더라도 남쪽으로 일부 창을 내거나 산에서 일정거리를 떨어뜨려 배치함으로써 후면을 통해 빛이 스며들게 할 수도 있다. 중요한 것은 빛의 존재 이전에 배산임수(背山臨水)의 법칙이다.

(2) 하늘과 땅의 기운을 받아야 한다

인간은 살아가며 각종 에너지를 필요로 한다. 음식을 먹는 것으로 에너지를 축적하기도 하지만 자연적인 에너지가 없다면 인간은 애초에 생존이 불가능하다. 동양에서는 이 에너지를 생기(生氣)라 명시한다.

생기는 땅에서만 받는 것이 아니라 태양으로부터도 받는다. 인간은 하늘과 땅의 기운을 모두 받아 조화를 이루어야 하는데, 땅에서 솟아나는 지기(地氣)는 건강을 지켜주고 재산을 축적하거나 만드는 기운이고, 하늘의 기운은 명예와 자신의 자존감과 깊은 관계가 있는 기운이다. 이 두 가지의 기운이 조화를 이루었을 때 가장 이상적인 주택의 조건이 이루어진다.

집을 지을 때는 삼합이 이루어져야 한다. 삼합이란 주택을 구성하는 3가지 요소로서 지붕, 몸체, 바닥이다.
지붕은 명예, 몸체는 생산, 땅은 재산을 의미한다.

인간은 땅에서 가까울 때 가장 편안한 안정감을 느낀다. 지나치게 높은 아파트에서 사는 사람 중에는 두통, 어지럼증, 불안감, 심장병, 관절염을 호소하는 경우가 많은데 이는 지면에서 떨어져 생기가 부족하기 때문이다. 이는 땅에서 솟아나는 에너지야 말로 생명과 밀접한 관계가 있는 에너지임을 증명하는 것이기도 하다.

하늘이란 지표면에서부터 시작이다. 하늘은 머리 위에 멀리 있는 것이 아니라 바로 사람의 발바닥 위로부터 하늘이다. 하늘에 흐르는 모든 것은 바로 에너지다. 동양에서 기(氣)라고 표현되는 이 에너지는 지표면 어느 곳에서도 느낄 수 있으며 사람을 포함하여 모든 생명을 지닌 생물에 영향을 준다. 흐르는 바람, 떨어지는 빗방울, 피어오르는 안개, 하늘에서 내리쪼이는 태양의 맑은 기운이 영향을 준다.

모든 빛이 인간에게 호의적인 것은 아니다. 따스하다고 해서 반드시 호의적인 에너지가 흐르는 것은 아니다. 가을의 저녁 햇볕은 오히려 생기를 잃게 하는데 서향의 아파트 베란다에 있는 화초가 싱싱하지 못하고 죽어가는 이유도 바로 여기에 있다. 안정감이란 대지의 형태뿐 아니라 건물 자체에도 적용된다. 교회나 모스크와 같이 뾰족한 지붕은 특수한 의미에서는 가치가 있지만 보통 가정집으로서는 부적격하다. 지나치게 날렵하고 날카로운 사물은 사람에게 부정적이고 날카로운 감정의 에너지를 제공한다. 공공건물과는 달리 가정집은 가장 중요한 안정감을 가치기준으로 보아야 한다.

(3) 교통이 편리해야 한다

현대사회는 스피드 시대이며 시간이 경제력인 시대이다. 시간의 흐름이나 이동거리에 따른 피곤의 누적에 따라 업무의 효율성과 학습의 결과가 나타나는 시대이다. 주택을 설정하거나 택지를 선택할 때는 도심생활권은 물론이고 멀리 지방의 출장도 고려하여 준비하는 마음이 필요하다. 교통이란 때로 의도하는 바와는 달리 출퇴근이나 업무에 지장을 줄 수 있으므로 막연한 기대심리보다는 치밀한 설계와 계획, 그리고 철저한 대비가 필요하다.

업무에 따라서는 이중 삼중의 대비가 필요하다. 일반적인 이동수단으로서의 버스를 비롯한 대중교통과 자가용을 이용한 이동을 위한 도로상황, 만약을 대비한 철도나 전철 등의 상황을 고려한다면 최적의 조건이 될 것이다. 그러나 지나치게 큰 도로나 전철 가까이 주택을 구하는 것은 난센스다.

아무리 좋은 명당이라도 사람이 유용하게 쓸 수 있을 때 명당이다. 명당이란 사람을 기준으로 하는 것이다. 인간이 적용할 수 없고 유용하게 사용할 수 없다면 이미 명당이라고 할 수 없다. 양택을 기준으로 살펴 과거와 현재의 다른 점은 바로 이 교통의 편리성인 것이다.

교통이 좋아야 귀한 손님도 오고 돈과 복도 들어온다. 교통이 나쁜 입지는 경제적인 측면의 환금가치도 떨어진다. 그러나 교통시설에 지나치게 가까이 다가가면 진동과 소음, 때로 고압선의 영향과 분진처럼 오히려 좋지 않으므로 적당한 거리가 어느 정도인지 가늠하지 않을 수 없다.

(4) 도로에 인접해야 한다

교통이 편리하다는 것과 일맥상통하지만 부지와 도로의 접하는 부분은 냉철하게 구분하여야 한다. 교통이 많아야 한다는 것이 아니라 교통이 편리해야 한다는 것이다. 도로가 가까이 있어 편리하다는 것은 매우 좋은 현상이고 부지로서의 장점이지만 교통이 부지 연장과 같은 위치는 바람직하지 못하다. 즉 도로와 부지는 분리되어야 한다. 그를 위해 경계석이나 턱을 조성하여 그 대지구획을 확실하게 하는 것이 좋다.

그럼에도 불구하고 도로와 인접, 혹은 연접한 대지는 매우 좋다. 대지의 사면 중에서 최소한 한 면은 도로에 접해야 하는데 이는 주택이나 상업용 건물이나 공통적인 조건이다. 물론 상가건물이라면 여러 도로에 접하는 것도 좋겠지만 그에 따른 부의 분산은 좀 더 심각하게 고려해야 한다. 대신 주택의 도로는 일정 크기 이상이 되면 역시 차량의 소음이나 충돌, 진동 등으로 스트레스가 증가한다.

도로가 가까운 것은 좋지만 지나치게 둘러싸이면 역효과다. 건물의 사면 모두 도로에 노출되면 재산이 모이지 않는 부지가 된다. 주택은 상가와 다르다. 상가를 기준으로 할 때 그보다 더 좋은 것은 큰 도로의 교차점으로 코너가 되는 대지이다. 그러나 주택은 큰 도로보다는 이면도로가 선정 기준이 된다.

주택은 상가건물과 다르다. 사방으로 도로가 이어지거나 도로에 연접하면 시끄러워지고 때로는 도로로 인한 피해가 생길 수 있다. 사방이 도로로 막혀있다면 강에 있는 모래섬과 같은 존재가 되어 재산이 흩어지고 학습자는 두통에 시달리게 된다. 흔히 충(冲)이라고 부르는 이 현상은 인간의 삶을 피폐하게 만드는 요인이 된다.풍수지리에서는 물이 만나는 주위에 양택 명당이 있는 것으로 본다. 물은 기를 머물게 하고 가두게 하는 것으로 여겨지는데 좁은 터에서는 음택의 터가 생기기도 하고 넓은 터에서는 도시가 만들어지기도 한다. 그러나 반대로 사방에 물이 괴면 썩기 마련이고 물속에 침몰 되는 현상도 나타날 수 있다. 양택에서는 도로를 물로 보기 때문에 도로가 만나는 곳에 좋은 양택지가 있는 것으로 간주한다. 흔히 합수처라고 부르는 곳으로 두 개의 물줄기가 만나는 곳의 상부 높은 지역이 좋은 양택지가 된다. 흔히 두물머리라고 불리는 곳이다. 그러나 도로가 만난다고 하여 모두 좋은 것은 아니다. 도로보다 낮은 지역은 흉한 택지이며 도로보다 높은 지역이 좋다. 실제로 코너 땅과 그 옆의 땅과는 가격차가 매우 크게 나타나고 있는데 상업지역일수록 그 의미는 크다.

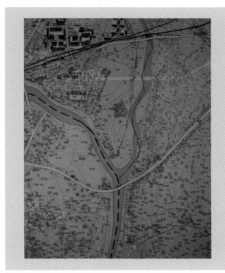

합수처는 흔히 두물머리라 하는 곳으로 두 물이 합쳐지는 상부가 명당이 된다.

경기도 양평군 양서면 양수리를 두물머리라 하는데 남한강과 북한강이 합쳐지는 합수처 상부에 자리한 마을이다. 이렇게 합수처 위쪽의 입지가 좋은 입지이다.

(5) 집 앞의 전경이 좋아야 한다

우리는 앞이 막히면 답답하다고 말한다. 옛사람들은 앞이 답답하고 산이 가까이 다가와 막히면 자식들의 출세를 막는다고 하였다. 실제로 앞이 높은 건물로 막아서거나 산이 있으면 눌리는 기분이 들거나 억압당하는 느낌을 지울 수 없다. 문제는 느낌이 아니라 에너지의 흐름이다.

집 앞에 높은 산이나 건물이 막아서면 빛을 막는 것이다. 표면적으로는 온기의 저하정도이지만 이 현상으로 인해 어두워진 주택이나 건물에서는 냉랭한 에너지의 흐름이 이어지고 억압당하는 에너지의 파장이 일어난다.

주택은 거주지 이상의 중요한 역할을 한다. 활동의 근원지이며 성장의 요람인 주택의 에너지는 안정되고 활기가 넘쳐야 한다. 주택의 전경은 그 집에 사는 인간에게 정신적인 안정과 정서적으로 좋은 영향을 주기에 충분하며 오래도록 그렇게 여겨지고 증명되어 왔다. 앞이 막히면 절대로 안정을 이룰 수 없다.

주택의 마당이 넓어야 하는 이유는 따스하고 밝은 에너지의 파장 때문이다. 바람이 차단되는 것은 좋으나 담이 지나치게 높아 억압당한다면 결국 부정적인 에너지의 영향을 받을 수밖에 없다. 온화하고 평온한 전경은 거주자에게 건전한 사고를 하게 만든다. 그래서 우리의 고택 개념에서 정원은 아늑하고 온화함을 그 미덕으로 삼아왔다. 그 절정은 정원이 밝은 것이고 공기의 흐름을 조절하는 것이다.

내가 사는 집은 낮은데 앞에 지나치게 높은 건물이 있거나 우람하며 높은 산이 있으면 많은 대상에게 억압당하고 타인에게 굽신거리는 사고를 지니게 된다. 산이 있다면 그 경치는 좋겠지만 주택은 일정 거리가 떨어진 곳에 자리 잡아야 한다.

3. 주택의 선별조건

양택의 범주에서 주택은 인간이 거주하며 가족이 삶을 이루는 장소로서 가장 중요한 역할을 하며, 가족은 물론이고 대내외적인 인간관계를 이어나가는 장소인 동시에 개인과 한 주거단위 집단체의 사회적이며 경제적 환경 안에서의 상대적 입지이다.

주택은 가족의 주거지로서 생산의 공간이라는 안정감을 바탕으로 신체적, 정신적 욕구를 해결하는 공간이다. 또한 가족애와 안정된 따스한 에너지의 공급으로 자기성장과 부족한 모든 것을 채울 수 있는 공간이다.

모든 집이 비슷비슷할 것이라는 생각과 달리 양택의 위치와 배치에 따라 명예와 업무능력 및 학습자의 능력이 달라진다. 주거지를 정하면서 주변의 여러 가지 편익시설을 비롯해 이웃과의 관계, 그 지역에 대한 사회적 태도, 직장과 교육적, 문화적 기회로의 접근도 중요하다

일정지역에서 주택을 정한다는 것은 그 지방에서 거주하고 생활을 영위한다는 것이다. 한번 정해진 주거지는 바꾸기가 어렵다. 따라서 선조들은 단순히 경제적인 조건만으로 주거지를 선택하지 않았다.

주거지를 선택하기 전에 그 지역의 인심과 민심을 세밀하게 살피고 산과 물을 살폈다. 결국 사람이 살아가는 방식이나 요소에 풍수지리가 매우 중요한 역할을 하게 된다.

예로부터 인심과 민심은 그 지역의 풍수지리에 의한 것이라 했다. 조선시대의 실학자 이중환(李重煥)이 쓴 《택리지(擇里志)》에는 풍수지리와 사람의 관계를 표현한 내용이 있다.

'대저 살 곳을 정하는 데에는 첫째 지리(地理)가 좋아야 하고, 다음 생리(生利)가 좋아야 하며, 다음 인심이 좋아야 하고, 또 다음은 산수가 아름다워야 한다.'

이중환은 《택리지》라는 책에서 사람의 성정(性情)은 산수(山水)에 의해 결정된다고 주장하였으며 그 마을의 산수를 보면 그 마을에 사는 사람들의 성정을 알 수 있다는 주장을 하였던 것이다.

산수를 파악하는 것은 역시 풍수지리의 이념에 근거하는 것이다. 따라서 그 지역의 풍수지리에 따라 민심이 조성되니 거주자의 마음도 영향을 받게 된다. 외부인이 새로운 보금자리를 찾을 때는 매우 중요한 문제가 된다.

간혹 새로운 사람이거나 낯선 사람이 정착하기에 힘이 드는 지역이 있다. 경제적인 요인보다 사람과의 관계 때문이다. 한 지방의 기후와 지세는 물론이고 산출되는 각종 재료와 자연환경 등의 자연적인 요인이 풍수지리의 영향을 받는다. 산과 물, 기후의 영향을 받아 형성된 그 사회의 풍속과 관습, 가치관 등의 인문사회적 요인은 주거 형식과 형태를 형성하는 주요 요소가 된다. 따라서 이 모든 것이 인격을 형성하고 인심을 만드는 요인이 된다.

삶의 터전으로서 집을 짓는다는 것은 단순히 주거지로 삼아 산다는 이념 이상으로 매우 중요하며 시대상과 과학의 발전을 보여주는 하나의 문화현상이 된다. 자연현상에 기인한 삶의 방식이 그 지역의 문화가 된다. 이 문화는 풍수를 나타내는 것이며 지리의 영향에 기인한다. 따라서 예로부터 일정 지역의 산수를 살피면 그 지역의 풍속과 인심을 알 수 있다고 했다.

새로운 마을이나 낯선 곳에서 정착하고자 주택을 지을 때 가장 중요한 것은 그 지역에 어울리는 기후와 문화, 풍토를 거슬리지 않는 주택을 지어야 주거자의 건강이 유지되고 학습효과가 극대화 되어 경제와 인지의 발전을 가져오게 되는 것이다. 또한 주택의 형태와 형식은 그 나라와 시대의 발전, 문화와 환경에 직접적인 영향을 받아 변천하게 된다. 더불어 주택의 형태는 자연과 동떨어지지 않은 형태를 지녀야 한다.

이 땅의 주택문화는 오랜 시간이 흐르며 형성된 것이다. 따라서 주택에는 이 땅에 살아온 사람들의 의식과 문화, 정체성이 담겨져 있다. 경제와 인지의 발달을 위해 끊임없이 진일보 했으나 그 바탕에는 풍수지리라는 오랜 전통을 깔고 있다. 오래도록 유지되어 온 형태가 서구문물의 도입으로 변화되고 있으나 내부적으로는 많은 부분이 옛 전통의 풍수지리를 수용하고 있다.

서구형의 주택 문화라 하더라도 전통의 풍수지리 사상에 따라 적용되는 폭 넓은 문화가 형성되고 있기도 하다. 서구문화를 받아들여 이루어진 현대 건축이라고 하더라도 이 범주를 벗어나지 못하고 있다.

오행사상은 각각 그 에너지의 특성을 분류하거나 융합함으로써 주택의 옳고 그름, 적용의 방위를 실체화 하고 있다.

예로부터 이 땅에 살아온 조상들은 이러한 방법을 도입하여 가문의 명예를 지켜내었고 자녀들의 학습효과를 극대화 하였다. 잠시 사라지고 약해져 가던 이러한 전통이 최근 다시 받아들여지고 분석되어 과학적인 통계를 바탕으로 사양의 건축문화를 바탕으로 이루어진 현대건축에 적용되고 있다.

제2장 주택풍수의 영역

주택에는 가족 구성원 개개인에게 어울리는 각각의 영역이 있다. 누구에게나 어울리는 영역이 있고 구분하여 적용하여야 할 영역이 있다. 이 영역은 방위를 따라 배치되고 오행의 사상을 적용받는다. 물론 이 적용 방법은 오래도록 이용되어 왔고 적용의 틀에서 통계학의 바탕을 이루고 있다.

주택을 구별하여 좋은 집인가, 혹은 나쁜 집인가를 구별하려면 전통풍수에서는 기본적으로 동서사택(東西舍宅)이라는 기본원리에 따른다. 오래된 고택의 대부분은 이 동서사택의 범주를 벗어나지 않음을 알 수 있다. 방위학을 바탕으로 이루어진 동서사택이 원리에 따라 좋은 집으로 판단되면 각각의 방향에 따라 고유의 영역이 주어진다. 이 영역에는 각각 다른 에너지가 흐르고 있으며 거주자에게 영향을 미친다. 거주자들은 이 에너지를 올바르게 사용함으로써 목적과 이상에 빠르게 다가갈 수 있다.

전통풍수는 주택의 방향을 나누어 각각의 에너지를 분석하고 그에 따르는 공간을 나누어 가족의 생활 영역을 나누었다. 이 나눔의 원리는 철저하게 방향에 따른 것으로 흔히 주역(周易)의 팔괘(八卦)를 적용한다. 그러나 8개의 방위에 더하여 때로는 중앙을 땅의 영역으로 따로 구별하여 9개의 공간으로 나누기도 한다.

팔괘그림(8방향)

혼돈이 있었다. 흔히 일원(一元)이라 부르는 혼돈에서. 태극이 나왔다. 태극에서 음과 양이 나오니 이를 양의(兩儀)라 한다. 이 두 개의 의(儀)를 둘로 나눈 것을 사상(四象)이라고 한다. 그리고 이것을 다시 이분하면 팔괘(八卦)가 된다. 중국 사상에서 양의는 각기 음양으로 나누며 기초적인 사상을 제공한다. 음과 양은 서로 대립하고 순환하는데. 이것들의 조합을 통해 자연계의 본질을 파악할 수 있다는 것이 팔괘의 근본 사상이다.

　전통풍수에서 보듯 방향에 따라 나누어지는 이 8개 내지는 9개의 영역은 일정한 규칙에 따라 카테고리로 나누어 분류될 수 있다. 즉 전통의 풍수지리 분석법에 따라 방위만으로 분류하면 8개의 방위이지만 중앙이라는 방위를 따로 표시할 수 있을 것이다. 이론과 학자에 따라서는 8방위로만 분류하는 경우도 있다.

　주택은 하나이지만 주택내부를 흐르는 에너지는 모두 같지 않다. 이 에너지들이 모여 주택이라는 하나의 에너지로 융합을 이룬다. 그 이전에 각각의 방위를 지배하는 이 에너지를 올바로 이동시키거나 분포시킴으로써 우리의 인생이 밝아지고 좋아질 수 있다.

　주택을 구성하는 카테고리는 주택 영역을 분할하고 있는 각각의 공간을 통해 영향을 미친다. 각 영역을 흔히 괘(卦)라고 부르는데 특정한 영향력을 지닌 영역으로 모두 모으면 팔괘(八卦)라고 한다. 이 팔괘는 각기 다른 영역의 에너지로 분류할 수 있다. 이 팔괘가 각각의 주택 내부에 영역을 차지하고 있으며 음양과 더불어 방향과 구역의 특징을 결정짓는다. 이러한 방향의 배치를 통해 가족의 화목과 목표를 달성할 수 있다.

1. 중앙

현관문을 들어서서 집의 중심으로 나아가 중앙에 서 보자. 이 공간은 건물의 중앙이며 힘이 모두 모이는 곳이다. 풍수지리에서 이 공간은 모임, 정점, 혹은 모든 것의 시작이라는 의미를 가지고 있으며 중앙, 땅이라는 의미를 지닌다. 이러한 의미에서 중앙은 주택에 흐르는 에너지의 중심이기도 하다.

모든 주택과 다름없이 아파트와 같은 경우도 평면으로 따져 중앙을 찾는다. 물론 거실의 중앙이 아니라는 것은 누구나 이해 할 수 있다. 거실의 중앙이 아니라 건물의 중앙이다. 건물 전체 평면의 중심을 말한다.

이 중앙은 팔괘의 중앙이 되어 모든 가족과 연결된다. 달리 말하자면 이곳 중앙은 땅을 의미하는 토(土)의 영역이며 모든 기가 합쳐져 이루어진 에너지의 집합장소이다. 애초 동사택이나 서사택으로 나눌 때, 중앙은 따로 분리하지 않았다. 그러나 방향의 구심점이라는 점에서 분리해 생각할 필요가 있을 것이다.

이 영역은 에너지의 통합과 건강을 의미하는 공간이 된다. 주택의 정중앙에 위치하고 있음으로 각 부분별 영역에 영향을 미친다. 이 부분은 사람으로 치면 심장을 포함하는 장기가 있는 몸통의 중심과 같다. 건물에서 크게 두드러지지 않지만 결코 등한시 할 수 없다.

중앙이 청결하고 아름다워야 아름다운 가족, 화목이 이루어진다. 이곳이 지저분하다거나 가전제품이 자리를 차지하고 있고 물건이 난삽하게 쌓여 있거나, 혹은 늘 냄새가 풍겨나는 식탁이 놓여 있으며 항시 지저분한 무엇인가가 놓여 있다면 가족의 건강은 물론이고 화목도 기대할 수 없다. 예로부터 약 많은 집에 환자 많은 법이라고 하였으며 식탁에 중앙을 차지하고 약들이 놓여져 있다면 이 주택의 거주자들은 늘 병마에 시달릴 것이다.

건물의 중앙은 주택이 가지고 있는 고유한 기의 통로이자 집합장소이며 각 지역에 영역을 미친다. 특히 각 방향으로 이어지는 분할의 시작이며 통합의 기능을 가진다.

2. 북쪽

이 방향을 차지하는 구역은 중남(中男)의 공간이며 오행으로는 물을 의미한다. 중남이라는 의미는 형제간의 중남은 물론이고 15세에서 25세 정도의 나이를 지닌 남성을 의미하기도 한다. 이 공간의 에너지는 중남의 파릇함과 얼음을 뚫고 솟아오르려는 생동감이 있다. 음양으로 보면 양(陽)의 공간이며 오행으로는 검은 색을 나타내는 곳이며 숫자로는 1과 6이다.

북쪽은 물을 의미하며 검은색. 중남. 1과6 이라는 숫자를 의미한다. 또한 신장과 방광을 의미하며 여자의 생식기를 의미한다. 주택에서 이 부분에 문제가 있으면 중남에게 피해가 일어난다.

이 부분이 함몰되거나 방과 마당에 삼각형 공간이 나타나면 중남에게 아주 좋지 않은 영향을 미치게 된다. 특히 방이 삼각형으로 분할되어 누군가 사용한다면 대수술을 요하는 병이 올 가능성이 매우 높다. 반드시 북쪽이 아니더라도 가능한 모든 방은 정방형으로 네모진 것이 좋고 심미적으로 구성한다면 원형도 좋은 영향을 준다.

3. 북동쪽

이 방향에 자리한 구역은 소남(小南)의 영역이다. 오행으로는 황토색을 의미하며 음양으로는 양에 해당하고, 오행의 토(土)를 표방한다. 숫자로는 0과 5이다. 물론 10도 해당한다. 에너지가 지나치게 왕성하지만 안정감은 조금 떨어진다. 특히 건강에 많은 영향을 미치는 에너지가 흐르는 곳이다. 특히 절기로 분류하면 환절기에 해당하는 곳이라 변화가 많은 곳이다.

일부 학자들은 이 방위를 매우 중요하게 여긴다. 흔히 귀문방(鬼門方)이라는 말로 표현하는 곳으로 중요한 공간의 배치를 삼가는 경향이 있다. 특히 문을 내거나 화장실을 배치하지 않는 경우도 있는데 이는 모두 귀문방이라는 생각 때문이다. 귀문방은 이곳 북동쪽이라는 방향이 절기로 따지면 간절기에 해당하고 변화의 장소이기 때문이라는 것이 그 근본이념이다. 그러나 귀문방을 무시하는 경우도 적지 않다.

이 방위는 철이 없는 어린 남자아이가 머무르기에 적합한 곳이다. 환절기란 특징이 건강상으로 위험도가 있는 것은 사실이지만 환절기의 특성이 각각의 절기가 바뀌는 구간으로 운동 에너지가 넘치는 곳이므로 지치지 않고 뛰어노는 아이들에게 어울리는 공간이다. 만약 어린 남자아이가 집에 있다면 이 영역이 가장 좋은 자리이다.

북동쪽은 흙(土)을 의미하며 황토색, 소남. 0과 5, 그리고 10이라는 숫자를 의미한다. 또한 비장과 위장을 의미한다. 주택에서 이 부분에 문제가 있으면 소남에게 피해가 일어난다. 아울러 10세 언저리의 남아에게도 영향이 미친다.

어른이 사용한다면 업무적으로 실수가 있거나 돈을 헤프게 쓰는 경우가 생길 수 있다. 물론 이 방향의 벽이나 건물 몸체가 함몰이 되었거나 이 부분의 지붕이 불규칙하다면 돈이 쉽게 빠져나가고 거주자 중에서 어린아이에게 많은 영향을 미친다.

만약 태어난 지 얼마 되지 않은 어린아이의 침실이 필요하다면 이곳이 제격이다. 아울러 이곳은 땅을 의미하기 때문에 어린아이에게 성장의 생동감과 안정감을 줄 수 있다. 그러나 이곳에서 돈을 다룬다면 쉽게 벌어 쉽게 빠져나갈 것이다. 따라서 이곳에 가정주부의 공간을 배치하면 집안 의 재산이 쉽게 빠져나갈 가능성을 배제하지 못한다.

4. 동쪽

역시 벽면이 불규칙하거나 함몰되면 좋지 않은데 장남(長男)의 영역이 기 때문에 큰 아들이 영향을 받는다. 만에 하나 삼각형의 공간이 배치된다 면 장남의 몸에 병화가 생길 가능성이 높고 집안에 공부하는 사람이 있다 면 좋지 않은 영향을 받으므로 함몰이 되지 않도록 벽면을 둥글거나 지나 치게 돌출되도록 배치할 필요가 있는 방향이다.

동쪽 방향은 해가 떠오르는 변화의 방향이기 때문에 양의 기운이 매우 강한 곳이다. 따라서 음의 기운을 지닌 여자들에게는 그다지 어울리지 않 는 공간이기도 하다. 그러나 양의 에너지가 극도로 필요한 할머니와 같은 경우는 이 공간이 때로는 도움이 되기도 한다. 아울러 우울증이나 감기와 같은 병이 자주 걸리는 여성은 이 방향에 공간을 두어 일정기간 자주 기 거하면 몸의 활력을 찾을 수 있다. 이 방위의 공간은 오행의 기운 중에 목 (木)의 기운을 지니고 있으며 성장을 의미하기도 한다. 숫자로는 3과 8이 며 푸르른 나뭇잎처럼 청색을 표방한다.

주택은 항시 방정해야 하며 함몰되거나 삼각형의 구조가 있다면 좋지 않다. 각이 많아 마치 톱의 모양이 나타난다면 해당 구역에 해당하는 가족 구성원의 다친다. 달리 주위의 사람들이나 가까이 사는 주민들에게 원하 지 않는 피해를 주게 된다.

동방은 태양의 에너지가 들어오는 방향이므로 이 방향의 건물 모서리나 지붕의 날카로운 부분이 생겨나고 배치된다면 원하지 않아도 주변 사람들과 원성이 높아지고 불합리한 관계가 형성되고 나중에는 욕설과 다툼이 있게 된다.

어느 방향이나 마찬가지지만 치우친 방향의 건물이 정갈해야 한다. 지나치게 외부로 각이 많으면 반대로 내부를 향한 각도 많아진다. 벽이나 지붕, 혹은 담이 톱니처럼 날카롭게 돌출되고 담 위가 파도치듯 불규칙하거나 몸체가 어지럽다면 가족 구성원 전체에게 그 불규칙하고 난삽한 기운이 미칠 가능성이 높다.

동쪽은 태양이 뜨는 방향이며 나무가 자라는 방향이다. 따라서 동쪽과 구역은 아이들의 공부방으로 좋다. 특히 동쪽 방향은 명성과 명예가 있는 방향이다. 명성이라고는 하나 작은 명성으로 집의 구조상 달리 서재를 만들 공간이 부족하거나 선택하기가 어렵다면 차선책으로 이곳을 서재로 선택을 해도 무방하다. 또한 해가 뜨는 공간으로 건축구조상 빛이 많이 들어온다면 주방으로도 좋은 방향이다.

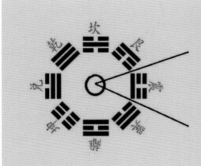

동쪽은 나무(木)를 의미하며 푸른색(청색 포함), 장남, 3과8이라는 숫자를 의미한다. 또한 간과 담낭을 의미 의미한다. 주택에서 이 부분에 문제가 있으면 장남에게 피해가 일어난다. 장남이 아니라 해도 30세 전후의 남자도 역시 영향을 받는다.

5. 동남쪽

　동남쪽은 장녀(長女)의 영역이다. 방위상으로 오행을 따지자면 목(木)의 에너지가 넘치는 구역으로 장남의 영역과 같은 의미를 지니지만 음양이 다르다. 그럼에도 목의 색이 청색을 의미한다는 것과 떠오르는 태양을 의미하듯 성숙한 나무의 성장을 뜻하며 3과 8의 숫자를 함축한다.

　동쪽이 파릇한 기운이라면 동남은 짙은 청색이라 볼 수 있다. 그렇게 에너지가 강해진다. 강한 에너지가 성장을 촉진시키는 원동력이므로 명예를 동반한다. 장녀의 영역이기는 하지만 25세 이후의 나이를 지닌 딸과 사회 생활을 하거나 직업을 가진 딸이 있다면 이 공간이 유효할 것이다.

　동남쪽이 함몰되면 장성한 자녀가 다치거나 불명예스러운 일을 당할 수 있다. 특히 장녀의 신상에 불미스러운 일이 생기거나 액운이 있다. 생동감 넘치는 에너지를 받아들일 수 있는 공간이므로 넓은 창이 있어 빛이 많이 들어오면 좋을 곳이다.

　태양은 귀(貴)를 의미한다. 해가 뜨는 방향이기 때문에 명성이 있는 방향이다. 문이 이곳으로 달려 있다면 희망적인 좋은 기운이 많이 들어온다. 화장실이나 창고를 배치하면 좋지 않고 축사를 배치하면 명성에 누가 된다.

　태양은 밝은 기운으로 지녀 자연 소독을 해 준다는 특징이 있으므로 식당이나 주방을 배치하는 것도 유리하며 독서를 할 수 있는 공간도 성장의 기운과 잘 어울린다. 만약 지나치게 넓은 창이 있어 아침의 햇살이 눈을 찌르면 감수성이 있는 자녀는 밖으로 나가고자 하는 욕망이 생기므로 커튼을 이용하여 여름철에는 적절히 사용하면 좋다.

　만약 장성한 딸이 혼인을 미루거나 주저한다면 이 방향의 방을 배치하여야 한다. 그렇게 되면 장성한 딸이 연애운을 불러들여 결혼을 서두를 것이다. 이 구역과 방향은 태양과 나무의 기운이 강한 곳이므로 늘 맑은 기운이 유지된다. 따라서 앞을 가리는 나무나 다른 큰 건물이 없는 것이 좋다.

동남쪽은 동쪽과 기운이 비슷하다. 다만 음양이 다를 뿐이다. 나무(木)를 의미하며 푸른색(청색포함), 장녀, 3과8이라는 숫자를 의미한다. 또한 간과 담낭을 의미 의미한다. 주택에서 이 부분에 문제가 있으면 장녀에게 피해가 일어난다. 장남이 아니라 해도 30세 전후의 여자도 역시 영향을 받는다.

6 남쪽

따스한 태양이 비추이는 방향으로 따스한 불의 영역이다. 아울러 여름의 영역이기도 하다. 이 영역이 막혀 있거나 이웃이 가까워 어둡다면 집안에 거주하는 모든 사람의 건강이 의심된다. 태양이 방안으로 들어와야 집안에 병이 없다. 만약 이곳에 벽을 배치해야 한다면 창을 내는 방법에 대해 깊이 생각해 보아야 한다.

남쪽은 중녀(中女)의 영역이다. 한창 생기발랄한 여자아이가 해당하는 구역이므로 음의 기운이 강하다. 즉, 태양은 강한 양의 기운이고 딸은 음의 기운이니 조화를 이룬다. 태양의 방향이라 양의 기운라고 생각하겠지만 반대로 발랄한 여자의 기운이 밸런스를 맞추고 있다. 때로는 불길 같은 따스한 기운이 태동하는 곳이므로 어떻게 보이도 양의 에너지가 넘치는 공간으로 생각할 수 있으나 자연의 이치는 오묘하다.

떠오르는 동쪽의 기운은 분명 양의 에너지임에 의심의 여지가 없다. 그러나 따스한 남쪽의 에너지는 양중의 음이 지니는 기운이다. 오묘한 자연의 이치는 남쪽을 양중의 음으로 배치하였다. 붉은 기운은 화(火)를 의미하는 것이며 숫자는 각기 2와 7을 의미한다. 중녀의 영역이기에 갑자기 변하는 성질을 내포하기도 하고 발랄한 에너지가 솟아나는 곳이다.

남쪽은 밝은 색조로 이루어진 것이 좋다. 지나치게 어둡다면 태양이 지니는 색의 에너지를 활용하지 못할 것이다. 남쪽이므로 불길을 의미하는 붉은 색의 공간이고 숫자는 2와 7이다. 만약 이 부분이 함몰되거나 불규칙한 단면을 지닌다면 중녀, 즉 15세에서 25세전후의 딸이 아프거나 심각한 영향을 받을 가능성이 증대된다.

남쪽은 뜨거운 기운이 고조된 곳이다. 불(火)을 의미하며 붉은색, 중녀, 2와7이라는 숫자를 의미한다. 또한 심장과 소장을 의미한다. 주택에서 이 부분에 문제가 있으면 중녀에게 피해가 일어난다.

7. 남서쪽

조금은 의견이 중첩되거나 여러 학자들의 의견이 헷갈리거나 분분한 구역이다. 분명한 것은 이 구역이 경제와 관련이 있다는 것이다. 서사택의 구간으로 가정의 경제적인 부분을 무시할 수 없다. 남서쪽은 가족의 경제력과 밀접한 관련이 있음을 중시해야 한다.

가정을 이루고 가족이 원하는 것을 충족하며 살아가려면 경제적인 부분이 반드시 필요하다. 남서쪽은 예로부터 중시한 구역이다. 옛날에도 경제적인 부분은 중요하게 취급되었지만 현대 사회에서는 경제적 능력이 더욱 절실하다. 남서쪽은 이러한 경제와 재산의 영역이다.

예전에는 이곳에 부부의 침실을 배치하면 가장 길하다고 여겼는데 문화가 변하고 문물이 변한 지금도 그 영역의 위치는 변화가 없다. 그러나 최근 일본이나 중국에서 들어온 풍수 이론의 일부는 이 서남쪽이 안정감이 떨어지는 방위로 주장하고 있다. 바로 서남쪽이 동북쪽과 더불어 환절기를 의미하는 간방위, 즉 귀문방(鬼門方)이라는 이론이다.

전통적인 사상과 이론에 따르면 남서방은 오행을 대비하여 살펴보면 토(土)애 해당한다. 전통적으로 땅을 의미하는 토(土)의 영역은 재산과 건강, 여성을 의미한다. 따라서 서남쪽은 땅을 의미하는 방향이고 어머니를 의미하는 영역이다.

흔히 남서쪽은 팔괘를 적용하여 노모(老母)의 공간이라 하고 오행으로 따져 땅을 의미하므로 재산의 영역이며 생명이 잉태되는 영역이다. 땅을 의미하는 색은 황토색이며 의미하는 숫자는 0과 5, 그리고 10이다. 이 방향은 건물에서 생명을 잉태하는 곳이며 재산을 관리하는 곳이다. 이곳에 안방을 정하여 부부침실로 사용하면 안정감이 있고 재산이 쉽게 새어 나가는 것을 막을 수 있다.

때로 부부불화가 잦은 것은 여러 가지 이유가 있겠지만 이 구역을 사용하지 않는 것도 그 한 가지 이유가 될 수 있다. 남서방의 구역은 부부의 금슬을 돋우어주고 부부의 정감을 새롭게 만드는 신기한 마력이 있다. 중국 풍수에서는 이 분분을 외지인이나 방문자의 침실로 제공하는 경우가 있는 것 같은데 우리의 정통 풍수에서는 예로부터 부부침실이나 안주인의 침실로 사용하는 방향이다.

일본 풍수에서는 북동, 남서를 귀문(鬼門)이라 한다. 말 그대로 귀신이 출입하는 방위로 이곳에는 중요한 물건이나 오랜 시간을 머물러야 하는 공간을 만들지 않는 것이 좋다고 한다. 이는 명리학이나 주역을 따져 귀문방이라고 하는데 일종의 간절기에 해당한다고 볼 수 있다. 그러나 우리의 전통 풍수에서는 이 남서쪽을 밭, 돈, 그리고 출산과 어머니의 공간으로 배치하였다. 이 방위를 귀문으로 보는 견해는 틀린 것이 아니나 지형상 우리나라는 무시해도 되는 방위이며 일본의 지형에 따른 것으로 한국의 땅과는 그 형상이나 배치가 어울리지 않는 이론이라는 주장이 설득력이 있다.

남서쪽은 안정감이다. 땅(토)를 의미하며 황토색, 어머니, 0과 5, 그리고 10이라는 숫자를 의미한다. 또한 비장과 위장을 의미한다. 주택에서 이 부분에 문제가 있으면 어머니에게 피해가 일어난다.

결혼한 지 오래되어 아이들이 성장하고 부부간의 친밀도가 더욱 요구될 때, 혹은 집안의 돈이 자꾸만 밖으로 새어나갈 때는 남서쪽 방향으로 부부 침실을 정하는 것이 우선적인 방편이 될 수 있을 것이다. 그러나 때로 서 역으로 지는 저녁의 태양이 강렬하여 가정주부가 우울증에 걸리거나 밖으로 돌 수 있으므로 두꺼운 커튼이나 다른 도구로 빛을 차단할 수 있어야 한다.

8. 서쪽

이 땅의 특성으로 보아 서쪽은 해가 기우는 방향이다. 앞을 가리고 억누르를 정도로 위압적인 건물이라면 매우 불안한 지세지만 적당한 높이를 지닌 건물이 앞을 막아주면 매우 좋다. 반대로 지나치게 앞이 열린 건물이라면 저녁에 해가 지며 날아드는 강렬하고도 날카로운 석양을 가릴 수 있는 커튼이나 블라인드 등을 배치하는 것이 좋을 것이다.

석양의 빛은 여자들에게 많은 영향을 미친다. 지나치게 빛이 강하면 여성거주자에게 우울증이 올 수도 있다. 때로는 가정주부가 밖으로 나가려 하는 에너지가 존재한다. 따라서 부부침실이나 거실에서 서쪽이 확연하게 드러난다면 우울증과 여주인의 변화를 주시해야 한다.

서쪽은 소녀(小女)의 영역이며 여인의 잉태를 의미한다. 서쪽이 지닌 에너지는 순수한 음의 기운이며 오행으로는 쇠붙이인 금(金)의 성향이며 색은 백색을 의미한다. 숫자는 4와 9이며 예로부터 잉태의 공간이라는 의미에서 한성(漢城)을 만들 때도 조선시대 초기에 도성을 쌓을 때 서쪽 방향을 잉태의 공간으로 인식하였다.

음의 기운이 피어나는 곳이므로 늘 청결한 것이 요구되는 공간이며 어린 딸의 방으로 사용 하는 것이 좋다. 단 나이를 먹은 딸의 방을 이 방향으로 정한다면 자신의 의지와 상관없이 방황하는 일이 잦을 것이다. 따라서 부모의 근심이 피어날 것이며 원하지 않는 식구가 늘 수도 있다.

서쪽은 생식기를 의미하기도하는 방향으로 생산의 기운이다. 금(金)을 의미하며 백색, 소녀 4와 9라는 숫자를 의미한다. 또한 폐와 대장을 의미한다. 주택에서 이 부분에 문제가 있으면 작은 딸에게 피해가 일어난다. 장녀라 해도 10살 전후라면 이 공간의 영향을 받는다.

이곳 방향이 정제되지 못하고 지저분하거나 함몰이 있으면 집안의 에너지가 탁해지고 막내 딸이 그 피해를 당한다. 성장한 큰 딸의 방으로는 가능한 사용하지 않는 것이 좋다. 돈을 의미하는 방향이기는 하지만 들어오고 나가는 것이 바닷가의 밀물과 썰물과 같아 고이지 않으니 어린 여자아이의 성정에 알맞은 것이다.

9 북서쪽

주택에서 가장 강한 기운이 들어오는 영역이다. 물론 다른 상업적인 건물의 경우에도 가장 강한 에너지가 유입되는 것이다. 물론 문을 통해 에너지의 유입이 일어나는 것이 당연하지만 에너지는 반드시 문을 통해 출입이 이루어지는 것이 아니다. 특히 명예를 상징하는 강한 하늘의 에너지는 담이나 문과 상관없는 일이다.

하늘의 기운이라고 표현하는 영역이니 가족에서 가장 어른이 사용하는 것이 이상적이다. 반대로 어린아이가 사용하기에는 부적절하다. 일반적으로 집안의 가장 연장자가 사용하는 것이 좋겠지만 때로는 가장인 남편의 서재로 사용하면 가장 유용한 구역이다. 요즈음 활동적인 남자들은 서재에서 일을 하거나 책을 읽다가 침실 대용으로 사용하는 경우가 있는데 어떤 경우라도 서북쪽은 매우 좋은 구역이 된다.

집안에 늙은 부모님이 계시다면 이 구역으로 모셔도 좋을 것이다. 그러나 노모에게는 어쩌면 지나치게 강한 공간이 될 수도 있다. 특히 노부는 그럭저럭 견딜 수 있지만 노모만 혼자 계신다면 지나치게 강한 에너지의 흐름으로 폐와 대장의 건강이 빠르게 나빠질 수가 있으므로 유의하여야 한다.

북서쪽은 북쪽에 가까운 관계로 조금 어두운 기운이 느껴진다. 일반적으로 북서쪽의 대청이나 문은 거의 보기 힘들 것이다. 간혹 북쪽 방향이 어두운데 방이 있다 하여도 노부모를 모시는 것이 옳지 않다는 주장이 있다. 그러나 북서쪽이라면 조명을 통해 불을 밝히는 방식으로 어둠을 몰아내고 노부부의 방으로 사용할 수 있을 것이다. 단, 늙은 노모의 건강은 약해질 가능성이 존재한다.

북서쪽은 흔히 건방(乾方)이라고 부르는 곳으로 하늘의 기운이 드는 곳이다. 노부(老父)를 의미하는 공간이고 오행의 금(金)이 지니는 영역이다. 명예의 기운이 강한 곳이다. 양의 기운이며 가장 강한 에너지의 흐름을 의미하는 곳이다. 숫자로는 4와 9이며 대문이 서쪽이나 남서쪽, 북서쪽, 동북쪽 방향이다. 서사택의 경우 문주조(門主竈)를 통일시키기 위해 단층 건물에서 1층을 올리는 공사를 한다면 이 방향으로 올리는 것도 고려할 만하다.

자식이 학업을 하는 중이라면 이곳 서북방이 좋다. 학습자에게 하늘의 강한 기운이 미치는 것이므로 학습효과는 좋을 것이다. 단 나이 어린 학습자가 지나치게 오래도록 사용하게 하거나 머물게 하면 부모의 통제를 벗어나거나 자기마음대로 움직이려고 하며 때로 반항을 할 수 있다.

서북방은 강한 기의 영향이 있는 곳이므로 하늘의 기운을 받아 좋은 결과를 만들어 낼 수 있을 것이다. 그러나 장기적으로 계속해서 이곳을 사용하거나 서북방에 방을 주면 나이 어린 아이들이 주제넘은 짓을 하고 때로는 안하무인이 되어 부모에게 대들 수도 있다. 따라서 학업을 위해 이곳을 사용하더라도 서재 형식으로 두어 부모와 같은 공간에서 학습하거나 제한적으로 사용하도록 하는 것이 이상적이다.

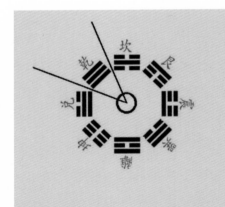

북서쪽은 주택에서 가장 강한 기운을 의미하는 곳이다. 서쪽과 같은 기운이지만 음양이 다르고 건양(建陽)의 기운으로 양기가 매우 강하다. 금(金)을 의미하며 백색, 부친, 노부, 4와 9라는 숫자를 의미한다. 또한 폐와 대장을 의미한다. 주택에서 이 부분에 문제가 있으면 가장에게 피해가 일어난다. 늙은 나이가 아니어도, 남자가 아니어도 가장 역할을 하는 사람은 모두 이 공간의 영향을 받는다.

제3장 주택의 외향

풍수(風水)하면 무엇이 떠오를까? 우리의 풍수지리는 우리의 세상에 잘
못 전해진 것이 적지 않다. 특히 일인(日人)들의 강점기에 들어 그들은 자
신들의 통치를 원활하게 하고자 이 땅의 풍수지리를 미신으로 몰아붙이기
도 했다. 그들은 한국의 풍수를 핍박하며 한국의 풍수를 이 땅에 살고 있
는 사람들의 억압수단으로 활용했다.

일인들은 우리의 풍수를 미신으로 규정하여 조선을 미개한 나라로 몰아
붙였다. 이러한 사고는 지금도 어떠한 고증도 없이 계속해 이어지고 있다.
그 결과 풍수지리라는 숭고한 학문이 자손이 조상의 덕을 보려고 묏자리
나 찾는 미신이라는 듯한 주장이 힘을 얻었다.

혹은 풍수지리가 현대와는 맞지 않는 구닥다리 관습이라고 믿을 수도
있다. 풍수론에는 분명 비합리적인 요소가 있다. 그러나 비합리적이라고
생각했던 수많은 요소들이 날이 가고 발전이 거듭될수록 과학적으로 증명
이 이루어지고 있다. 그러나 많은 사람들은 풍수지리의 혜택을 받지 못함
으로 해서 구닥다리라 미신이라 치부함은 올바른 처사가 아니다.

혹 자신이 풍수지리를 배운 적이 없거나 종교문제와 같은 경우로 풍수
론 전체를 버리는 것은 현명한 처사가 아니다. 풍수지리는 우리 조상들이
이 땅에 살아오며 자연을 이해하고 의지하고 살았던 자연관(自然觀)이기
때문이다.

지금도 많은 한국 사람들이 풍수론을 신봉하고 있을 뿐 아니라, 더욱

강화되고 있는 측면도 무시할 수 없다. 대학과 사회교육원, 각종 교육시설에서 풍수지리를 가르치고 있는 이유는 실생활에 완벽하게 적용되기 때문이다. 또한 최근에는 여러 학파들이 힘을 모아 풍수지리 재건에 힘쓰고 있다.

우리의 주거지를 고르는 양택 풍수는 대단히 훌륭한 이론이다. 이 땅에 적용할 수 있는 가장 확실하고도 변하지 않는 진리이다. 우리의 풍수지리 이론에 따라 고른 땅은 아주 아름답고 실용적이다. 그래서 그런 곳에 사는 인간은 계속해서 발전할 수 있다.

1. 북쪽

주택의 가장 이상적인 구조는 옛날의 네모진 성냥곽 모양이다. 건물의 모양이 원형인 것이 가장 좋으나 가구들의 배치와 같은 점에서 공간 활용은 떨어지기 때문에 건물의 모양이 직사각형에서 정착하였다. 도심에서 가장 이상적인 건물의 각 모서리는 주변의 건물에 90도로 찌르는 형상이 아닌 것이다. 즉, 건물은 나란히 한 방향으로 향하는 것이 좋다. 비스듬하거나 주변의 건물을 찌르거나, 찔리는 형상은 매우 좋지 않다.

집터나 주택의 모습에서 북쪽이 돌출되거나 좋으면 가운데 아들이 잘되고 생식기와 신장, 귀 등이 건강해지나, 반대로 북쪽에 흠이 있으면 가운데 아들의 생식기와 신장, 귀 등이 건강치 못하며 운세가 나빠진다고 한다. 이처럼 집 모양으로 길흉을 따져 피할 것은 피하고 살릴 것은 살릴 때 생활은 윤택해지며 가족 개개 구성원이 자신의 역할이 충실해질 수 있다.

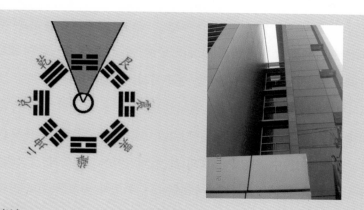

감(坎)

적당하게 돌출되면 진취적인 기상을 지니게 된다. 그와 반대로 함몰되면 수축되고 위압 당하는 가상으로 변한다. 북쪽으로 돌출되거나 함몰되면 중자가 영향을 받는다.

면과 각이 지나치게 날카롭거나 움푹 들어가면 좋지 않다. 움푹 들어가면 재산이 흩어지고 건강에 이상이 생긴다. 지나치게 날카로워 예각이 만들어지거나 삼각형의 공간이 나타나면 거주자의 건강을 위협한다. 건물의 돌출은 진취적이고 상승의 기운을 나타내므로 날카롭지만 않다면 적당히 튀어나오면 좋다.

돌출이 유리하고 에너지의 흐름이 양호한 것은 좋은 현상이지만 지나치게 튀어나오면 오히려 좋지 않다. 그 반대쪽이나 측면, 가려진 부분은 반대로 위축되기 때문이다. 반복적으로 튀어나오면 반대로 들어가는 부분도 생기기 때문에 주의를 하여야 하다. 그러나 문을 내거나 창을 낼 때는 가능한 돌출되어야 길하다.

알맞게 튀어나온 대지는 좋은 운을 가져오며, 신장이나 생식기, 귀 계통에 좋은 영향을 받아 건강한 자녀를 낳을 수 있다. 북쪽은 중남의 영역이기 때문에 특히 가운데 아들의 운세가 좋다. 혹은 20대의 아들이 좋다. 이는 북쪽이 가운데 아들을 관장하는 공간이기 때문이다.

2. 동쪽

장남의 공간이다. 아울러 오행의 목에 해당하여 간(肝)과 담낭(膽囊)에 영향을 미친다. 이 부분의 형상이 장남의 성격이나 역할에 지대한 영향을 미친다. 동쪽 방향이 적당히 돌출되어 튀어 나온 집은 장남이 좋은 영향을 받고 신체적으로 간이나 발이 건강하다.

진(震)
주택과 건물에 함몰과 홈이 많을수록 약하고 기가 흩어지는 가상으로 변한다. 동쪽이 돌출되거나 함몰되면 장자에게 영향이 미친다. 예리하게 홈이 파이면 沖이 되어 극히 위험하다.

동쪽의 에너지는 정신적 노동을 하는 직업을 가진 의사, 학자, 예술가 등에 좋은 영향을 미친다. 그러나 지나치게 돌출되어 튀어 나오거나 들어가면 장남과 가장이 과대망상증에 빠져 시행착오를 일으키기 쉽고, 손재를 당하거나 장남이 가업을 이어나가지 못할 정도로 나빠지는 결과를 가져오기도 한다.

3. 서쪽

막내딸의 운과 재운을 관장하는 방향이기 때문에 막내딸의 운과 연관이 있다. 서쪽이 단정하거나 적당하게 돌출되어 기상이 뛰어나면 막내딸의 행운이 따른다. 지나치게 뾰족하거나 날카로우면 막내딸의 성격이 날카로워진다. 건물의 모서리는 가능한 부드러운 것이 좋으며 때로는 면으로 처리하는 것도 좋다.

태(兌)
함몰된 부분이 서쪽이라면 막내딸이나 어린 딸에게 좋지 않은 영향을 미친다. 적당한 돌출은 성장기의 어린아이에게 도움이 된다.

재산과 친구들과 관계된 일에 영향을 미치는 곳으로 부드럽고 면으로 이루어져야 사회생활이 유리하고 우정이 이어진다. 건물의 서쪽이 단정하고 좋으면 부인 덕으로 재산을 모을 수도 있고 좋은 친구와 교제를 하기도 한다. 그러나 서쪽으로 목욕탕이나 부엌, 화장실, 현관이 나 있으면, 외형상 좋은 집이라도 효과가 대부분 상쇄된다. 만약 화장실이나 부엌이 자리하고 있다면 청결을 유지하는데 신경을 써야한다.

4. 남쪽

가운데 딸의 영역이다. 아울러 불을 관장하는 방향이기도 하다. 붉은색은 예로부터 삿된 것을 방어한다고 믿어왔는데 이는 불의 강한 색상 때문이기도 하다. 가운데 딸의 운과 심장, 소장, 눈에 관계되는 방위로 이곳은 방정하고 정갈한 것이 중요하다. 알맞게 튀어 나오면 윗사람으로부터 도움을 받거나 인정을 받아 출세가 빠르다. 반대로 지나치게 나오거나 꺼진 경우는 윗사람과 다투는 일이 많다.

지나치게 뾰족하거나 날카로우면 가운데 딸의 성격에 영향을 미치게 된다. 건물의 형상이 사람의 심정에 영향을 미친다. 날카로우면 사람의 심성도 날카롭게 변하고 부드러우면 심성도 부드럽게 변한다. 아울러 삼각형의 공간이 있거나 반복적인 톱니 모양의 구조물이 있으면 가운데 딸의 건강이 염려된다. 주택의 공간을 분할하여 삼각형의 공간이 생기면 대수술을 필요로 하는 병이 온다.

리(離)

남쪽으로 돌출되면 길하다. 그러나 적당하게 돌출되어야 한다. 지나치면 독불장군의
성향을 지니게 되는데 남쪽은 중녀에게 영향이 크다. 특히 남쪽의 지붕이 성벽처럼
돌출되면 중녀가 투쟁적인 성향을 지닌다.

남쪽이 함몰되거나 지나치게 튀어나온 경우 안정된 직장생활을 하기가
힘들고 성급하고 외형에 치우치는 성격이 된다. 지나친 돌출과 함몰, 그
리고 톱니 모양의 외견은 화재나 화상, 재판과 소송 등의 일과 스트레스와
과로로 인한 뇌졸증 환자가 나오기 쉽다. 적당히 돌출된 형태는 진취적인
기상을 의미한다.

5. 북동쪽

막내아들과 관계있는 방향이다. 거주자들의 특성을 고려하여 방을 배정
할 때 어린 아이라면 이 방향에 배치하면 쾌활하고 명랑하게 성장한다. 아
이들의 두뇌에 생기를 불어넣어주는 특징이 있으나 성장한 아이에게는 그
영향이 그리 크지 못하다. 더구나 북동은 활동적인 에너지가 지나치게 생

성되는 곳이므로 노인이나 병약자에게는 그다지 어울리지 않는 곳이다. 지나치게 날카롭게 돌출되거나 깊게 파인 경우 남자가 성장하는데 영향을 받게 된다.

아울러 북동쪽은 부모로부터의 상속관계를 보는 방위이기도 하다. 단정한 것이 가장 좋다. 이곳이 지나치게 튀어 나오거나 움푹 들어간 경우 불구자나 신경통, 중풍, 원인불명의 병에 걸리기 쉽다. 날카로운 각도의 모서리가 생기거나 뾰족한 면이 많아지면 막내아들이나 어린아이가 병이 생긴다.

간(艮)

톱니 모양의 외견은 화재와 화상, 재판, 쇠붙이에 의한 상처, 이웃가의 불화를 의미한다. 동북쪽이 유난히 날카롭게 돌출되면 막내아들, 말자가 영향을 받는다.

북동쪽이 약간 나온 경우 집안 식구가 화목하게 지내며 각자 활발히 활동하여 집안이 차차 번창하여 일어나게 된다. 특히 적당히 튀어나오면 건강이 보장되며 어린아이의 운동능력이 매우 발달한다.

6. 남동쪽

활동성이 강한 구역의 변화가 사람에게 영향을 미친다. 이 방위의 돌출은 장거리를 왕래하는 무역이나 전국을 돌아다니면서 하는 사업가에게 좋다. 특히 사업으로 인한 명예를 얻을 수 있다. 함몰은 반대로 당연히 사업의 운이 나빠질 것이다.

이 방위는 큰딸에게 관계된 방위로 딸들의 운이 좋으며, 특히 큰 딸은 재색을 겸비한 숙녀로 성장하며 좋은 혼처를 맞을 수 있다. 아울러 혼기가된 딸에게는 혼인의 운이 따른다. 성장의 기운이 강한 곳이니 학생들의 거처를 배치하는 것도 좋다.

손(巽)

남동쪽은 장녀의 공간이다. 따라서 돌출되거나 함몰은 장녀에게 영향을 미친다. 지나치게 돌출되면 애정관계가 복잡해지고 지나치게 함몰되면 건강을 다친다.

나이 먹은 딸이 혼인을 미루거나 자꾸만 혼담이 깨어지면 이 방향에 방을 배치하여 혼사를 원활하게 이끌어 갈 수 있다. 그러나 너무 지나치게 돌출되어 튀어나오면 애정관계가 복잡해지고 여행 중 사고를 당한다.

7. 남서쪽

어머니의 공간이며 부부의 공간이다. 이익과 관련된 방위로 알맞게 불거진 것을 좋은 것으로 보며 부부의 금슬이나 금전운과도 관계가 있다. 만약 부부금슬에 위기가 있다면 방향을 정해 침실을 남서쪽으로 옮기는 것도 고려할 만하다.

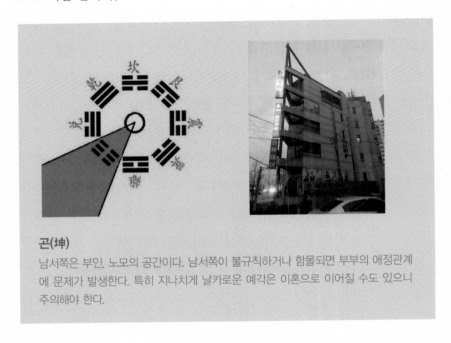

곤(坤)

남서쪽은 부인, 노모의 공간이다. 남서쪽이 불규칙하거나 함몰되면 부부의 애정관계에 문제가 발생한다. 특히 지나치게 날카로운 예각은 이혼으로 이어질 수도 있으니 주의해야 한다.

특히 이 방위의 형태에 따라 가정주부의 경제적 관념이 정해지기도 하며 불규칙한 모습이나 날카로운 예각은 부부의 불화와 의사소통에 장애로 이어지기도 한다. 부부의 애정운이 나빠지거나 소원해지면 이 방위에 침실을 정하고 침구에 황토색이나 붉은 색 계열의 침구를 사용한다. 들어가 거나 나오는 것이 없어야 좋다. 함몰되면 부부 불화도 예상할 수 있다.

남서쪽은 주부를 상징하는 방위로 약간 튀어 나온 경우는 주부의 건강에 좋은 영향을 미친다. 심하게 들어간 경우 주부가 신경통이나 부인병, 위장병 등 만성적인 질환으로 오랫동안 고생을 하게 된다. 담이 있는 집이라면 이 방위에는 큰 나무를 심지 않는 법으로 아파트나 개인주택의 경우에도 거실이 이 방위라면 나무를 심지 않는 것이 좋다. 그러나 사선으로 햇빛이 파고들면 화분으로 시선을 일정 부분 차단해 주면 거주자 중 여자에게 좋은 영향을 미친다. 이 방위에는 재래식 변소, 목욕탕이 있는 경우 문제가 있다.

8. 북서쪽

아버지를 상징하는 방위로 지도자, 머리, 축적, 충실 등과 같은 의미를 갖는다. 명예와 재산을 함께 의미한다. 북서쪽이 알맞게 튀어나온 집은 아랫사람 운이 좋고, 집안의 운세가 좋아지며 가정을 원만하게 이끌어 나가는 가장이 된다. 이 방향의 돌출은 서재로 적당하다. 가장 강한 기운이 흐르는 에너지의 방향이므로 건강이 약화된 사람의 경우에도 좋은 영향을 미치지만 어둠이 있는 공간이므로 오래 머무는 것은 삼간다.

너무 튀어나오면, 처음에는 그런대로 운이 있어 보이나 시간이 지남에 따라 너무 앞서는 행동으로 독선적인 사람이 된다. 건방지다는 말은 바로이 방향에서 기운을 받았다는 것이다. 8개의 방위에서 가장 강한 에너지가 흐르는 곳이다. 따라서 중요한 시설을 배치한다. 북서쪽이 심하게 들어간 경우는 남자들의 권위가 상실되고 여자가 득세하게 된다. 특히 가장의 권위가 실추되고 집안이 시끄러워 진다.

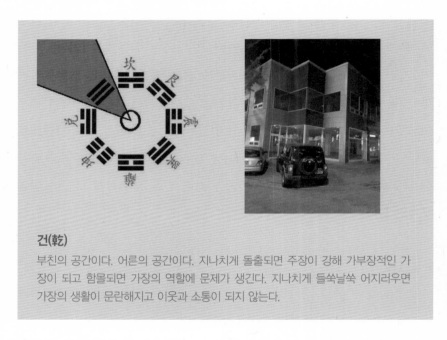

건(乾)

부친의 공간이다. 어른의 공간이다. 지나치게 돌출되면 주장이 강해 가부장적인 가장이 되고 함몰되면 가장의 역할에 문제가 생긴다. 지나치게 들쑥날쑥 어지러우면 가장의 생활이 문란해지고 이웃과 소통이 되지 않는다.

간혹 이곳에 아랫사람이 방을 사용하면 기상의 영향을 받아 건방진 행동을 보이거나 대들어 가족의 화목을 해칠 우려가 있으므로 주의해야 한다. 그러나 아이들의 공부를 위해 단기간 사용을 할 경우 도움을 받을 수 있다. 그러나 사용 기간이 길어지면 부모에 대들거나 안하무인에 가까운 행동을 벌이기도 한다. 때로 아이들이 사용하여 가정불화나 상하질서가 무너질 수도 있다. 일정 시간을 정하여 사용하게 하거나 아버지와 함께 사용하면 그 행동의 경중을 조절할 수 있다.

제2편
주거 공간의 풍수

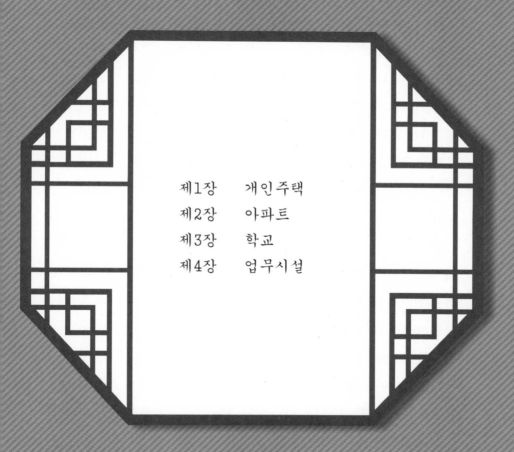

제1장   개인주택
제2장   아파트
제3장   학교
제4장   업무시설

제1장 개인주택

1. 입지

개인주택이란 수많은 양택 중에서도 사람이 거주하거나 개개인과 가족이 삶을 영위하기 위해 사용하는 건축물이다. 이 주택의 개념에는 많은 요소들이 필요하고 충족되겠지만 가족이라는 의미가 포함되거나 가정이라는 의미가 포함되기도 한다. 핵가족화 된 지금에 이르러서는 주택이 잠을 자는 곳이라는 의미만이 아니라 밥을 먹고 편안하게 쉴 수 있는 의미, 자식을 기르는 장소라는 의미, 자식과 부모가 함께 산다는 의미, 업무를 해결한다는 의미, 자녀들이 학습한다는 의미를 포함하는 경우가 많다. 즉, 주택이 다양한 의미를 지닌 구조물이라는 것이다.

주택의 입지는 어떤 경우라도 사람이 편안하게 살 수 있어야 한다. 주택이란 주거자의 특성과 편리성에 따라 다양한 요건이 필요하고 조건이 충족되어야 하지만 가정의 여러 가지 충족 요건 중 거주자의 업무효율을 충족시켜주는 요건, 학습자의 요건을 고려하지 않을 수 없다. 극도로 핵가족화 되어가고 자녀를 많이 낳지 않는 최근의 사회적 현상은 자녀들에게 가능한 학습적 혜택을 주고자 하는 부모의 심리가 반영된다. 학습 능력을 배가시켜주는 가상은 현대 양택의 필요충분조건이 되어가고 있다.

학습효과가 극대화 된 주택은 가장의 사업이나 직장생활, 혹은 어떤 여건에도 어울릴 것이다. 학습효과가 극대화 된다는 것은 이미 동사택이나 서사택으로 배합이 이루어진 복가(福家)라는 의미이며 강한 에너지의 흐름으로 온화하고 안정감이 있다는 말이 된다.

주택의 올바른 외양이 갖추어지지 않은 주택은 내부적으로 아무리 치장을 하고 막대한 돈을 들여 내부를 바꾸어도 근본적인 가상은 바뀌지 않는다. 올바른 외양인가의 구조를 살피는 것이 바로 동서사택법이다. 아무리 내부가 올바르고 화려하고 이치에 합당한 인테리어를 조성하였다 하더라도 외양이 올바르지 못하면 짐승의 얼굴에 화장을 하여 꾸미는 것이나 다름없다. 즉 아무리 치장을 하여도 사람이 될 수 없는 고양이처럼 근본은 인테리어에 우선한다는 것이다.

학습효과를 극대화 하는 가상은 동시에 업무 효율을 높이는 구조를 가졌다는 것이다. 이는 학습효율이 있는 주택이라면 거주자의 업무와 사업 운영자의 효율을 지원하는 가상이라는 의미를 지니는 것이다.

주택이 학습자의 심신을 안정시키며, 가정으로 돌아온 거주자의 심신을 안정시키며 업무효율을 높이고 휴식의 공간을 제공하는 가상이야말로 올바른 가상이다. 아울러 가정이 평화롭고 안정된 분위기라면 학습자의 능률은 물론이고 거주자의 업무 능력 또한 더욱 증대될 것이다. 따라서 학습 능력을 높이고 업무 효과를 얻고자 한다면 안정된 입지를 바탕으로 건축물을 배치한 후에 내부적으로 조화를 이루어야 한다. 내부적으로 가구와 소품, 색상의 선택에 따라 업무 효율이 증대되고 학습자의 심신이 안정되어 능률이 급격하게 오른다고 알려져 있다. 그 이전에 올바른 가상이 구비되어야 한다.

(1) 접근성이 좋아야 한다

학습과 업무 효율을 생각한다면 주택은 업무시설이나 교육시설과 가까워야 한다. 특히 교육시설을 단순히 학교만을 의미하는 것은 아니다. 학교를 가장 중요한 자원으로 두고 그 외의 교육과 학습 시설인 도서관, 다양한 학원, 혹은 학습을 할 수 있는 모든 다양한 지원시설을 말하는 것이다. 심지어 필요시 신속하게 학습도구를 구매할 수 있는 문방구나 서점도 포함된다. 그러나 모든 것을 충족시키기는 어려우므로 학교만은 반드시 주택과 가까운 것이 좋다. 이는 등하교거리가 멀면 체력의 소모가 크고 집중력의 흩어짐으로 인해 학습효과가 반감되기 때문이다.

학교가 많지 않고 통학거리가 먼 시골이나 중소도시의 경우에는 등하교 과정에서 체력소모가 크고 교통편의도 제공받지 못하는 수가 생긴다. 도시라 해도 등하교의 거리가 멀수록 학습효과는 반감되고 집중력은 떨어진다. 등하교 거리가 멀어 기차, 전철, 버스 등에서 책을 보는 학생들의 경우 흔들림으로 인해 시력의 감퇴와 피로의 누적이 생기기도 한다.

가장의 업무나 사업, 혹은 직장을 생각한 배려도 필요하다. 근무처에서 지나치게 멀거나 교통이 불편하다면 고려를 하지 않을 수 없다. 근무처와 일정거리에 거주지가 있어야 업무효율이 증대대고 피로가 누적되지 않는다.

(2) 대지

대지(垈地)는 물론이고 건물도 모양과 내면이 모두 길(吉)한 택지여야 한다. 대지 자체의 에너지는 토질이나 암석, 주변의 건물은 물론이고 대지 자체의 모양에서도 나타난다. 내부적으로 길하다는 것은 바로 좋은 토질

이어야 한다는 의미이다. 좋은 토질이란 여러 가지로 해석할 수 있으나 비석비토(非石非土)로 이루어진 생토(生土)를 최고의 토질로 친다. 즉 다른 곳에서 흙을 퍼와 매운 땅이 아니라 자연 그대로의 땅이어야 한다.

간혹 매립지(埋立地)에 택지개발을 하는 경우가 있다. 매립 자체는 크게 문제될 것이 없지만 매립에 사용된 흙과 재료가 오염된 흙일 경우에는 주택을 지은 후에라도 문제가 된다. 병원폐기물이나 공장폐기물, 혹은 쓰레기, 화학공장의 폐기물과 건축폐자재 등으로 매립이 이루어진 곳은 건물을 지은 후에도 병을 몰고 올 가능성도 있다. 문제는 처음에는 드러나지 않지만 시간이 흐른 다음에야 그 증상이 드러난다는 것이다. 다만 오염되지 않은 좋은 흙으로 매립이 이루어진 곳이라면 인간이 집을 짓고 살아감에 있어 해가 없다.

(3) 올바른 가상

올바른 가상은 업무효율을 배가 시킨다. 사회가 발달함에 따라 재택근무도 늘고 있으며 개인사업의 경우는 업무를 가정으로 끌어들이는 경우가 적지 않으므로 올바른 가상을 이루어야 업무효율이 높아진다. 올바르지 못한 가상은 업무효율을 떨어뜨려 긴 시간 업무에 매달리게 하여 생활을 불편하게 만들 것이다. 또한 재택근무자나 개인 사업자는 주택이 근무 환경이 될 수 있으므로 기를 모아 업무를 추진하는 데 집중력을 발휘하고 효율이 높아질 수 있는 가상을 이루어야 한다.

안정감은 주택의 가장 중요한 요소이다. 찻소리가 크게 들리거나 외부에서 사람의 말소리가 들리거나, 물소리가 들리면 안정감은 이미 기대하기 어렵다. 고가도로가 집 앞으로 지나가거나 고압선이 지나가는 것도 불합리하다.

집 앞으로 고가도로가 지나가거나 고압선이 지나가는 입지. 전철이 지나가거나 큰 도로가 지나가면 주택의 입지로서는 이미 기대하기 어렵다.

도시에서는 도로의 흐름도 매우 중요하다. 그러나 어떤 주택이라 해도 주변의 차량 소리가 들리는 것은 불합리하다. 주택이 지어진 후에 사방으로 길이 뚫려 차량 소리가 방안으로 들려오고 경적소리가 쉬지 않고 들려온다면 학습자의 집중력을 저해함으로 학습효과는 많이 떨어질 것이다. 집중력을 발휘해 업무를 추진하는 사업자나 재택근무자들도 업무 효율을 기대하기는 어려울 것이다. 이 경우는 창이나 벽에 두꺼운 방음을 생각해 볼 일이다.

(4) 입지의 3가지 기본적 요건

가장 좋은 주택의 입지는 배산임수(背山臨水)가 이루어지고 교통이 좋은 곳이다. 내부적으로는 전착후관(前窄後寬)과 전저후고(前低後高)의 법칙이 이루어져야 한다. 예로부터 이와 같은 배치는 영웅이 나고 건강하며 장수한다고 하여 매우 중시하였다.

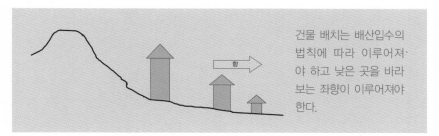

건물 배치는 배산입수의 법칙에 따라 이루어져·야 하고 낮은 곳을 바라보는 좌향이 이루어져야 한다.

  도시에서 산을 등진다는 것은 쉽지 않은 일이다. 도심에서는 산을 찾기도 어렵다. 그러나 도심에서는 큰 건물을 등에 짐으로써 배산임수의 효과를 볼 수 있다. 그러나 지나치게 높은 건물은 차라리 없느니만 못하여 매우 위험하다. 학습자가 사는 집은 단층인데 뒤쪽의 5층 이상의 높은 건물이 자리한다면 바람이 높은 건물의 벽을 타고 내려와 찌르는 위험한 여건이 조성된다. 이를 흔히 충(冲)이라 부르는데 살기를 머금은 부정적인 에너지가 거주자의 건강을 위협하고 학습효과를 산산조각으로 흩트려 버린다.

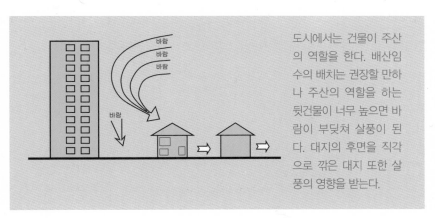

도시에서는 건물이 주산의 역할을 한다. 배산임수의 배치는 권장할 만하나 주산의 역할을 하는 뒷건물이 너무 높으면 바람이 부딪쳐 살풍이 된다. 대지의 후면을 직각으로 깎은 대지 또한 살풍의 영향을 받는다.

  배산임수는 반드시 지켜지면 좋겠지만 직각으로 깎인 벽이나 산, 바위가 뒤를 막고 있으면 배산임수라 해도 살풍이 무섭다. 직각으로 이루어진 벽을 때린 바람은 회오리치거나 직각의 벽이 높은 곳은 직풍으로 떨어져 내리는 형식이 되어 살풍으로 변해 집안으로 스며들어 거주자의 신경을 날카롭게 만들고 학습능력을 흐트러뜨린다.

무조건적으로 남향을 가릴 필요는 없다. 지형과 지세에 순응하는 것이 우선이다. 우리나라의 지형에서 남향이 가장 많은 햇빛을 받는다는 사실을 부정할 수 없다. 그러나 오로지 남향이라는 사실만으로 자연의 이치를 거스를 수는 없다. 예로부터 우리조상들은 남향이라는 사고를 중시했지만 그보다 더욱 중요하게 여긴 것은 자연의 이치를 거스르지 않는 배산임수(背山臨水)의 법칙이었다.

높은 곳을 뒤로 하고 낮은 곳을 앞으로 하여 물을 바라보는 것이 가장 이상적이다. 물은 에너지를 보전하고 머물게 하는 좋은 기운이다. 그러나 나를 찌르듯 집으로 달려들고 마치 물기라도 하듯 소리가 들리면 신경을 자극하여 거주자 모두에게 영향을 미친다. 거주자들에게 신경쇠약을 가져오고 불화를 가져오니 피하는 것이 좋다.

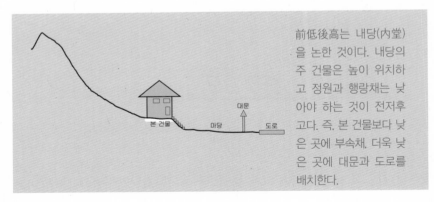

前低後高는 내당(內堂)을 논한 것이다. 내당의 주 건물은 높이 위치하고 정원과 행랑채는 낮아야 하는 것이 전저후고다. 즉, 본 건물보다 낮은 곳에 부속채, 더욱 낮은 곳에 대문과 도로를 배치한다.

대지에서 주택이 가장 높은 곳에 배치되고 마당이 조금 낮은 곳이며 대문은 가장 낮은 곳에 배치되는 형태, 그리고 그 앞으로 도로나 물이 흐르는 것이 전형적인 전저후고의 법칙이다. 비가 오면 빗물이 집의 처마에서 떨어져 마당을 지나 밖으로 흐르는 형태를 유지하여야 한다. 자연의 법칙에 따라 물이 집의 방향에서 물이 흐르는 강이나 도로로 흘러나가는 자연스러운 형태는 평소에도 먼지가 집으로 달려들지 않고 물이 자연적으로 배수되어 건강을 지키고 학습자의 심신에 영향을 미치지 않으며 맑은 흐름의 에너지를 예약한다. 또한 먼지나 오물, 나쁜 기운이 거슬러 스며들지 않기 때문에 거주자의 머리를 늘 상쾌하게 유지하여 준다.

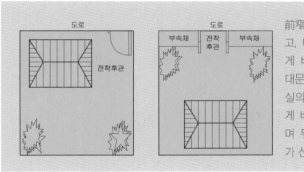

前窄後寬은 출입구는 좁고, 내부는 너그럽고 넓게 배치하는 원칙이다. 대문과 정원, 현관과 거실의 구조를 법칙에 맞게 배치한다. 앞이 좁으며 뒤가 후덕하면 부귀가 산처럼 쌓인다.

전착후관은 앞이 좁고 안으로 들어가면 넓어진다는 의미로 재산과 깊은 관련이 있다. 즉 어린아이들이 한복을 입을 때 허리춤에 매다는 복주머니를 상상하면 될 것이다. 복주머니의 입구가 좁아지면 안으로 들어간 동전도 잘 나오지 않듯 집의 출입구를 좁게 배치하고 내부를 넓게 하면 돈이 새나가지 않는 다는 이론이다.

살아가기 위한 부의 축적은 오랜 숙원이며 요긴한 삶의 지혜였다. 그러한 사상이 오래전부터 전해져 온 것으로 전통 가옥의 경우 하나같이 약속이나 한 듯 전착후관의 법칙이 이루어진 경우가 많다. 이 전통 가옥 대부분은 부를 축척하고 권세를 누린 가문들의 집이다.

(5) 도로

도로는 반드시 필요하지만 그 배치와 방향은 주목해야 한다. 주택을 에워싸듯 도로가 지나가거나 도로가 직선으로 달려와 찌르는 듯 하고, 골목길의 마지막에 자리한 주택이라면 역시 건강과 학습효과를 기대하기는 어렵다. 이는 도로를 따라 달려온 바람이 칼처럼 날카로운 에너지로 변하여 사람을 찌르는 것으로 전통적인 사상으로는 직충(直冲)이라 부른다.

도로가 직선으로 달려들면 살기가 더해져 사람이 다치거나 심한 경우는 흉폭한 결과가 나타나기도 하는데 학습효과는 기대하기 어렵다. 아울러 거주자의 건강이 피폐해지고 많은 일들이 틀어지는 관계가 형성되어 업무효율은 기대하기 어려우며 거주자의 사업이 나락으로 떨어지는 결과를 가져온다.

(6) 지붕

하늘은 명예의 에너지다. 집은 이 명예의 에너지를 담아 거주자에게 영향을 주어야 한다. 지붕과 천정사이의 공간은 비워두어 명예의 에너지가 충만하도록 해야 한다. 지붕과 천정사이가 없는 건물이라면 명예는 사라진다고 하는 것이 좋다. 아울러 지붕이 없는 집은 명예의 에너지가 머무를 공간이 없는 것으로 판단하면 된다. 명예가 없음은 사업자의 위치를 보존하지 못함이고 학습자의 능력을 발휘하기 어려움을 말하는 것이다.

지붕이 없는 집이라면 업무효율과 학습효과에 따른 훌륭한 결과를 기대하기 어렵다. 이는 명예를 담는 그릇이 없는 것이니 갓을 쓰지 않은 양반의 모습과 같다. 명예가 없다는 것은 거주자에게 좋지 않은 영향을 미친다는 의미가 된다.

지붕은 천기를 담는 그릇과 같다. 지붕이 없다는 것은 천기를 담을 그릇이 없는 것이다. 아울러 지붕은 남자의 공간이다. 지붕이 없는 슬래브는 이미 지붕의 요소 중 천기를 담는 기능을 상실한 것이다.

1970년대 중반부터 1980년대 들어 슬래브 구조의 주택들이 다량으로 지어졌다. 이 시대에 지어진 고층건물과 아파트, 학교건물을 비롯한 공공건물이 옥상의 활용이라는 측면에서 대량으로 슬래브 형태의 지붕이 지어졌다. 개인주택도 이 당시에 지어진 건물은 대부분 슬리브라는 구조를 취하고 있다. 이 시기는 경제발전의 시기와 부합되는데 남자의 지위하락, 혹은 여상상위, 남성의 몰락, 가정 파탄의 시기와 같은 말들이 많이 나타나는 시기이다. 남성의 위상이 약화된 시기이거나 여성의 지위가 향상되었다는 시기라도 말하는 학자들이 있는데 어떤 주장도 차제하고 이 시기에 슬래브 구조의 집들이 많이 지어진 것은 사실이다.

(7) 수맥(水脈)

눈여겨보고 살필 것은 수맥(水脈)도 있다. 수맥이란 땅속을 흐르는 물줄기로 굵기도 다양하며 깊이도 다양하다. 물이 흐르기 위해서는 어디선가 끊임없이 물을 공급받아야 하므로 지표면의 갈라진 틈을 타고 물이 흘러들게 된다. 물이 흐르면 이 갈라진 틈으로는 작은 파장이 밀려올라오게 되는데, 바로 수맥파(水脈派)이다. 수맥파는 사람에게도 영향을 미치지만 살아있는 생물은 물론이고 건축 구조물 전반에도 영향을 미친다. 수맥위에 집을 지으면 벽이 갈라지고 담이 무너지기도 한다.

수맥은 사람에게도 치명적이다. 오랜 시간 동안 아무런 대비 없이 수맥 위에서 수면과 휴식을 취한다면 영향을 무시할 수 없다. 대부분의 사람들은 수맥 위에서 생활하면 불안하고 알 수 없는 영향에 대해 자각을 한다. 불면과 어지러움, 사나운 꿈자리, 밤에 들리는 환청, 이유 없는 복통과 메스꺼움, 아기의 계속된 울음 등이 수맥파와 연관이 있는 경우가 많다.

다소 차이가 있기는 하지만 수맥은 고혈압과 뇌경색, 뇌졸중, 심장병, 정서불안, 만성두통을 일으킨다. 수맥위에서 잠을 자면 사산(死産)이 일어날 수 있으며 흉몽(凶夢)을 꾸는 수도 있다. 편안한 마음으로 긴 시간동안 숙면을 취했음에도 늘 몸이 무겁고 피로가 풀리지 않으며, 때로 반복적인 꿈이 편안한 잠자리를 이루지 못하게 하면 수맥을 의심해야 한다. 이러한 수맥의 영향은 사람의 뇌는 물론이고 모든 신경계에 작용하므로 학습 능력을 극도로 저하시키고 때로는 극복하기 어려운 건강상의 문제를 야기시킨다.

수맥에 대해서는 완벽한 방어가 불가능하다. 따라서 가능한 피하는 것이 최상의 선택이다. 수맥은 일정한 폭을 지니고 있으므로 조금만 옆으로 옮겨 잠을 자거나 거리를 두면 전연 해가 없다.

현재로서는 최선의 방법으로 수맥을 방어하기 위한 방법으로 동판(銅版)을 까는 것이다. 간혹 수맥차단을 하는 메트나 장판, 혹은 바닥재가 있다는 광고를 본 적이 있지만 근본적으로 불가능한 사실을 가능하다고 말할 수는 없는 일이고 인간의 능력으로는 수맥을 돌리거나 방향을 바꿀 수 없다.

수맥의 유무를 파악해야 한다. 수맥으로 인한 공기의 연장, 이웃의 피해 등이 예상된다. 수맥은 자연현상과 대단위 공사로 수맥 단절이 있어야 끊긴다. 인간의 기도나 물체를 묻어 바꿀 수 없다. 수맥을 막거나 바꾼다는 사람이 있다면 사기꾼일 가능성이 높으므로 주의해서 살펴야 한다.

간혹 기도를 통해, 혹은 자신의 능력으로 수맥을 돌리거나 막을 수 있다는 사람을 보았다. 그러나 수맥에 끊어지거나 방향이 바뀌는 것은 천재지변이나 자연의 변화, 혹은 대단위 공사로 인한 단맥(斷脈)이 있을 뿐이다.

자신의 능력이나 기도, 혹은 달마도와 같은 그림, 동전, 동판 등으로 수맥을 옮기거나 막을 수 있다는 사람은 믿어서는 안 된다. 따라서 수맥을 발견한다면 조금만 자리를 옮겨 잠을 자고 업무공간이나 학습공간의 이동 배치를 통해 수맥의 영향을 피할 수 있다.

(8) 고압선

전기는 생활에 매우 필요하지만 고압선은 반드시 피하는 것이 좋고 전철역도 피하는 것이 좋다. 전철역이 가까이 있다면 등하교와 출퇴근, 교통 편의는 좋으나 고압선으로 인한 영양을 무시할 수 없고 땅이 울리면 감지하지 못하는 사이에 수면 중에 스트레스가 쌓이고 정신쇄약이 일어난다.

경미할 때는 증상이 나타나지 않으나 심해지면 우울증이나 기타의 정신적 장애가 나타나고 사산과 유산의 징조가 보이고 때로 기형아(畸形兒)의 잉태가 염려된다. 이처럼 신경을 자극하고 모르는 사이에 수면 장애를 일으키는데 택지라면 오래지않아 우울증을 유발할 수 있으며 학습능력과 업무능력을 극도로 악화시킨다.

전철은 스트레스의 주범이다. 근무처로는 도움이 될 수 있지만 주거지로는 불합리하다. 수면 중에 스트레스가 쌓이고 정신적 문제를 일으킨다.

2. 정원

주거문화의 발달로 인해 아파트와 다세대주택이 늘고 있다. 작은 도시나 군청 소재지 정도의 마을, 혹은 작은 마을 들은 오래도록 개인주택이 주거의 형태 대부분을 이루고 있었지만 전국 어느 곳이나 다가구주택이나 아파트, 연립주택의 형태를 지닌 주거용 건축물들이 건설되고 있다. 이러한 주택들은 과거의 전토적인 건물이나 주택과는 많은 차이가 있다. 그래도 아직 개인주택에는 정원이라는 공간이 남아있다.

도시라 해도 택지가 이상적이면 주택을 짓는 것이 유리하다.

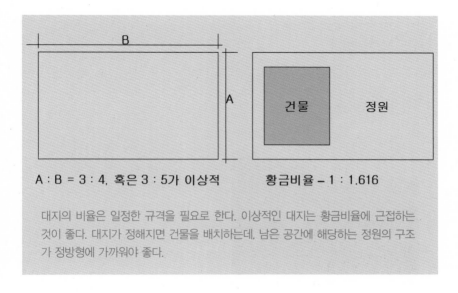

A : B = 3 : 4, 혹은 3 : 5가 이상적   황금비율 − 1 : 1.616

대지의 비율은 일정한 규격을 필요로 한다. 이상적인 대지는 황금비율에 근접하는 것이 좋다. 대지가 정해지면 건물을 배치하는데, 남은 공간에 해당하는 정원의 구조가 정방형에 가까워야 좋다.

주택이야말로 개인의 성공을 보장하고 명예를 극대화 시키며 학습능력을 극도로 발휘할 수 있는 방법으로 선택할 수 있다. 아파트와 같은 대형건축물과 대형주거시설은 일정 구역에 여러 세대가 머물고 동일한 터를 같아 사용함으로써 일정 지역의 에너지를 나누어 가진다는 특징을 지닌다. 개인주택을 가진다는 것은 그 대지에서 생성되는 에너지를 가족이 모두 가진다는 것이다

주택을 지을 때에는 애초에 배치를 생각해 주택이 자리 잡아야 할 대

지의 모양을 살펴야 한다. 대지의 취득에서 가장 이상적인 모양의 대지는 1:2 이내의 비율을 지닌 장방형의 모양을 지닌 대지이다. 매끈한 장방형이 야말로 가장 이상적이다.

집을 지을 대지의 모양을 살펴 가로와 세로의 변이 1: 1,618의 대비는 흔히 황금비율이라 한다. 대략 2:3정도의 비율이 이에 해당한다. 언뜻 생각하면 정사각형의 대지가 가장 안정되고 아름다워 보이나 막상 건물을 배치하면 정원의 비율이 길거나 좁아지고 어두워져 모양이나 쓰임새가 불안정하게 된다.

정원이 없는 개인주택은 미래의 부를 창출하기 어렵다. 정원은 여자와 재산의 바로미터이다. 정원은 집의 3배수 범위 내에서 넓고 밝아야 길하다. 아울러 바위는 건강을 해친다.
대지의 넓은 가로 새로의 변이 1:1.6180이 황금비율이며 건물도 동일하다. 정원은 정사각형이 좋다.

일반적으로 건물을 지으면 남은 공간이 정원이 되는데, 가로 세로의 비가 1:1인 대지에서는 집을 짓고 남은 공간 역시 지나치게 긴 공간으로 남는다. 지나치게 긴 정원은 때로 가로세로의 비율이 1:2가 넘게 된다. 이러한 모양을 지닌 긴 공간은 예로부터 집안이 가난해지고 인심이 사납다고 했다. 집안이 가난해지고 인심이 나빠지면 배려가 약해지고 학습자에게 좋지 않은 영향을 미친다. 당연히 명예가 사라지고 경영자는 주변의 도움을 받지 못하고 명예를 추구하는 사람에게는 명예가 사라진다. 정방형이나 정사각형의 정원이 학습자에게는 좋은 영향을 주고 금전운을 좋게 한다. 금전운이 좋아진다는 것은 학습자가 마음 놓고 학습을 할 여건을 만들게 된다.

또한 정원은 여성과 재산을 의미한다. 반듯한 정원을 가진 집이라면 현숙하고 건강한 부인과 불어나는 재산을 유추할 수 있다. 장방형의 대지에 집을 짓고 나면 나머지 공간은 자연스럽게 정사각형에 가까워지게 된다. 정원에 불규칙하고 날카로운 입석(立石)이 세워져 있으면 여자의 질병과 재산의 손실을 의미한다.

정원에 지나치게 큰 나무를 기르는 것도 좋지 않다. 지나치게 큰 나무는 재산을 불어나지 못하게 막는 것은 물론이고 건강도 악화시킨다. 아울러 주거자의 건강이 나빠지고 금전운이 극도로 나빠진다. 혹, 여름의 뜨거운 햇빛을 피하고 싶다면 건물에서 먼 방향에 지붕을 넘지 않는 정도의 크기를 지닌 나무를 심는 것이 좋다.

집 안에 우물을 두거나 수영장을 두면 여름에 병이 올 가능성이 높으므로 수시로 청소를 하고 물갈이를 해 주어야 한다. 우물은 사용하지 않으면 메워버리고 수영장은 거리가 있는 것이 좋다. 후원에 풀장을 두거나 연못을 두면 남자의 행실에 문제가 생기고 거주자는 자꾸만 정신이 분산되니 심사숙고할 일이다.

3. 건물

건물은 유익한 에너지가 흘러 넘쳐야 한다. 집안으로 유입되는 에너지는 각각 하늘의 기운과 땅의 기운이다. 하늘의 기운은 명예를 의미하니 명예와 학습능력에는 직접적으로 영향을 주는 에너지이다. 전통적으로 동양학에서 천기(天氣)라 부른 이 에너지는 하늘의 기운을 의미한다.

다른 하나의 에너지인 땅의 기운은 건강과 재산을 의미하는데 이를 동양학에서는 지기(地氣), 혹은 생기(生氣)라고 불렀다. 예로부터 건물은 이러한 기를 담는 그릇과 같은 것이라 여겼다. 그리고 이러한 에너지가 사람에게 미치는 영향을 고려하여 집을 설계하고 지었으니 이는 시대가 변하는 지금도 다르지 않다.

건물 몸체는 거주자에게 필연적인 영향을 미친다. 외관이 불규칙하고 날카로우며 들쭉날쭉하여 변화가 심하고 앞뒤가 헛갈리거나 멀리서 보아도 앞뒤를 알 수 없는 건물에서 오래도록 살아온 사람은 세월이 흐르면서 건물의 영향을 받아 성격에 변화가 일어나고, 건강이 악화된다.

명예를 지닌 사람은 명예를 잃고 재산이 사라지며 학습자는 자신감을 잃거나 점차 시험운이 나빠져 실력발휘에 문제가 생기게 된다. 아울러 금전운도 쇠퇴하여 학운이 있다 해도 풍운의 꿈을 펼치기에는 장애가 된다. 집이 바닥에서 뜨면 생기를 받지 못해 사업자는 금전운이 사라져 점차 사업이 부실해진다. 건물이 사람에게 영향을 미치니 올바른 건물의 형태를 생각하지 않을 수 없다.

대지의 형태를 살펴보면 2:3, 혹은 3:5 정도의 가로세로 비율이 황금비율에 가까운 장방형이 이상적이다. 건물도 가로세로의 변이 황금비율에 준하는 2:3, 혹은 3:5 정도가 이상적이다. 한 변의 비율이 다른 변보다 2배 이상 길어 1:2가 넘으면 빈상(貧相)이 되어 가난해지고 흉하다.

지붕은 짧고 휘어짐이 없으며 건물의 몸체는 굴곡이나 함몰이 없어야 길하며 건물의 바닥은 땅바닥에 붙어야 이상적이다.

　가로세로의 비율이 맞추어진 기본 형태는 지나치게 단순하여 때로는 미적 감각이 떨어지는 건물로 보인다. 그러나 기본형상을 바탕으로 약간의 미를 가미하여 아름답게 꾸밀 수 있으며 우직하고 강직한 모습에 미적 감각이 가미된 이상적인 건물이 될 것이다.

　사업자나 경영자, 학습자에게 영향을 미치는 가장 이상적인 건물의 형태는 원형(圓形)으로 기를 모으는 형태이다. 그러나 원형 건물은 가구의 배치와 활용도에서 떨어지기 때문에 1:1.618정도의 비율을 지닌 장방형(長方形)이 대안이다. 그리고 두 개의 장방형을 겹쳐놓은 ㄱ자 형태의 건물은 차선책이다. 만약 학습이나 경영자만을 위한 공간을 독립적으로 설계한다면 원형 건물이 그 대안이 될 수 있다.

4. 바닥

　어떤 경우라도 바닥은 땅바닥에 밀착되어야 한다. 생기는 지하에서 피어오르지만 바람을 만나면 흩어지는 것으로 지표면과 건물의 바닥이 뜨면 바람을 만나 흩어지니 생기가 건물 속으로 스며들지 못한다.

　간혹 주차장과 같은 시설을 설치하고자 지하 공간을 만드는 경우가 있다. 법령이 문제가 되지 않는다면 건물을 지상에서 띄우는 것을 절대로 금지하고 싶다. 이는 땅에서 솟아나는 지기를 흘려버려 재산을 잃고 학습자의 건강을 위협한다고 보기 때문이다.

아울러 경영자나 학습자는 6층 이내의 저층에서 생활하는 것이 좋다. 생기라고도 불리는 지기(地氣)는 강력한 에너지이지만 상승하는 데는 한계를 지닌다.

지기는 6층까지 영향을 미치는 것으로 알려지고 있다. 바닥이 뜨면 생기가 집 안으로 흘러들지 못해 건강이 나빠지고 돈이 흘러나가며 여자의 몸에 이상이 온다.

일반적으로 그 지역에서 가장 큰 나무의 키가 지기가 미치는 한계로 본다. 오래도록 그 높이를 5층 정도로 여겨졌으니 메타세콰이어와 같은 나무가 대략 6층 높이에 이르므로 지기의 상승 한도는 대체적으로 6층 정도의 높이라 보면 될 것이다.

어쩔 수 없이 지면을 바닥에서 띄워야 한다면 법이 제한하는 한도 내에서 바람이 세어들지 못하게 막거나 차단할 수 있는 방법을 강구하여야 한다. 벽을 두를 수 있다면 둘러야 하고 블록이라도 쌓을 수 있다면 쌓아야 한다. 만약 지하공간을 활용하고자 하면 바람이 스며들지 않게 반드시 문을 달아 평소 닫아두어야 한다.

5. 지붕

방바닥이 지기(地氣)의 통로라 한다면 지붕은 천기(天氣)의 통로이다. 주택의 구조에서 지붕이란 단순히 비바람을 피하는 구조가 아니라 천기를 보존하고 머무는 곳이기 때문에 고귀함을 나타내는 구조물이며 건물의 내부로 하늘의 에너지를 유입시키는 기능을 하는 곳이다.

지붕의 형태는 시대와 문화에 따라 달라졌는데, 최근 서양의 설계방법이 유입되고 무분별한 선택이 이어지며 심미적인 욕구만을 충족시키는 일부 설계사들의 주도하에 전통적이고 풍수를 바탕으로 하는 한국 건축에 있어 지붕의 역할과 그 필요성은 무너지고 있다. 지극히 서양적인 문화라고 주장하는 그들의 설계는 당연하다는 듯 지붕을 제거하고 있다. 그러나 서양의 어느 나라도 전통적인 건축물은 반드시 지붕을 가진다.

조선시대의 건물 대부분은 용마루가 흰 현수곡선이다. 이는 천기에서 손해를 보고 있음을 보여준다. 지붕이 강하고 휘어짐이 없어야 가장이 올바르고 남에게 굽신거리지 않으며 천기를 받아 공명정대하다.

(1) 좌우의 균형

지붕은 어떤 경우라도 좌우의 균형이 맞아야 하며 중앙이 가장 높아야 좋은 에너지를 모을 수 있다. 가장 높은 용마루선은 짧을수록 강직한 경향을 지닌다. 아울러 용마루선이 일직선으로 이루어져 강한 기상을 지녀야 한다. 팔작지붕의 현수곡선처럼 늘어지거나 지나치게 긴 용마루선은 강직함이 떨어진다.

(2) 공간

지붕과 몸체와의 사이에 자리한 공간은 흔히 반자, 혹은 천정의 공간이라 말하는 곳으로 천기를 보존하는 공간이다. 이 에너지는 강력한 지도력과 학습능력에 영향을 미치는 에너지로 집안에 사는 사람 모두에게 고루고루 영향을 미친다. 따라서 학습자와 경영자가 사용하는 공간은 지면과도 가깝고 떨어지면 안되지만 지붕과 가까울수록 좋다. 즉, 경영자와 학습자는 5층 이내의 높이를 지닌 건물에 바닥에 떨어지지 않고 바닥에 닿아야 하며 지붕이 있는 집을 선택하여야 올바른 학습에너지를 포용할 수 있다.

간혹 지붕과 천정 사이에 다락방을 만드는데 좋은 방법이나 선택이라고 말하기 어렵다. 기를 보존하는 공간에 사람이 거주하면 좋은 기를 받을 것이라 생각하지만, 오히려 기를 모으는 공간이 사라지는 결과를 가져온다. 학습자의 효율적인 학습활동과 경영자의 정신건강을 위해서도 머리 위는 조용한 것이 좋다.

(3) 슬래브

지붕처럼 보이지만 지붕이 아닌 구조도 있다. 대표적인 구조가 바로 슬래브이다. 상부의 공간을 다용도로 사용하기 위해서 많이 지어진 구조인데 이는 비가 적은 지방의 특징을 지닌 건축물로 여름이면 많은 비가 오는 이 땅과는 어울리는 구조도 아니다. 점차 지구가 온난화 되고 있으며 갈수록 여름철에 비가 많이 오는 현상이 반복되고 있으므로 아무리 방수를 잘 한다고 해도 물매가 없는 슬래브는 결국 내부로 물을 유입시키고 말 것이다.

슬래브는 천기를 가두는 공간이 없으므로 업무효율이 필요한 가장과 학습자에게 부정적인 에너지를 제공한다. 따라서 비를 막을 수는 있지만 지붕의 구조로서는 부적절하다. 우리나라는 점차 비가 많이 오는 아열대 기후로 변해가는 추세이고 게릴라성 호우가 늘어가는 일기변화를 보이므로 앞으로는 점차 물매의 기울기를 강하게 하여야 할 것이다.

(4) 불규칙한 지붕

지붕이 들쭉날쭉 하다거나 좌우의 높이나 길이가 다르고 각도가 다른 지붕이 적지 않다. 어쨌든 좌우의 균형이 맞지 않고 한쪽의 기울기가 강하거나, 지붕이 한쪽이 넓거나, 혹은 두 개의 지붕이 합해지다 보니 결합부위가 함몰되는 경우도 있다. 이처럼 불규칙한 지붕은 시각적으로 흉측하거나 불안전해 보이고 거주자에게도 좋지 않은 영향을 미친다.

지붕이 불규칙하거나 날카로운 부분이 많으면 주위 사람들과 충돌이 많이 일어나고 거주자에 병이 깊다.

지붕은 천기를 담는 공간이기도 하며 가정으로 보아서는 사람의 뇌와 같은 공간이다. 이 공간과 형태가 불규칙하거나 함몰, 혹은 일정하지 않으며 균형미가 없고 좌우의 편차가 심하면 거주자의 정신건강에 문제가 생긴다. 특히 학습자는 집중력이 떨어지고 공상과 망상을 많이 하게 되며 투자하는 시간 대비 효율은 매우 떨어진다. 경영을 하는 가장이 이러한 지붕이 있는 집에서 살면 목적만을 앞세워 투쟁적으로 변하며 적을 만들고 미움을 받는다. 따라서 업무효율은 떨어지고 경영은 압박을 받는다.

6. 방과 내부 공간

방은 사람이 잠을 자거나 공부를 하고, 때로는 혼자 편안하게 거주하는 공간이다. 우리나라의 주택 구조에서 방은 잠을 자는 침실의 구조를 지닌 경우가 많으며 아울러 일반적인 개념에서 방은 주택에서 업무공간이나 학습공간으로 사용되기도 한다. 경우에 따라서는 학습공간이나 서재로 독립되기도 하지만 학습자의 침실이라 해도 학습 공간을 가지는 경우가 많다. 따라서 학습자가 사용하는 공간은 가구의 위치와 형태, 내부적인 동선 배치를 통해 효율을 극대화시킬 수 있다. 업무를 가진 가장의 공간도 역시 배려하지 않을 수 없다.

(1) 거실과 안방

일반적인 개념에서 주택에서 가장 중요한 공간은 거실과 안방이다. 그렇다고 해서 반드시 거실과 안방을 가장 중앙에 배치할 필요는 없다. 사실 중앙에 안방을 배치하면 좋겠지만 거실을 배치하지 않는다면 집의 내부가 으슥해지고 좁은 느낌으로 답답해진다. 내부적으로 거실을 확대하거나 거실의 배치를 잘 살펴 어둡지 않게 설계하여야 한다.

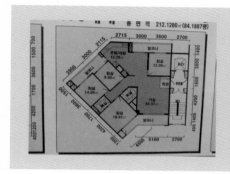

가장 큰 방은 부부의 침실이 이상적이다. 침실 역시 1:1.618이 가장 이상적인 구조이다. 그래야만 가구를 놓으면 나머지 공간이 정사각형이 남는다. 정사각형으로 방을 설계하면 가구를 배치하면 직사각형이 남아 공간의 효율성이 떨어진다.

대부분의 주택은 안방이 가장 크다. 이는 부부의 방이기 때문이라는 불변의 법칙이 오래도록 이어져 온 탓이다. 부부의 침실은 부부가 사용함이 옳다. 간혹 학습자의 편의를 도모한다는 생각에 가장 큰 방인 안방을 학습자가 사용하도록 하는 경우가 적지 않은데 나이가 어린 학습자에게 안방을 제공하는 것은 올바른 판단이라 할 수 없다. 지극히 짧은 기간 동안 편의를 보아 줄 수는 있지만 특별한 경우를 제외하고는 가족 중 어른이 되는 사람이 거주하는 공간이 되어야 한다.

방과 방은 동일한 기운을 지니도록 설계하거나 분할한다. 지나치게 길지 않도록 분할하여 가로세로의 변이 1:2 이내에서 구획하고 가장 이상적인 사로 세로의 변은 1: 1.618정도이다. 대략 3:2나 3:5 정도의 비율이다. 강한 에너지가 몰리는 방향이라면 원형의 방을 배치하는 것도 나쁘지 않다.

방과 방은 반드시 연결하여 배치할 필요는 없으나 동선(動線)을 고려하는 것이 좋다. 이 동선을 고려하는 측면에서 에너지의 상충이 일어나는 배치는 피해야 한다. 문과 문이 마주보거나 문과 창이 마주보는 것, 혹은 중앙에 긴 통로 형식의 복도가 있고 양쪽에 문이 있어 노려보듯 마주 나오는 복도 형식은 좋지 않다.

방은 외인으로부터 독립, 보호되어야 한다. 견고함이 있어야 안정감을 가지며 거주자가 정신을 집중할 수 있다. 따라서 방문과 창이 견고하여야 한다. 바람이 불 때마다 덜컥거리는 소리가 들리거나 천정이 부실하여 문을 닫을 때마다 울렁거리는 소리가 나고, 이가 갈리는 듯한 문소리가 나는 방은 거주자의 공간으로서는 매우 불합리하다. 문이 견고하지 못하고 틈이 벌어져 외부의 소음이 파고드는 것도 업무를 가진 거주자의 심신을 약화시키며 학습자의 집중력을 분산시킨다.

(2) 효율적 설계

이미 지어진 집이나 아파트와 같은 기성화 된 집이 아니고 처음부터 부지를 매입하여 가족에 맞는 설계를 한다면 가족 인적 구성을 감안하여 효율인 풍수설계를 하는 것도 좋다. 이러한 설계가 가능하다면 부지의 특성에 따라 조금은 달라질 수 있겠지만 가능한 풍수적인 방향의 법칙에 따라 서남쪽에는 부부의 침실이 배치되고 서북쪽에는 서재가 배치되면 이상적이다. 동쪽으로는 자녀의 학습공간이 배치되면 효과가 증대된다.

(3) 차고

안방을 포함하여 모든 방이나 거실 밑으로는 가능한 차고를 배치하지 않는 것이 좋다. 부득이 차고를 만들었다면 차고의 문을 닫아 출입하지 않을 때는 늘 닫아주어 지기가 흩어지지 않도록 배려해야 한다. 바람을 효율적으로 차단한다면 지기는 흩어지지 않을 것이다.

지하는 양택의 공간이 아니고 음택의 공간이므로 오래 사용하지 않아야 하고, 만약 오래도록 사용해야 한다면 간혹 해가 비추어지는 곳으로 올라와 에너지의 흐름을 음에서 양으로 바꾸어 주어야 하며 드라이 시설을 배치하거나 창을 설치하며 가능한 태양빛이 스며드는 구조를 만들어야 한다.

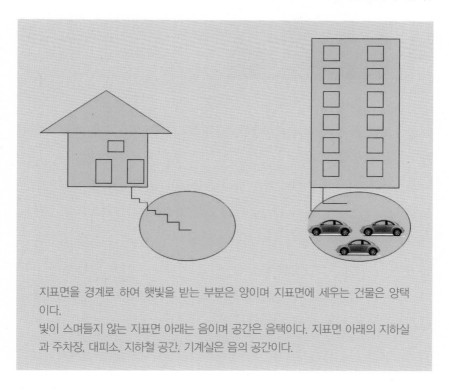

지표면을 경계로 하여 햇빛을 받는 부분은 양이며 지표면에 세우는 건물은 양택이다.
빛이 스며들지 않는 지표면 아래는 음이며 공간은 음택이다. 지표면 아래의 지하실과 주차장, 대피소, 지하철 공간, 기계실은 음의 공간이다.

(4) 계단

서재나 학습공간으로의 이동에서 계단을 오르는 것은 좋지 않다. 특히

계단이 건물의 중앙을 가로지르는 위치에 자리하고 있다면 화합의 에너지
가 깨어져 반목하고 질시하며 부부의 충돌이 일어나고 부친과 아버지의
의견대립, 어머니와 딸의 자존심대결이 불가피하다. 계단의 위치도 신중
하게 파악해야 한다.

집의 중앙을 가로지르는 계단은 기를 양분하여 가족간 의견 충돌과 불화를 야기한다. 계단은 한쪽으로 치우쳐 배치하거나 전실에서 바로 소통하도록 배치하고, 부득이하면 외부로 배치한다.

집의 중앙을 가르며 2층으로 오르는 계단이 있는 것은 좋은 배치가 아니
다. 이는 에너지의 분할을 가져올 가능성이 높으며 부부와 부부사이, 혹은
가족 구성원 사이에 감정의 골이 생길 가능성이 높다. 업무를 가정으로 가
지고 오는 가장을 아내가 압박하여 효율을 방해하는 가상이다. 따라서 굳
이 2층으로 오르는 계단이 필요하다면 전체적인 공간의 측면에 치우친 곳
에 배치하여 중앙을 분할하거나 공간을 분할하는 느낌을 주지 말아야 한
다. 혹은 이층으로 오르는 계단을 완전히 건물 외곽이나 밖으로 독자적인
공간으로 설계 시공을 할 수도 있다.

(5) 기맥
혹 배산 임수가 이루어져 산의 끝단 아래 위치한 주택이거나 산자락의
언덕에 자리한 주택이라면 산의 능선을 타고 이어져 온 기맥이 흐를 가능

성이 있다. 기맥이 흐르고 있는 대지라면 기맥 위에 학습자의 침실과 서재를 배치하는 것을 고려해야 한다. 아울러 동서사택의 구조를 파악하여 배치하면 좋으며 수맥을 피하여 배치하는 것도 좋은 방법이다.

(6) 화장실과 욕실

방과 방 사이에 화장실을 배치하는 것은 그다지 좋지 않다. 최근 설계의 편의상 배치하는 경향이 있지만 면적과 설계가 허락한다면 방은 화장실과 조금 떼어 배치하는 것이 건강을 지킬 수 있는 길이다.

서구식 주택 문화가 유입되며 화장실이 집안으로 들어왔다. 화장실은 샤워실을 겸하고 습기가 많은 곳이다. 늘 청결하고 말라 있어야 한다.

최근 지어지는 주택의 일반적인 구조에서는 방과 방 사이에 화장실과 욕실을 배치하기도 하고 대부분 부부가 사용하는 방 안에 욕실을 배치하는 경향이 많은데 그다지 좋은 배치라고 볼 수는 없다. 만약 부부침실에 화장실이나 욕조가 있다면 늘 말라 있도록 청소를 하여야 하며 가능한 문을 닫아두어야 한다.

아울러 개인 주택이나 개인가옥에서 다층으로 집을 설계하고 축조하더라도 침실 위로는 욕실이나 화장실을 만들지 않는다. 침실 위에 욕실이나 화장실이 있다면 이는 근심을 이고 사는 것이나 다름없다. 특히 업무수행이 필요한 가장의 서재나 학습자의 침실 위로 화장실이나 욕조가 배치되면 정신적으로 집중력이 떨어지며 때로 누수로 인해 병의 기운이 침습할 수도 있다. 물소리 등이 정신을 산란하게 하여 업무에 필요한 집중력과 학습능력을 반감시킨다.

(7) 벽지와 색

방은 안정감이 있어야 하며 벽지의 색과 사진, 그림이 도움이 된다. 벽지의 색이 업무 효율과 학습효과에 도움을 준다. 가능한 따스한 색이 좋지만 지나치게 정열적인 색으로 배치하면 감정적으로 흥분이 되므로 업무와 학습에는 장애가 된다.

강한 에너지를 중화시키는 데도 색이 중요하다. 특히 건방(乾方-서북쪽)에 자녀의 방을 배치하면 아이들이 말을 듣지 않는 경우가 일어난다. 그러나 이곳을 서재로 활용하여 부모와 함께 학습공간으로 사용한다면 가장 훌륭한 학습효과를 기대할 수 있다. 이 경우에도 가능한 차분한 색으로 배치한다.

(8) 귀문방

간혹 풍수사들 중에 사무실을 구할 때는 가장 유의하여야 할 방위가 바로 동북쪽과 남서쪽이라고 주장하는 경우를 본다. 이들의 주장을 살펴보면 이 두 곳의 방위는 귀문방이라 하여 흉방위가 된다는 것이다. 그러나 옛 풍수를 살펴보면 어디에도 이 귀문방이 우리 풍수에서 불안, 혹은 좋지 않은 방위로 사용을 제한하다는 정확한 기록이 없는 듯하다. 그런데 일본인들이 이 나라를 강제점령하며 귀문방을 꺼린다는 이론이 강하게 대두되었다. 많은 풍수사들이 이 방위에 출입문이 있는 것을 절대로 피해야 한다고 주장한다. 식당 ,점포를 운영하는 경우 이 남서쪽, 북동쪽으로는 화장실, 출입문, 주방, 계산대는 두지 않는 것이 좋다고도 주장한다. 손님이 한 번 오고 난 뒤는 관심이 멀어져서 두 번은 오기 힘들므로 아주 어려운 상황에 봉착하게 된다는 것이다. 병원의 경우 이 두 방위로는 가장 중요한 수술실, 응급실을 두어서는 절대 안 된다고도 주장한다. 의료사고나 급작스러운 사망 등의 일이 일어나게 된다는 것이다. 그러면서 가장 좋은 출입문의 방위는 역시 동쪽이나 동남쪽이라는 주장을 펴기도 한다.

TIP

귀문방(鬼門方)

양택풍수 이론은 천기를 다루는 이론이기도 하다. 양택 패철 사용법에는 각 방향의 기운을 8개의 구역으로 만들어 이용하고 있다. 즉 380도를 8개 구역으로 분할하여 고유의 영역에 역시 고유의 역할과 기능, 그리고 파워를 지니고 있다고 보는 것이다.

그런데 양쪽의 기운이 교차되는 방위가 있다. 음과 양의 기운이, 동기(東氣)와 서기(西氣)의 기운이 바뀌는 지점이다. 전문용어로 이를 귀문방(鬼門方)이다. 말 그대로 귀신이 드나드는 방위다. 북동쪽과 남서쪽이 바로 그곳이다. 패철상의 방위각으로 살펴 좀 더 정확히 말한다면 계축(癸丑)과 정미(丁未)를 잇는 축선이다. 이는 정확하게 보면 남서방위와 북동방위를 잇는 선이다. 이 방위론 화장실이나 쓰레기장, 대문을 피해야하며, 건축물의 중심축으로도 사용하지 말아야 한다.예컨대 이 이론에 따르면 건축물의 경우 계축좌나 정미좌는 좋지 않다는 말이다. 패철선으로 보면 임자계(壬子癸)와 축간인(丑艮寅)이 해당한다. 이 방위는 오행의 토(土)에 해당하는 영역이기도 하다.

이중 임자계의 방위는 양택 8방위 중 북쪽으로 동사택에 속한다. 축간인은 북동쪽으로 서사택의 방위가 된다. 이렇게 보면 계와 축은 동사택의 기운과 서사택의 기운이 교차하는 지점이 된다.남서쪽에 자리한 미곤신의 방위도 마찬가지다. 미곤신의 옆에 자리한 병오정(丙午丁)은 남쪽으로 동사택이요, 미곤신(未坤申)은 남서쪽으로 서사택이 된다. 두 개의 기운이 교차하는 지점이다. 병오정 방위까지가 동사택의 기가 흐르는 방위이고 미곤신 방위부터 서사택의 기가 흐르는 방위가 된다.

결론적으로 계와 축, 정과 미 방위 사이엔 동사택 기와 서사택의 기, 어느 곳에도 끼지 못하는 틈이 생긴다. 이 혼란한 틈새로 귀신이 드나든다는 것이 바로 귀문방의 이론이다. 질병, 파재(破財) 등 각종 흉한 기운을 안고서 들어온다는 말이다. 이 방위는 음양의 기운이 변하는 방위이기도 하다. 풍수지리뿐 아니라 명리학에서도 사용하는 오행의 법칙에 따라 동쪽, 남쪽, 불, 봄, 여름은 양(陽)을 의미하고 있으며, 서쪽, 북쪽, 물, 가을, 겨울은 음(陰)의 기운을 표방하고 있다. 따라서 축간인이 가리키는 방향인 북동쪽은 왕성한 음의 기운이 양의 기운으로 바뀌는 방위요, 미곤신이 지향하는 남서쪽은 양의 기운이 음의 기운으로 전환되는 지점이다.동쪽은 계절로 봄이요, 남쪽은 여름, 서쪽은 가을, 그리고 북쪽은 겨울이다. 따라서 미곤신이 자리하고 있는 남서쪽은 여름이 가을로 넘어가는 계절이 되고, 축간인이 자리하는 북동쪽은 겨울서 봄이 되는 환절기에 해당한다. 하루의 시간대로 봐도 마찬가지다. 축간인이 지배하는 방향이며 시간으로 따져 축시(丑時)는 새벽 2~3시쯤이요, 미곤신의 방위가 가리키는 미시(未時)는 오후 2~3시경이다. 이 방향의 시간은 하루 중 가장 춥거나 지나치도록 더울 때다. 사람에게 병이 나기 쉽다는 얘기다.이 두 곳 방향은 화장실이나 욕실, 쓰레기장과 같이 불결한 시설이나 가구의 배치를 이 방위에선 피해야 한다. 다만 수세식 화장실은 개의치 않는다는 말이 있으니 아마도 깨끗하게 관리할 수 있다면 커다란 문제는 없는 것이라는 것이 어울리는 말일 것이다.

그러면 귀문방이란 무엇인가? 이름 그대로 귀신이 들어오는 곳이다. 그 래서 불안하고 위험한 곳이다. 그럼 이곳이 왜 귀문방인가? 우리나라에 어울리는 이론인가? 아니라는 생각이 든다. 왜냐하면 일제의 강점기 시대 이전에는 그다지 문제가 되지 않았다. 물론 부분적인 적용이 있던 것은 사실이나 지금처럼 귀문방은 비워두어야 한다는 이론까지 발전하지는 않았다.

귀문방은 우리의 땅보다 일본에 더욱 어울리는 이론이다. 일본의 국토를 살펴보면 태평양에 연해있다. 그래서 여름이면 필리핀 근해에서 태풍이 생성되어 일본 열도의 남서쪽으로 밀어닥치며 많은 피해를 입힌다. 그 래서 귀문방이라는 기초적 원리가 더욱 어울리는 상황으로 변해갔다고 보여 진다. 겨울철이 되면 차가운 바람이 일본의 북간도 방향으로 밀려오는데 이 방향이 동북방이다. 그래서 귀문방이라는 기본 이론이 더욱 잘 어울린다.

우리나라와는 근본적으로 다르다. 우리나라의 경우는 태풍의 진로가 다를 뿐 아니라 동북은 일본이 막고 있어 차가운 바람이 불어오지 못한다. 불어온다고 해도 어느 정도는 차단이 되는 상태다. 그보다는 차라리 중국에서 불어오는 황사(黃砂)가 문제이다. 그렇다면 우리 땅에 맞추어 애써 귀문방을 정한다면 서북쪽이 될 것이다. 물론 귀문방의 계절적 이론과는 차이가 있을 것이다.

중요한 것은 우리의 조상들이 이 귀문방을 어떻게 사용하고 배치하였는가의 이론이다. 물론 귀문방의 이론을 배척했다고 보지는 않는다. 옛 조상들은 남서방을 중요하게 여겨 미곤신(未坤申)의 방향이 해당하는 남서방에 부부침실을 배치했다. 이는 분명 귀문방이다. 당연하지만 귀문방에 부부의 침실을 배치한 근거는 당연히 오행의 원리에 따른 것이고 아울러 동사택과 서사택의 배치에 따른 것이다. 그러나 축간인(丑艮寅)의 방향에 화장실을 배치하지 않고 중요한 시설을 배치하지 않은 것은 단순히 오행의 특성을 따랐다고도 보이나 귀문방의 이론이 적용될 수 있기에 연구가 필요한 부분이다.

이처럼 구역을 정할 때는 이러한 근거가 아니라 동서사택에 근거를 두고 배치할 것이다. 아울러 남서쪽과 북서쪽에 문을 두고 사업을 하면 성공하는 확률이 높은 것이 통계적으로 높은 현실이다. 학문적인 배경도 중요하지만 사실관계도 눈여겨 볼 필요가 있다. 가족이 머무르는 가정이라고 다르지 않다.

제2장 아파트

1. 입지

　아파트란 한 건물 안에 여러 가구가 독립적으로 살 수 있도록 지은 주거용 건물이다. 비교적 여러 개의 층으로 이루어지는데 보편적으로 다섯 개 층 이상의 빌딩형 공동 주택을 말한다. 5개층 이하의 주거용 건물은 한국에서 때로 연립주택이라고 부르는데 풍수적으로 분석할 때는 그다지 차이가 없다.

　한국에서 보듯 아파트는 대부분 주거용으로 설계되지만 때로 상가나 그 밖의 비주거용 공간을 포함하기도 한다. 한국에서는 상가형 아파트라 부르기도 한다. 주상복합건물이라고 부르기도 하는데 여러 가지 편리성으로 인해 한때 인기가 높기도 했다. 아파트의 특징은 일정한 부지에 여러층의 높은 건물을 지어 토지 효율화를 얻어내며 주거 단위들은 여러 가지 방법으로 배열할 수 있다는 것이다. 아파트는 다양한 크기를 충족시킬 수 있으며 시대에 따라 설비의 개발로 인한 다양화가 이루어지고 있다. 개인 주택과 달리 내부적으로 광범위한 편의시설을 갖춘 아파트는 다양한 성향의 가족 구성과 개개인의 욕구를 충족시킬 수 있으므로 계속 발전하고 지어지며 늘어나고 있는 추세에 있다.

　아파트가 이 땅에 처음 들어온 시기는 도시민의 주거를 위한 목적이었다. 아파트는 오래도록 도시에 거주하는 사람들을 위한 주거형태였으며, 한국에서 가난한 사람보다는 재산이 많은 사람들을 위한 주거형태였다. 이러한 흐름은 지금도 이어지고 있어 개인주택과는 비교조차 할 수 없으리만치 고급화된 아파트와 아파트형 주거지도 속속 자리를 잡아가고 있다.

아파트와 아파트형 주거시설은 입지의 제약에 그다지 영향을 받지 않는 특징을 지니고 있다. 대단위로 설계되는 것이 특징이며 국가 시책에 의해 부지의 효율화가 이루어지기도 한다. 아울러 일정 구역의 지기와 천기를 여러 가구가 나누어 가진다는 특징을 지녀 극단적으로 황폐화되거나 극단적인 성공을 거두기에는 부족한 양택이다.

2. 배산임수(背山臨水)

아파트에서 양택삼요결은 개인주택과 달리 그다지 드러나지 않는다. 양택에서 양택삼요결은 가장 중요한 이론으로 배산임수, 전저후고, 전착후관의 이론을 말하는 것이다. 그럼에도 아파트에서는 오래도록 배제되거나 무시된 감이 있었다. 다행히도 최근 지어지는 아파트들은 양택삼요결을 충족시키고자 많은 고심이 반영되고 있다.

양택삼요에서 가장 앞서는 이론인 배산임수의 터는 예로부터 풍수지리 상의 명당으로 여겨진 지형으로 실제로 등진 산이 북서쪽에서 불어오는 겨울철의 차가운 계절풍을 막아주고 마을 앞 하천에서 득수가 용이하며, 하천으로 인한 충적지가 펼쳐져 있어 생활하기에 좋은 점이 많다. 그러나 대단위로 지어진 아파트 단지의 경우 이러한 배산임수의 이론이 적용되지 못하는 경우가 허다하다

배산임수는 예로부터 우리 조상들이 택지(宅地)를 정할 때 가장 이상적으로 여기는 배치로, 집 뒤에 바람을 막는 산이나 언덕이 있어야 하고, 집

앞에는 개울이나 강이 흐르는 지세이다. 만약 강이 없다면 연못이나 논과 같은 물이 그 역할을 대신했다. 이는 물이 생기를 흐트러지지 않도록 방어한다는 의미를 가지는데, 이는 산과 강으로 둘러싸인 내부의 에너지가 인간의 생활에 이롭다는 의식을 나타내는 것이다. 집 뒤의 산은 생기를 불어넣는 지맥이 이어지는 곳이다. 지맥이 끝나는 곳이거나 끝나기 전에 맥을 따라 집을 지어 배치하는 것은 산의 생기를 얻고자 함이며 지맥이 이어지지 않으면 생기가 이어지지 않는다. 따라서 예로부터 이 땅에 집을 짓는 택지 선정에 지맥은 매우 중요했다. 그러나 아파트와 같은 대단위 택지 개발은 오히려 산을 붕괴시키거나 무시하는 경향마저 노출되고 있다.

인위적인 인공 구조물도 자연구조물과 마찬가지로 영향을 미친다. 배산임수를 이루는 산이나 언덕이 없다면 다른 건물이 등을 받쳐주는 형식을 이루어 배산임수를 이룰 수 있다. 단 지맥을 따라 생기를 얻을 수는 없다는 단점은 여전히 존재한다. 따라서 아파트는 지맥의 생기보다는 아파트 내부의 구성을 효율적으로 배치함으로써 에너지의 안정화가 이루어질 가능성이 높다. 아울러 산지에 지어지거나 언덕이나 높은 지대의 아파트라면 산을 등진 아파트가 더욱 안정감이 있다.

간혹 산의 에너지를 받는 다는 생각 때문에 산을 바라보는 방법으로 아파트가 배치되는 경우가 종종 있다. 혹은 남향이라는 고정된 사고에 빠져 산이 남쪽을 가로막고 있음에도 건물의 앞을 산이 있는 방향으로 정하는 경우가 있다. 거실에 앉아 산을 바라보면 높은 산이 억압하는 경우가 있는데 단순히 답답한 것으로 모든 것이 정리되는 것이 아니다.

산이 높은 방향으로 향을 정한다면 높은 산에 위압을 당함으로써 인격의 변화가 오는데 결국 타인과 권력, 재산과 위협 앞에 굽실거리고 허리를 숙이는 경우가 늘어나고 결국 비굴한 심성으로 변하는 것을 볼 수 있다. 어떤 경우라도 턱을 들고 높은 산을 올려다보는 곳에 주거지를 정하면 안 된다. 이러한 아파트의 경우 사업자는 비굴한 경영을 하게 되고 학습자는 시험운이 나빠지고 금전운도 나빠지며 결국 학습능력이 극도로 저하된다.

3. 전저후고

아파트는 일정 대지에 지어지는 개인주택과 달리 여러 가구가 모여 사는 일체형으로 고정화된 형식을 지닌다. 여러 층으로 지어지기 때문에 지면의 기울기에 따른 전저후고(前低後高)의 법칙은 거의 존재하지 않는다. 그러나 아파트 단지군이라 해도 각각의 건물은 전저후고의 법칙에 따라 지어짐이 마땅하다.

이 전저후고의 법칙은 아파트들의 배치를 통해 스카이라인이 조정되며 바람의 흐름을 조정한다. 지나치게 들쭉날쭉하여 스카이라인이 어지럽다면 바람의 소용돌이를 일으키거나 기의 난조를 불러올 것이다. 아울러 높낮이의 조절 실패는 빛의 분산을 가져오고 일조량의 흩어짐으로 인한 천기의 흩어짐을 가져온다.

4. 전착후관

전착후관(前窄後寬)의 법칙은 반드시 지키는 것이 좋다. 전착후관은 입구가 좁고 내부가 넓어지는 모습을 표현한 것으로 일반 주택의 경우 대문을 이중으로 하거나 통로를 좁게 하는 방법 등으로 전착후관을 구현한다.

아파트의 경우도 전착후관의 법칙을 적용할 수 있다. 최근의 아파트 현관은 이중으로 문을 설치한 경우가 많아졌다. 이러한 구조는 전적으로 전착후관의 이론을 적용한 모델이다. 현관문과 이중문 사이에 공간을 두어 공기의 급격한 흐름을 차단하고 에너지의 흐름을 원만하게 유지하려는 목적이다.

만약 이중문이 없다면 이중문을 만들어 달거나 출입구의 공간을 조정하는 것이 좋다. 현관문에서 거실로 이어지는 공간 사이에 벽을 세우거나 천정에 닿는 정도의 가구를 세워 일정 구역을 확보하여 터널 형식이나 작은 공간을 만들어 전착후관을 이루는 것이 건강을 유지하고 금전운을 지키는 바른 길이다.

5. 위치와 배열

개인주택의 경우, 땅에서 솟아오르는 생기는 주택에 사는 거주자의 몫이다. 그 몫은 매우 크다. 아파트의 특징은 모든 에너지를 나누어 가진다는 것이다. 그러나 생기를 모두 나누어 가질 수는 없다. 즉, 땅에서 나오는 생기는 일정하다. 이 생기는 대략 5-6층에 머무는데 이 1층에서 6층 사이의 거주자들은 이 생기를 나누어 가진다. 6층 이상의 높이에 사는 거주자는 생기를 받지 못한다.

아파트는 극단적으로 나쁘거나 극단적으로 좋은 결과를 가져오지 않는다. 좋은 집이라 해도 시간이 흘러야 결과가 나타나고 나쁜 집이라 해도 시간이 흘러야 서서히 드러난다. 이는 일정 구역의 에너지를 나누어 가지기 때문에 극단적으로 흐르지 않는 것이다. 따라서 수수하다는 표현이 맞을 것이다.

(1) 천기

천기는 약간 다르다. 아파트의 경우라 하더라도 오래된 아파트의 경우는 지붕이 없는 아파트가 아주 많다. 옥상이 슬라브 형식으로 지어진 아파트의 경우는 천기를 받을 가능성은 거의 제로에 가깝다. 그러나 가장 상층의 아파트 거주자는 그나마 약간의 천기를 받을 수 있다. 하지만 최상층을 제외한 모든 층은 천기와는 거리가 멀다. 즉 명예를 도와주는 에너지와는 거리가 멀다는 것이다. 그렇다고 해서 아파트의 지붕을 씌운다고 달라지는 것은 그다지 많지 않다. 아파트의 경우라 해도 지붕을 만들어 주면 가장 상층의 거주자는 확실하게 천기를 받을 것이다. 그러나 그 외의 층은 천기와 거리가 멀다.

(2) 로열층

흔히 로열층이라는 말은 한다. 아파트에서 로열층의 평가는 위치와 주변 환경, 혹은 가격대로 결정되는 듯하다. 그러나 풍수적으로 따진다면 생기가 올라오는 6층 이하의 층이 로열층이라 할 수 있을 것이다.

로열층. 풍수적으로 로열층은 지기가 미치는 6층 이내가 된다.
특히 노약자가 살아가는 아파트는 6층 이하가 좋다.

만약 학습자가 있는 집이라면 여건상 최선의 선택을 하여 6층 이하에 보금자리를 마련하거나 아예 최상층으로 보금자리를 선택하는 것이 좋다. 단 최상층은 지기가 없는 상태에서 천기만 받으므로 때로 허황되거나 건방을 떠는 경우가 있으므로 학습기간이 끝나거나 명예를 얻으면 6층 이하로 내려가는 것이 좋다.

간혹 외국의 유명배우들이나 명사들이 라스베이거스나 산호세와 같은 곳에 고급아파트의 최상층에 머무는 경우를 볼 수 있다. 이를 일러 많은 사람들이 아파트의 최상층이 좋다고 말한다. 그러나 좋고 나쁨이 모두 존재한다. 아파트의 최상층은 바람이 스며드는 곳이라 공기의 흐름상 병이 적다는 것과 천기를 받으므로 명예가 있다. 그러나 오래 머물면 지기를 받지 못하는 상태에서 천기만 축적되므로 허황된 사고로 흐르기 쉽다. 미국의 유명 배우들의 고급 아파트 생활을 들여다보면 그들이 오래 머물지 않고 일정 시간 머무는 것으로 알려져 있다.

(3) 충살(沖殺)

아파트의 입지에서 극단이 없다고 해서 100%라는 것은 아니다. 그러한 속에서도 장단이 있다. 가장 극단은 충(沖)이다. 도로가 거주자의 아파트를 향해 직선으로 달려든다면 피하는 것이 좋다. 옆 아파트가 사선으로 지어져 모서리가 거주자의 아파트를 사선으로 찌르는 각을 지녔다면 피해야 한다.

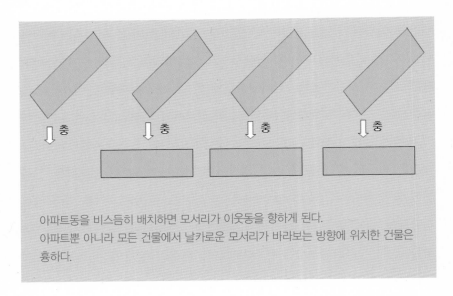

아파트동을 비스듬히 배치하면 모서리가 이웃동을 향하게 된다.
아파트뿐 아니라 모든 건물에서 날카로운 모서리가 바라보는 방향에 위치한 건물은
흉하다.

인공 구조물도 에너지를 가지는데 건물의 모서리가 찌르면 운이 나빠지고 금전운은 흩어지며 거주자는 병을 앓거나 학습자는 운이 따르지 않고 심한 경우 돌이킬 수 없는 병이 생긴다. 사업운도 좋아지지 않는다. 혹은 머리가 어지러워져 집중이 되지 않아 학습효과가 떨어져 원하는 것을 얻을 수는 없다.

(4) 바람

바람이 새어드는 것도 불길하다. 아파트가 많은 지역에서 일어나는 현상 중에 하나는 바람의 흐름이 영향을 미치는 것이다. 즉 아파트가 불규칙하게 배열되어 있거나 지나치게 높아 돌출된 부분에 스쳐 바람소리가 계곡 속에서 들리는 것과 같은 느낌을 주는 곳이 있다.

이러한 곳에서는 바람의 영향으로 점차 재산이 새어나가고 건강이 나빠

지며 명예가 필요한 정치가는 명성이 흩어지고 경영자는 재산이 흩어지며 학습자의 학습능력이 떨어지고 어린아이는 행동장애가 일어난다. 따라서 반드시 높은 고층 아파트가 좋다고는 볼 수 없으며 마치 터널처럼 여러채의 아파트 사이가 마치 계곡의 골짜기처럼 열려 빼꼼하게 보이는 위치도 피해야 한다.

(5) 사격(砂格)

남이 넘겨다보는 것도 좋지 않다. 즉, 어느 한쪽의 아파트 어깨 너머로 다른 아파트의 끄트머리가 일부 보여 마치 거주자의 집을 내려다보거나 넘겨다보는 듯한 경우 또한 매우 흉하다. 이러한 집에서는 도둑이 들고 강도가 들어 나쁜 일이 생긴다.

아파트 주변에 지나치게 날카로운 건축물이 있다거나 두 개의 건축물이 약간의 틈을 벌리고 서서 빛이 스며드는 모습이 마치조금 열린 문틈으로 새어드는 빛과 같다면 이는 검살사(劍殺砂)와 다르지 않아 극단적인 영향을 미친다.

6. 내부의 방문 배치

아파트의 모든 내부배치는 개인주택과 별단 다르지 않다. 단 눈여겨 볼 것은 현관문이다. 일반적으로 아파트를 살필 때도 문주조(門主灶)의 양택 삼요를 근거로 삼는다.

아파트의 문은 가구의 1층에 있는 공동의 문을 살피는 것이 아니라 각각 세대주의 문을 거주자의 가구에서 구별하는 문으로 살핀다. 이 문의 방향에 따라 좋은 집과 나쁜 집으로 구별된다. 이 방법은 동사서택법에 따른다.

　일반적으로 중요한 것은 문이 어느 방향으로 달렸는가와 이 문 앞에 다른 가구의 문이 마주보는 가의 문제이다. 예전에 지어진 계단식 아파트의 경우를 살펴보면 서로 마주보는 경우가 많았다. 에로부터 문을 마주 보면 기의 충돌로 인해 어느 한 집이 기운다는 속설이 있다. 옛날에는 집을 지을 때 서로 대문을 엇갈려 지어 기의 충돌을 피했다. 이는 서로 마주보면 에너지의 상충이 일어난다는 이론이다.

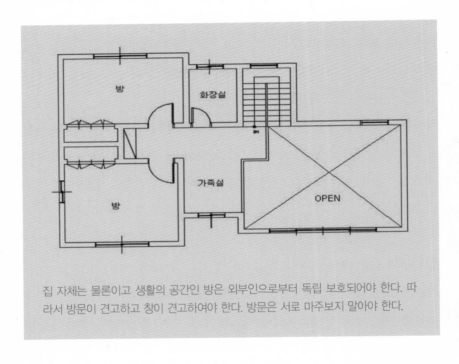

집 자체는 물론이고 생활의 공간인 방은 외부인으로부터 독립 보호되어야 한다. 따라서 방문이 견고하고 창이 견고하여야 한다. 방문은 서로 마주보지 말아야 한다.

　아파트의 경우 현관문이 마주보는 경우가 많다. 이러한 경우 어느 한집은 에너지의 충돌로 인한 손해를 보게 된다. 이 경우에도 현관문 안에 덧문을 달아 전착후관의 방식으로 방어하는 것이 바람직하다. 덧문을 다는 것만으로도 전착후관이 이루어지고 앞 가구와의 충돌을 방어할 수 있다. 단 중요한 것은 내측의 문을 미닫이나 안으로 열리도록 배치하는 것이다. 이는 재물이 안으로 들어오라는 의미를 지니기도 한다.

아파트의 문은 법적으로 화재에 대비하여 밖으로 열리도록 되어 있다. 덧문을 부착할 때는 안으로 열리도록 하여 경영자나 업무를 지닌 가장에게 금전운을 상승시키며 학습자에게 여유를 주는 배려가 필요하다. 만약 안으로 열도록 만드는 것이 복잡하거나 거추장스럽거나, 혹은 공간의 폐쇄성이 염려된다면 좌우로 미는 미닫이도 사용할 만하다.

문에서 화장실이 직접 보이면 망신살이 뻗친다고 한다.
불결한 것이 보일 수 있고 마르지 않은 바닥은 좋지 않은 기를 형성시킨다.
문에서 보이지 않도록 하고 늘 말라 있도록 해야 한다.

문에 들어서서 화장실이 보이는 것은 망신이 일어난다고 한다. 물론 불결한 공간이거나 남이 보아서는 안 되는 공간이기 때문이기에 이런 속설이 있었을 것이니, 건강상으로나 명예적은 측면으로 역시 좋지 않다. 발을 늘이거나 미니 파티션과 같은 구조물로 앞을 가려 현관에서 바로 보이는 화장실을 차단하는 것이 좋은 방법이다.

내부자의 충돌도 방어해야 한다. 방문이 서로 마주보는 경우가 있다. 이렇게 방문을 마주보는 경우에는 거주자끼리 의견의 충돌이 일어나고 대립하는 현상이 일어난다. 이렇게 방문이 마주 보는 경우에도 발을 늘이거나 간단한 소품으로 방문 사이를 막아주면 의견충돌이나 대립이 나타나지 않는다.

제3장 학교

1. 입지

학교(學校)란 교육(教育)을 하는 하나의 사회제도(社會制度)이다. 사전적 정의는 이러하지만 학교의 기능은 매우 다양하며 나날이 그 역할은 더욱 증대될 것이다. 학교는 단순히 학습의 기능만을 수행하는 것이 아니라 시대와 역사를 거슬러 그 형태를 달리하며 인재를 육성하고 학문을 전수하여 왔다.

교육이란 단순히 학교가 아니라도 가정이나 마을 공동체, 혹은 학원이나 기타 여러 기관에서 진행이 가능하다. 그러나 기본적이고 일상적인 생활단위와는 전혀 별개로, 그 단위 밖에다 계획적이며 조직적이고 계속적 교육을 위하여 일정한 시설과 설비를 갖추고 교육하는 사회의 제도적 단위를 학교라 한다면 교육을 그 고유기능으로 하는 단위사회의 기관으로 한정할 수 있으며 풍수지리의 용법과 자리배치, 색상의 선택 등을 통해 교육효과를 극대화 시킬 수 있을 것이다.

교육 시설은 집중도가 높은 입지를 지녀야 한다. 가장 중요한 것은 배우는 자의 집중력을 높이고 주의를 흩트리지 않으며, 건강하게 학습에 임할 수 있도록 해야만 한다. 아울러 피로도가 누적되지 않아야 맑은 정신을 유지하며 학습할 수 있어야 한다.

학교의 입지는 우선 학생이 많은 곳이어야 한다. 인구가 적다면 학생의 이동을 고려하여 학교를 설치해야 하기 때문에 등교거리가 길어진다. 등교거리가 길어진다는 것은 학생들의 피로도가 누적되고 교통의 여건을 생각해야 한다. 만약 등교거리가 길어진다면 대중교통은 물론이고 만약의 경우를 대비하여 자가용 이동거리를 감안하여야 한다.

가장 이상적인 학교의 입지는 집에서 가까우며 부근에 산이 있어 맑은 공기가 흐르고 고개를 돌려 녹색을 바라보며 눈의 피로를 풀 수 있는 곳이다. 공기가 맑으려면 주위에 공장지대로는 부적절하며 주택지가 적절하다. 아파트가 많은 곳도 인구 밀집도가 높은 곳이므로 등교거리가 짧아지는 장점이 있다. 배산임수의 터라면 더할 나위 없는 좋은 입지가 된다.

간혹 학교 건물위로 고압선이 지나가는 경우가 적지 않다. 고압선은 신경을 자극하고 건강에 치명적인 약점이다. 습기가 많은 날이나 비가 오는 날이면 방전이 일어나 피부가 따끔거리는 것을 느낄 수 있는 것처럼 고압선 주위에서는 건강에 매우 좋지 않은 악영향을 미칠 수 있다.

특히 영국이나 미국의 사례집에는 고압선이 가까우면 피부병이나 백혈병이 증가하고 심장이 약한 사람은 영향을 받는다고 적고 있다. 물론 집중력도 매우 떨어지므로 고압선이 지나가는 곳에서 가까운 학교는 학습능력의 저하가 예상된다.

교외에 위치한 학교라면 배산임수가 필수적이다. 좌향을 논하는 경우가 있는데 동서남북을 가리지 말고 산을 등에 지고 낮은 곳을 바라보는 것이 가장 좋다. 아울러 서북쪽의 바람은 겨울철에 지나치게 차갑고 피부와 호흡기에 영향을 준다. 따라서 어떤 방향을 향해 지어진 건물이라 해도 서북쪽이 열려 있는 대지는 좋지 않다.

2. 도로의 영향

도로는 매우 중요하다. 학교는 많은 사람들이 학습을 하는 시설이다. 따라서 학교 주위는 교통이 편리하고 대중교통은 물론이고 개인의 자가용도 편하게 접근할 수 있어야 한다. 그러나 도로가 지나치게 가까우면 소음이 들리기 쉽다. 소음은 학습자의 집중력을 흩트리는 중요한 원인중 하나이다. 만약 도로가 지나치게 가까이 지나간다면 방음벽과 같은 시설이 있어 소음을 차단해야 한다.

사방으로 도로가 있는 것도 좋지 않다. 만약 중앙에 학교 건물이 있고 전후좌우로 도로가 에워싸고 있다면 이는 섬과 같다. 도로가 많으면 학교로 접근하기 좋아 학습자들이 빠르게 접근할 수 있다는 장점이 있을 것 같지만 오히려 집중력이 떨어지고 때로 교통사고의 확률이 증대된다.

도로가 건물을 향해 달려드는 것도 좋지 않다, 마치 화살이 날아오듯 학교 건물을 향해 직선으로 달려온다면 이는 직충(直沖)이라 하여 흉기가 나를 찌르는 것과 같다. 이 경우 도로가 찌르듯 달려오는 정면의 건물에 공부하는 학습자들 대부분은 학업 능률이 떨어지고 정신이 안정되지 못해 소란스러우며 다른 건물이나 다른 교실에 비교하여 유난히 사고가 나거나 학습능력이 저하되는 경우가 많다.

3. 건물

예로부터 양택은 2가지의 에너지를 중요하게 다루고 있다. 그 하나는 천기라 하여 하늘의 에너지이다. 서양에서 에너지라 부르는 이 기는 눈에 보이지도 손에 잡히지도 않는 것이다. 그러나 눈에 보이지 않는다고 존재하지 않는 것은 아니다.

하늘의 기는 바람을 타고 움직이거나 빛으로 다가온다. 따라서 건물의 지붕은 천기를 담는 그릇으로 인식된다. 가정이 주거하는 주택과 다름없이 건물의 지붕은 귀함을 보여준다. 1970년 이후 지어진 건물들 대부분이 지붕이 없다는 것은 매우 주목할 만하다. 최근 지어지는 건물들은 지붕이 있는 경우가 늘어나는 것 또한 의미가 있다.

다른 하나의 기는 지기라고 부르는 무형의 에너지이다. 눈에 보이지 않는 이 에너지는 오래도록 음택(산소)에 작용하여 후손들에게 감응을 일으키는 것으로 여겨져 왔다. 그러나 이 지기라는 에너지는 양택에서도 매우 중요하다. 특히 살아있는 사람에게도 많은 영향을 미친다고 하여 이 땅에 살아온 선각자들은 생기(生氣)라는 말로 이 에너지를 풀이하였다. 이 지기는 양택과 다름없이 건강에 작용하고 주택에서는 재산증식과 많은 관련이 있다.

일반적으로 지기는 지상에서 15미터 정도, 즉 일반적인 건물에 비교하면 5층과 6층 정도까지만 영향을 미치는 것으로 알려져 있다. 대부분의 학교들은 저층으로 이루어지거나 높이도 4~5층 정도의 높이를 지니는 구조이지만 때로 그 이상의 높이를 지닌 경우도 있다. 특히 대학교의 경우는 학습공간이 고층빌딩을 이루는 경우도 있는데 이는 지기라고 불리는 에너지를 전혀 받지 못하게 되는 구조임을 보여준다.

학습공간이나 가족이 거주하는 공간 중 고층 아파트의 경우를 보더라도 6층이 넘어서면 상층으로 갈수록 화분의 식물이 잘 자라지 않는 것을 볼 수 있다. 이는 식물이 땅속에 뿌리박아 양분을 흡수할 뿐 아니라 지기를 받아야 하는 것인데, 지기를 받지 못하면 성장이 더디거나 말라죽는 경우를 보여주는 것이다.

인간도 땅에서 피어오르는 에너지를 몸을 받아야 건강하고 발육이 이루어지고 정신적인 안정감을 누리게 된다. 지상에서 지나치게 높아지면 지기가 미치지 못하므로 안정감을 주는 에너지가 흩어지거나 생기가 미치지 못하여 불안심리가 높아지고 학습효과가 급격하게 떨어진다. 따라서 학습공간은 가능한 지면에서 가까운 낮은 층이 좋다. 아울러 지기는 바람을 타면 흩어지기 때문에 건물의 바닥은 반드시 지면에 밀착하는 것이 좋다.

여러 건물로 학교의 구조가 이루어진 경우 건물의 배치도 중요하다. 만약 건물의 날카로운 모서리가 찌르고 들어오는 방향에 위치한 교실이라면 매우 불안하다. 벽의 뾰족한 모서리는 흔히 충(沖)이라고 하는데 이는 건강을 위협하고 학습효과를 깨트리는 요인이 된다. 따라서 건물의 모서리가 날카롭게 찌르고 들어온다면 자리를 피하는 것이 좋다. 만약 교실을 이전하거나 바꿀 상황이 아니라면 날카롭게 찌르고 들어오는 방향을 피해서 자리를 찾는 것이 그나마 건강과 학습효과를 보전하는 길이다.

학교 건물의 경우 담쟁이덩굴이 벽을 타고 오르거나 나무가 가까이 있는 경우가 있다. 담쟁이덩굴이 타고 오르면 그 건물속의 거주자는 건강에 문제가 생기고 학습효과는 반감될 수밖에 없다. 오래된 건물일수록 담쟁이덩굴이 벽을 타고 오르는 경우기 많은데 운치와는 달리 학습효과에는 부정적인 영향을 줄 수 있다. 단, 건물의 벽이 아니라 담을 타고 오른다면 문제 될 것은 없다. 따라서 학습자는 담쟁이덩굴이 있는 건물이라면 담쟁이덩굴이 없는 쪽에 앉는 것이 학습효과에 효율적이다.

교정에 나무가 없다면 매우 삭막할 것이다. 그러나 지나치게 큰 나무 또한 학습효과에 부정적 에너지를 파생시킨다. 녹음 우거진 식물은 눈의 피로를 풀어주므로 식물은 학습효과에 매우 긍정적이다. 그러나 나무가 자라 건물에 닿거나 지붕을 덮으면 학습효과에 역효과를 준다. 이는 옛 고택에서 보듯 큰 나무는 뜰 안에 심지 않는 것이나 같은 것이다. 나무가 자라 건물에 닿는다면 가지치기를 하여 정리하고, 근본적으로 나무를 건물에 지나치게 가까이 식재하지 않는 것이 이상적이다.

4. 교실의 구조와 책상위치

학습에 가장 유용한 공간의 구조는 원형이다. 원형의 구조는 기를 중앙으로 모으는 구조이므로 학습자의 능력을 배가 시킨다. 그러나 원형구조는 대규모 건축물이나 학교에서는 구현하기기 어려운 구조이다. 따라서 정방형의 직사각형 구조가 일반적이다. 학습공간의 구조는 가로세로의 변이 1:1.618의 황금비율이 이상적이다.

일반 학교의 교실은 일반적으로 직사각형이다. 지나치게 길지 않은 것이 좋으며 가로 세로의 변이 1:2가 넘는다면 이는 학습자의 능률이 급격하게 저하되는 것을 알 수 있다. 이는 교실의 기가 흩어지고 지나치게 한 곳으로 몰리기 때문이다. 직사각형의 교실은 기가 모서리에 몰리는 특징을 지닌다. 따라서 모서리 부분에 앉으면 기가 상승하여 학습효과를 기대할 수 있다.

일반적으로 공부를 잘하는 학생은 앞쪽에 앉는 것으로 알려지고 있다. 그러나 앞쪽이라 해도 교탁 앞이 아니라 앞쪽의 좌우 벽이나 창 쪽에 앉는 것이 학습효과를 높이는 지름길이다. 단 문 앞은 소란스러움으로 인해 학습효과를 떨어드리는 역효과를 가져온다. 아울러 문이 열리면 직선의 위치는 피한다. 이 또한 바람이 몸을 찌르는 것과 같다. 앞자리는 교탁 앞에서 학생의 자리까지 일정거리를 띄우기 때문에 문과 직선인 경우가 드물다.

문 옆의 자리는 학습효과를 떨어뜨린다. 교탁과 가까운 자리도 학습효과를 저해한다. 학습자는 집중력을 요하는 자리가 필요하다. 교탁 앞은 강의자의 목소리가 직접 도달하고 침이 튀거나 강의자의 행동이 지나치게 가까워 적나라하게 다가오므로 시선을 빼앗기는 위치에 있어 집중력이 떨어진다. 따라서 강의자가 있는 교탁과 가까우면서도 시선이 분산되지 않고 소리가 명확하게 들리는 좌우가 좋다. 단, 빛의 영향으로 칠판이나 영사물이 잘 보이지 않는 자리 또한 좋지 않다.

흔히 창가는 좋지 않은 자리로 인식되고 있다. 이는 학습자가 시선을 빼앗기기 때문으로 여겨지지만 사실은 창문 옆의 자리가 나쁘지 않다. 이는 우선 신선한 공기의 유입 때문인데 공기의 순환으로 산소의 활성화로 머리가 맑아져 집중력이 생겨나기 때문이다. 아울러 족열두한(足熱頭寒이)라는 말이 있듯 머리가 시원하다는 것은 즉 건강이 유지된다는 말이기도 하다. 머리가 뜨거우면 건강에 적신호가 되는 것이니 지나치게 뜨거운 내부의 자리는 학습효과를 반감시킨다.

학습효과를 증대시키는 자리는 교탁과 멀지 않은 자리이며 강의자의 정면이 아니라 약간의 측면이며 문과 직선으로 마주치는 곳이 아니다. 창문가는 간혹 눈을 돌려 피로를 풀 수 있으니 유리하며 맑은 공기가 유입되어 뇌를 활성화 시켜준다. 아울러 머리를 차갑게 유지함으로써 건강을 유지시킨다. 만약 각이진 자리가 있다면 좋은 학습효과에 도움이 되는 자리이다. 눈의 피로는 학습효과와 연계됨으로 눈이 빛으로 인해 부시거나 시선을 가리는 자리는 좋지 않다.

5. 띠별로 찾는 자리

사람은 태어나며 띠를 지닌다. 이는 예로부터 사람의 성격이나 나름의 운(運)을 파악하는 중요한 요소로 보았다. 학습자의 자리를 선정할 때도 이 띠의 성격이 작용을 한다. 단 한 학년의 경우 같은 띠를 지닌 경우가 많기 때문에 경쟁이 심해질 수도 있다. 그러나 이를 적용하면 좋은 효과가 있다.

우선 교실의 중앙에서 방향을 파악한다. 그리고 방향에 따라 12간지를 생각한다. 12간지는 각각 12짐승을 의미하는 것으로 띠와 연관이 있다. 즉 돼지, 개, 닭, 원숭이, 양, 말, 뱀, 용, 토끼, 범, 소, 쥐의 12마리를 말하는 것이다. 이 12마리의 짐승은 각각의 띠를 의미하기도 하지만 방위와 지역을 의미하기도 한다.

돼지는 서북북, 개는 서북, 닭은 서쪽, 원숭이는 서남서쪽, 양은 서남, 말은 남쪽을 의미한다. 뱀은 동남남쪽이며, 용은 동남쪽 방향, 토끼는 정동쪽이다. 범은 동북동쪽, 소는 동북쪽이며 쥐는 북쪽이다. 반드시 교실의 중앙에서 파악하는 것이 원칙이다.

방향이 파악되었으면 나의 띠를 생각한다. 적용은 비교적 간단하다. 예를 들어 용띠라면 용의 방향인 동남쪽을 피해 앉으면 된다. 용띠라면 동남쪽을 피해 어느 자리도 좋다. 그리고 난 다음 교탁에서 가깝고 사선이며 창문에 위치하여 문과의 직선이 아닌 자리에 앉으면 학습효과는 극대로 발휘되고 집중력은 높아질 것이다.

제4장 업무시설

1. 입지

업무시설의 입지에서 우선적으로 고려되어야 하는 요건은 안정감이 있는가 하는 문제가 될 것이다. 일반 양택에서 가장 먼저 생각하는 안정감은 바로 양택 삼요결이다. 배삼임수와 전저후고, 전착후관의 법칙이다. 역시 업무시설이라고 해서 양택의 입지와 별단 다를 것이 없다.

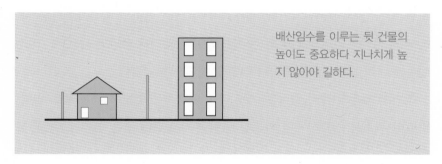

배산임수를 이루는 뒷 건물의 높이도 중요하다 지나치게 높지 않아야 길하다.

배산임수를 바탕으로 하는 입지가 우선이다. 남쪽을 향하면 좋겠지만 더욱 중요한 것은 서북쪽이 막힌 입지이다. 북향을 바라보더라도 서북쪽이 막혀 있어야 한다. 도시에서는 배삼임수를 이루기가 힘이 든다. 어디에나 산이 있지는 않기 때문이다. 산 대시 건물이 산의 역할을 할 수 있다. 자신보다 약간 높이서 산 역할을 해 주는 건물이 등을 막아 준다면 도시에서의 배산임수는 이루어진 것으로 볼 수 있다.

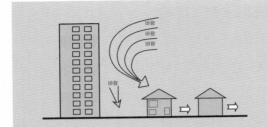
배산임수, 주산의 역할을 하
는 뒷건물이 너무 높으면 바
람이 부딪쳐 살풍이 된다.

　지나치게 높은 뒷 건물은 살풍을 불러 오므로 그다지 좋다고 보기 어렵
다. 만약 높은 건물에 사무실을 정한다면 지나치게 낮은 곳에 사무실을 정
하면 좋지 않다. 물론 지기를 받을 수 있는 6층 이하의 사무실 공간을 찾
아야 하겠지만 주변의 건물이 높으면 에워싸는 격이 되니 이를 천옥(天獄)
이라 부른다. 옥에 갇힌 격이니 경영을 기대하기 어렵다.

　주변의 높은 건물이 있다 하여도 나를 에워싸는 듯한 모습은 좋지 않다.
바람의 통로는 필요하지만 가능한 바람이 새어드는 것은 좋지 않다. 건물
의 형태가 굴곡이 많아 바람이 불어올 때 계곡을 빠져나가는 것처럼 요란
한 바람소리가 생긴다면 계곡에서 사는 사람이 폐병이나 관절 관계의 병
을 앓는 것과 같은 일이 일어난다. 사업자가 이러한 건물에서 사업을 한다
면 결국 결과는 기대할 것이 없다.

　배산 임수가 이루어지는 형상을 지녔다 하더라도 서북쪽이 열리면 사업
장으로서 권할 만하지 않다. 살풍이 불어오니 미래가 불투명하다. 혹 도
로가 뚫려있어 서북으로 통로같은 형상이 나오는데 사업에 실패하는 것은
물론이고 신경이 날카로워지고 건강도 보장받기 어려운 건물이다.

　건물이 달려들 듯 직충하거나 강이 직충하는 곳도 피해야 할 사무실의

입지이다. 사업의 흥망은 물론이고 사업자의 건강도 위협받기 때문이다.

2. 교통

업무시설의 입지는 우선적으로 업무효율성을 제고하여야 한다. 우선 업무효율을 불러오기 위해서는 교통수단이 우선되어야 한다. 아울러 출근의 거리도 비례를 살펴보아야 한다. 아무리 교통수단이 좋다하더라도 출퇴근 거리가 지나치게 길다면 오래 지나지 않아 지치고 의욕을 상실하게 될 것이다.

소규모 사업이고 교통에 그다지 제한을 받지 않아도 좋을 사업이라면 가능한 주택과 가까운 곳에 정하는 것이 좋다. 주택에서 업무지점까지의 이동 거리를 줄임으로써 피로도를 줄이고 업무효율에 시간을 투자하게 만든다.

교통 시설이 중요하지만 업무지점, 업무시설을 돌아가며 에워싸는 것은 좋지 않다. 업무시설이 도로에 에워싸이는 것은 마치 물에 갇힌 섬과 같은 구조가 됨을 의미한다. 물은 재산으로 푸는 것이 원칙이나 물에 둘러싸이면 결국 고립되고 만다. 사업이 고착되고 찾아오는 사람이 없어 사업은 쇠퇴기에 접어들 것이다.

도로가 직충하듯 달려드는 것도 좋지 않다. 사업의 성공은 기대하기 어렵고 대신 몸을 다치는 경우도 생길 것이다. 삼거리 형태의 도로에서 갈라진 아래쪽, 낮은 곳에서는 사업의 장소로 찾지 말아야 한다. 비가 오면 물이 쏟아지듯 역시 사업은 기대하기 어렵다. 그러나 삼거리의 삼각형 꼭지에 해당하는 부분이라 해도 높은 쪽이라면 좋다.

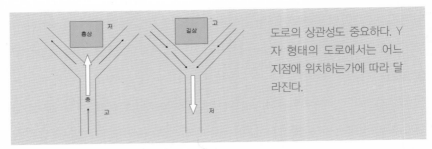

도로의 상관성도 중요하다. Y
자 형태의 도로에서는 어느
지점에 위치하는가에 따라 달
라진다.

터널 앞이라던가, 고저로 급격하게 굽어져 심하게 경사진 길 앞의 부지
에 세워진 건물에서는 사업을 하지 않는다. 살풍이 두렵다. 뒷 건물이 지
나치게 높아 살풍이 떨어져 내리니 작은 건물도 두렵다.

3. 외관

업무용 건물은 단순한 것이 최상이다. 가능한 군더더기 없는 건물, 단순
하고 미려한 건물이 가장 이상적이다. 풍수적인 아름다움은 난삽하지 않
음이다. 눈으로 보는 아름다움은 때로 풍수적인 불합리함을 드러내는 척
도가 된다.

가장 이상적인 건물은 퉁퉁한 모습의 두꺼운 건물이다.

지나치게 가는 건물은 가상이 약하다. 외관이 지나치게 화려해서 굴곡
진 부분이 많고 지나치게 날카로운 각이 많은 건물도 사업에 악영향을 미
치고 심지어 내부 거주자나 근무자의 건강을 심각하게 위협한다.

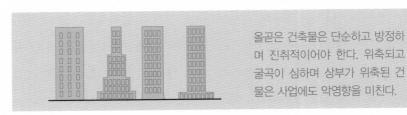

올곧은 건축물은 단순하고 방정하
며 진취적이어야 한다. 위축되고
굴곡이 심하며 상부가 위축된 건
물은 사업에도 악영향을 미친다.

건물은 상승의 기운을 지니고 있어야 한다. 하부가 안정되어 넓고 위로 상승할수록 좁아지는 상승하는 모습의 건물이야말로 가장 이상적이라 할 수 있다. 그러나 상부가 지나치게 짧으면 상승의 기운이 반감되므로 최상부는 가능한 마천루를 연상하는 모습을 지녀야 한다.

홈이 건물을 파고들지 않아야 하며 상부가 갈라지는 것은 좋지 않다. 고층 건물일 경우 상부보다 하부가 넓어야 하고 중간이 배부른 듯하면 좋지 않다. 예각이 많아도 좋지 않으며 중앙이 비워둔 듯한 건물도 기의 단절이 일어난다.

대형 건물일수록 상승하는 기상을 지녀야 한다. 상부가 위축되거나 축소되는 기상은 좋지 않다. 상승하는 기운을 지닌 가상을 이루려면 하부는 넓고 낮게, 상부는 좁고 높게 지어져야 한다.

소형 건물의 경우 지붕이 있어야 하고 반드시 지면에 붙어야 한다. 건물의 바닥이 땅에 붙어야 하는 이유는 지기를 받아야 하기 때문이고 지붕이 필요한 이유는 천기를 지니고 있어야 한다. 지기와 천기를 모두 받을 수 있다면 사업은 더욱 힘을 받을 것이다.

4. 건물의 내부

가장 중요한 것은 업무를 할 수 있는 건물 내부의 여유이다. 지나치게 좁거나 넓으면 좋지 않다. 불편하지 않을 정도의 면적은 반드시 필요하다. 1인의 여유 공간은 대략 4~5평 정도가 적당하다고 보인다.

가장 중요한 것은 오너의 자리이다. 오너의 자리는 출입구의 방향을 찾아 동서사택법에 따라 자리를 찾는다. 동사택 문은 동사택에 오너의 자리를, 서사택의 경우 서사택의 범위에 오너의 자리를 정한다. 단 방향을 정할 때 생년월일을 따져 띠를 잘 생각해야 한다. 예를 들어 용띠는 용의 범위에 해당하는 진손사(辰巽巳)의 범위에는 자리를 만들지 않는다.

사장실과 핵심부서와 핵심임원. 중요한 의사결정에 필요한 공간 등을 동일 사택 내에 배치한다. 문과 직선으로 배치되는 자리는 좋지 않다.

항상 출입구를 확인할 수 있는 자리에 앉아야 하고 눈의 방향을 설정해 자리를 배치해야 한다. 벽을 등지는 것이 안정감이 있으며 출입구와는 정면으로 자리를 배치하지 않는다. 개인 방을 가지고 있다 해도 출입구에 직선으로 자리를 배치하지 않는다.

건물이나 사무실, 집무실이나 개인 공간에는 식물을 두는 것도 제한한다. 키가 지나치게 큰 식물은 두지 않는다. 그 키는 방을 사용하는 주인의 키보다 낮아야 한다. 잎이 날카로운 식물도 피한다. 겐타야자와 같은 나무는 물론이고 난이라 해도 한 개의 화분 정도면 충분하다. 소나무도 한그루 이상은 두지 않는다.

비비꼬인 나무는 두지 않으며 뿌리가 드러난 나무도 두지 않는다. 분재가 있으면 부하들이 대드는 일이 생길 것이고 수석을 많이 두면 신장이나 안구의 질환이 염려된다. 특히 지나치게 날카로운 수석이나 장식품을 두면 수술을 요하는 병이 생긴다.

제3편
기를 살리는 공간 구성

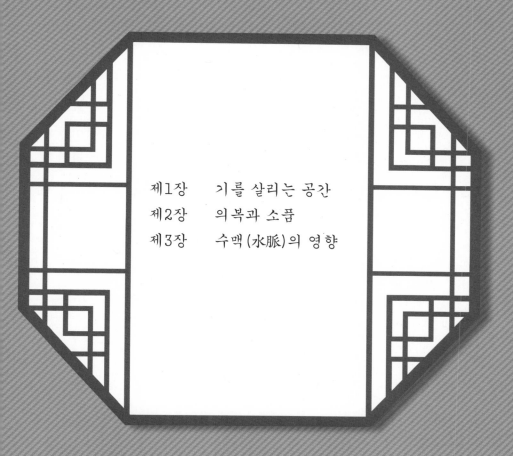

제1장   기를 살리는 공간
제2장   의복과 소품
제3장   수맥 (水脈)의 영향

제1장 기를 살리는 공간

학습자의 방은 각 나이와 띠에 따라 그 운이 변경될 수 있다. 특히 동쪽은 해가 떠오르고 생산이 이루어지며 기운이 솟아나는 방향이라 학습자의 방으로 적격이다. 흔히 학습자라 칭하면 아주 다양한 연령대가 포함되지만 수험생, 특히 대학교 입시를 위한 학습자의 폭이 가장 크다. 이 경우 대부분 동쪽 방향에 공간을 배정하는 것이 학습효과를 높일 수 있는 방위이다. 특히 단시간 내에 학습효과를 올리고자 한다면 북서쪽과 북쪽이 좋다.

경영을 하는 거주자이거나 업무를 해야 하는 가장의 경우는 가능한 업무를 회사나 사무실에서 해결하는 것이 이상적이다. 그러나 부득이한 경우가 있으며 경영자는 어느 곳이나 경영의 장소가 된다. 따라서 가정 내에 서재가 필요하고, 서재가 없다면 사무를 볼 공간이 필요하게 된다. 이 경우 동쪽이나 동남쪽이 가장 이상적인 공간이 되지만 그보다 근본적으로 서북쪽이 가장 이상적인 공간이 된다.

학습자와 심사숙고가 고려되는 경영자와 업무효율이 필요한 거주자 모두에게 방의 색과 가구도 중요하다. 어두운 색조의 벽지나 가구나 이해하기 어려운 추상화는 아이들 방과 학습자의 방에 금물이다. 또한 서재의 색조로도 어두운 색은 좋지 않고 추상화는 가장 좋지 않은 선택이 될 것이다. 기억을 하기 위해 고심하거나 신경을 써야 하는 학습자와 경영자에게 유달리 시선을 잡는 가구나 색조도 선택에 제한을 두어야 한다.

조건에 따라 달라지지만 여건이 허락된다면 학습자나 경영자가 사용하는 방의 위치도 가급적 현관에서 실내를 바라볼 때 좌측이 좋다. 현관에서 가까운 좌측은 침착하고 주도면밀한 기가 작용하기 때문이다. 이 방위가 동쪽, 북쪽, 서북쪽이라면 매우 좋은 방향이라 할 수 있다. 만약 동쪽이나 북쪽, 서북쪽이 아니라 해도 성격이 급하거나 참을성이 없는 아이에게 적합한 학습의 공간이 된다.

경영자가 사용하는 서제나 학습자의 방에 배치되는 가구는 공간 활용과 더불어 기의 흐름에 방해가 되지 않아야 한다. 물론 경영자의 서재나 업무를 해야 하는 경우에도 사용하는 공간의 가구는 신중하게 사용해야 하는데 가장 중요한 것은 마음을 차분하게 가라 앉혀주고 집중력을 높이는 색과 형태를 사용해야 한다는 것이다.

모든 거주자는 잠을 잔다. 모든 거주자의 침대는 출입문을 보도록 하고 머리 방향에 창문이 있으면 좋다. 흔히 어느 방향이 좋고 나쁘다는 주장이 있는데 근본은 족열두한(足熱頭寒)이라 한다. 즉 다리를 따스한 곳에 두고 머리를 차가운 곳에 두라는 것이니 창가에 머리를 두라는 것이다. 단 창가에 바로 가까이 머리를 두고 자면 감기가 걸릴 수도 있으므로 커튼을 배치하여 직접적으로 차가운 기운이 머리에 미치는 것을 완화시켜야 한다.

벽에 거는 그림도 신경을 써야 한다. 동쪽 벽이나 침대 앞에 싱그러운 느낌의 숲 그림을 거는 것도 좋은 방법이다. 지나치게 어둡거나 큰 그림, 시선을 잡는 강렬한 색의 그림은 피하는 것이 좋다.

학습자의 경우 컴퓨터는 발치 쪽에 두고 공간을 띄어 두어 전자파의 영향을 최소화 한다. 만에 하나 공간이 없다면 침대와 컴퓨터 사이에 비즈로 장식된 발의 형태를 지닌 구조물, 파티션 형태와 같은 적당한 것을 세우거나 걸어 두어 에너지의 완충지대를 만들어야 한다. 특히 어린 아이들의 방문에 아이들을 위한 그네를 걸어두는 경우가 있는데 에너지의 흐름을 차단하므로 가능한 삼가는 것이 좋다.

수험생의 경우 가급적 북쪽이나 북동쪽으로 방을 두어야 한다. 이중 북동쪽의 방은 학습효과가 있기는 하지만 수험생의 마음이 약해질 수도 있는 단점이 존재하고 있음도 참고할 만하다. 동쪽은 차분하고 지적인 기운을 받을 수 있다. 북서쪽은 강한 기운을 받을 수 있으므로 사법고시와 같은 성인들의 학습공간으로 좋다. 빛이 많이 들어 유리할 것 같지만 남향은 오행중에서 화(火)의 영역이기 때문에 흐르는 에너지가 정열적이고 화려한 특징을 지니고 있다. 가슴의 기복이 크고 충동적인 에너지가 흐르고 있어 때로 정신을 산만하게 하며 심신의 안정을 방해하는 경우가 많다.

부득이 남쪽을 수험생이나 학습자의 공간으로 사용해야 한다면 안정적이며 침착한 컬러를 사용하여 공간을 안정시키는 것이 좋다. 서쪽은 과장된 방위의 기운 탓에 망상을 일으키기 쉬우므로 가급적 사용하지 않는 것이 좋다.

학습자의 공간만의 문제는 아닌 것이 바로 에너지의 흐름이다. 에너지의 흐름은 경영을 하는 사람들이나 업무효율이 필요한 거주자에게도 모두 필요하다. 거주자에게 미친 영향은 업무에 작용한다. 주택에서 받은 기의 흐름은 거주자에게 업무효율을 제공한다.

에너지는 모든 거주자에게 영향을 미친다. 업무효율을 증대시키고 경영자는 의사결정력을 높인다. 좋은 가상을 지니고 있으면 밖에서 해결하지 못하는 일에 애해 주택 내부에서 의사결정을 하는 힌트가 떠오르기도 한다.

주택 내부에서 가장 강한 에너지의 충돌은 방문을 마주봄으로써 일어난다. 어떤 경우라도 방문은 서로 보지 않는 것이 좋다. 서로 다른 방의 문이 마주 본다면 에너지의 충돌이 일어난다. 때로는 부자간의 충돌, 모녀간의 충돌이 일어난다. 다행히도 부녀간이나 모자간의 충돌은 그리 심하게 일어나지 않는 특징이 있다.

에너지의 충돌은 때로는 극단적으로 좋지 않은 결과를 가져온다. 각 공간은 에너지가 다르게 조성된다. 각방의 사용자, 거주자의 에너지는 항시 같은 주택내의 거주자라고 해서, 혹은 가족이라고 해서 긍정적으로 작용하지 않는다. 방문을 마주하면 에너지의 충돌이 일어나며, 에너지의 충돌은 각 방의 사용자들에게 감정적 충돌을 야기시킨다. 에너지의 충돌은 대립하는 감정 요소를 불러일으키며 가족 구성원 간의 불안심리를 가중시킨다. 학습자의 경우는 이유 없이 화가 나고 학습효과를 반감시켜 심적 부담을 야기시키는 것은 물론이고 성적저하로 이어져 불안감을 증대시킨다. 경영자나 업무를 해야 하는 거주자는 스트레스가 가중되고 삼정이 흐트러진다. 방문이 마주 보아 기의 충돌로 감정이 흔들리면 업무로 인한 스트레스가 집에 돌아와 가중되어 부부의 다툼이 많아진다.

문과 창이 직선으로 배치되는 것도 좋지 않다. 이는 문과 창이 열리면 바람이 직충으로 날아들어 화살과 같은 살기를 만들어 낸다. 방안의 안정적인 에너지는 흩어지고 기온의 혼입이 일어나 방안의 에너지는 극도로 혼란스러워진다. 문과 창이 일직선으로 배치되어 바람이 충하면 거주자에게 바람으로 인한 병이 오고 오행의 방향에 따라 병이 오고 집중력이 떨어진다.

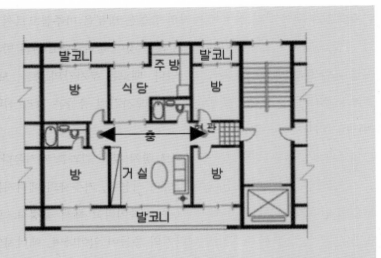

발코니　주방　발코니

방　식당　방

충

방　거실　방

발코니

집 자체는 물론이고 생활의 공간인 방은 외부인으로부터 독립 보호되어야 한다. 따라서 방문이 견고하고 창이 견고하여야 한다. 방문은 서로 마주 보지 말아야 한다.

풍수지리는 바람을 다룸으로써 효율적인 에너지를 증대시킬 수 있지만 바람을 잘못 다룸으로써 병이 오고 재산이 흩어지며 업무능력이라는 측면에서 손해를 보고 학습효과를 떨어뜨릴 수도 있다. 문과 문, 문과 창은 사선으로 배치되어야 하며 만약 정면으로 배치되었다면 문과 창을 한꺼번에 여는 경우를 줄여야 한다. 청소할 때도 최단시간만 마주 열거나 한 방향만 열어 바람을 안정시킴으로써 에너지의 손실을 줄인다. 만약 창문이 문과 사선이나 측면에 부착되어 있다면 효율적인 배치가 이루어진 것이다. 어떤 경우도 거친 바람이 쓸고 지나가는 일이 없어야 한다.

1. 침실 벽에는 시계를 걸지 않는다

침실벽에 옷걸이를 부착하거나 그림을 붙이고 다양한 물건을 주렁주렁 거는 경우가 있다. 침실 뿐 아니라 모든 방이나 거실에 난삽하게 여러 가지를 거는 것은 좋지 않다. 우리나라 주택의 특성상 방은 침실을 겸하는 경우가 대부분이다. 침실에는 손바닥만한 크기의 시계를 사이드 테이블 위에 두는 것이 좋다. 책상 한쪽 모서리나 앞쪽에 탁상시계를 놓아둔다.

시계가 필요한 경우라도 벽에 거는 것은 좋지 않다. 덧없는 시간을 흘려버리는 일이 생기게 된다. 탁자의 시계는 긍정적 사고와 시간의 절약을 가져온다. 시간의 절약은 학습효과를 가져오고 가장에게는 금전운도 상승시킨다. 모든 경우가 그렇지만 조바심을 내면 역효과가 난다. 효과가 나타나는 기간은 사람에 따라 다르므로 차분하게 실천하면 된다.

2. 침대의 배치

서구 문물이 들어오며 한국의 좌식문화가 점차 소파, 의자, 그리고 침대문화로 변해가고 있다. 한국 가정에서도 방마다 침대가 있는 경우를 흔히 볼 수 있다. 침대도 에너지의 흐름에 많은 영향을 미친다. 특히 모양과 색상은 모든 거주자를 포함하여 학습자의 기분과 심신안정에 영향을 미쳐 학습효과를 상승시키거나 하락시킨다.

침실에는 소품이나 가구를 많이 두지 말고 될 수 있으면 여백이 많게 꾸민다. 지나치게 큰 주택이나 아파트에 거주자가 적으면 많은 가구를 들여 공간을 채우는 것이 당연하다. 그러나 적당한 수의 사람이 주거하거나 사람이 적지 않다면 가능한 가구를 적게 사용하는 것이 기의 흐름에 유리하다. 침실에 가구가 많으면 외부의 좋은 기가 머무는 공간이 없게 돼 그냥 지나간다. 가구를 배치하고 남은 공간이 일정 부분 있어야 하고 가능한 원형이나 사각형의 공간이 남으면 좋다.

(1) 침대

잠을 자기위해 침대를 놓는 위치도 중요하지만 그 침대에서 누가 자는가도 중요하다. 아울러 침대의 주인이 정해졌다면 누가 어느 위치에서 자는가 하는 문제도 생각한다. 침대 안쪽은 남편이, 그리고 침대 바깥쪽은 아내가 사용하는 것이 기를 소통시키는 방법이다. 특히 아파트의 경우는 개인주택의 경우보다 침실의 위치 선정이 중요하다. 특히 부부 침실은 방문에서 대각선상의 제일 안쪽에 해당하는 지점에 자리하여야 좋다.

침대를 새로 구입할 때에는 반드시 침대 헤드의 모양을 체크한다. 헤드보드의 형태는 인생의 꺾은선 그래프로 보면 된다. 복잡하게 꺾이고 구불거리는 것은 인생의 변화를 격렬하게 만들 수 있으므로 피하는 것이 좋다. 가구뿐 아니라 모든 사물이 영향을 미치는데 구불거리고 비비꼬인 형상은 반드시 피한다. 심지어 그림에 곡선이 많거나 꼬인 듯한 그림조차도 피하는 것이 좋다.

침대를 고를 때는 젊은 사람은 둥근 산 모양의 완만한 곡선 헤드가 좋고, 어느 정도 자리가 잡힌 중년 이후에는 일직선 모양의 헤드가 좋다. 둥근 모양은 금전운에 관련이 있고 일자 형태는 명예와 관련이 있다. 따라서 모든 거주자의 침대 헤드는 일직선의 명예가 좋다. 코너가 둥글거나 일직선으로 디자인한 침대라면 30대 이후에도 계속 사용할 수 있어 경제적이다.

침대의 배치는 일차로 침대의 헤드가 어떤 모양을 가지고 있는지 살펴야 한다. 둥근 형태이거나 일자 형태가 가장 이상적이다.

침대 옆에도 보조적인 사물을 두어야 좋다. 침대만 달랑 놓아 단수로 사용하면 금전운과 교제운이 저하되는 특징이 있다. 침대 옆엔 크지 않은 사이드 테이블을 함께 배치하여 금전운과 교제운을 상승시킨다. 특히 작은 테이블에는 전화기를 둘 수도 있으며 낮은 갓등을 배치하는 것도 기를 상승시키는 방법이다.

침대 곁에는 사이드 테이블이나 협탁을 둔다.
전화기나 스탠드를 둔다.
낮은 갓등을 배치하면 운을 상승시킨다.

협탁이나 사이드 테이블이 지나치게 크면 주객이 전도된 형상이라 좋지 않으며 만약 화분을 놓는다면 가능한 키가 작아야 하고 날카로운 잎보다는 넓은 형태의 잎이 좋다. 협탁이 지나치게 작다면 작은 스탠드나 등을 놓는 것도 운을 증대시킨다.

침대 재질도 중요하다. 등나무 침대는 좋은 인연을 만날 수 있어 혼기를 앞둔 사람에게 적합하다. 그러나 배우자를 만나면 등나무 침대나 등나무 의자는 보이지 않는 곳에 치워버릴 것을 권한다.

음의 기운이 강한 철제 침대를 사용하고 있다면 그린이나 옐로 톤의 따뜻한 색 계열 패브릭으로 침구를 사용함으로써 양의 기운을 더해 주는 지혜가 필요하다. 신경의 안정이나 지나친 낭비벽이 있다면 황금색의 침구가 어울린다. 침실에서 중요한 것은 잠자는 방향이다. 잠자는 방향에 따라 직업운은 물론 가정운 전체가 좌우되기 때문이다. 일반적으로 침대 방향은 남쪽이 좋다고 알고 있는 경우가 많은데, 그것보다 더 좋은 것은 방향에 상관없이 침실 창문 쪽으로 침대 머리를 두거나 침실 방문을 약간 대각선으로 바라보는 것이다. 이러한 배치는 족열두한이라 부르는 법칙으로 예전부터 사용해온 전통적인 방법이다.

방의 형태나 길이, 혹은 다른 사물의 배치에 따라 침대의 배치가 달라질 수도 있다. 불가피한 경우에는 침대를 창문과 나란히 놓을 수밖에 없다. 이때는 반드시 창문 쪽 벽과 침대 사이에 20센티미터 이상의 공간을 띄워야 한다. 이왕이면 조금 더 넓게 공간을 두는 것이 좋으며 스탠드나 협탁을 두면 깊은 잠을 잘 수 있다. 차가운 벽에서 나오는 해로운 기가 수면을 방해하기 때문이다. 아울러 한 겨울에는 벽에서 차가운 기운이 나와 몸을 시리게 하여 깊은 잠을 방해 한다. 그러나 일정한 거리를 두면 에너지의 흐름에 의해 온도가 상승하여 깊은 잠을 잘 수 있다.

(2) 배치

반드시 피해야 할 방향도 있다. 출입문 쪽과 주방 쪽, 화장실 쪽, 북쪽으로 침대머리를 두는 것은 매우 불길하다. 그러나 북쪽이 창이라면 고려할만 하다. 출입문을 향해 머리를 두고 자면 건강이나 진로에 문제가 생길 수 있다. 특히 학습자나 수험생이 화장실 쪽이나 출입문 쪽으로 머리를 두고 자는 것은 시험을 포기하는 것이나 다름없다.

주방 쪽으로 머리를 두는 것도 반드시 피할 일이다. 뜨거운 기운을 지닌 주방 쪽으로 머리를 두고 잠을 자는 것은 그야말로 머리에 열을 받는 일이다. 머리는 차가워야 기억이 잘되고 학습 능력이 높아진다. 뜨거운 기운이 나는 방향으로 머리를 두는 것은 경영자나 업무를 수행하는 가장의 머리에서 지끈지끈 열이 나라는 것과 다름없다.

족열두한이라 한다.
차가운 방향으로 머리를 두고 자는 것이 가장 이상적인 잠자리의 배치법이다.

머리를 시원하게 하는 것이 건강의 비결이기도 하다. 그렇기에 창문 쪽에 머리를 두고 자는 것이다. 화장실 방향은 쉽게 해결하기 어렵거나 구설수와 같은 지저분한 일이 생긴다. 북쪽은 방위의 특성상 깊은 잠을 이루지 못하는 특징이 있으며 아침에는 몸이 무거워 일어나기 힘들다. 따라서 학습자의 몸을 무겁게 만들고 학습 능력을 저하시킨다. 경영자나 업무를 지닌 가장은 불쾌하고 일이 막히는 경험을 하게 된다.

더불어 북쪽으로 머리를 두면 밤새 꿈자리가 뒤숭숭해지기도 하는데 결국 경영자와 학습자의 머리를 복잡하게 만들어 경영능력과 학습능력을 저하시킨다. 그러나 북쪽에 창에 있다면 부정적인 요소들은 많이 줄어든다.

(3) 색상과 사진

일반적으로 침대 커버는 무색무취가 가장 좋다. 침대 커버가 지나치게 화려하면 부부 사이가 나빠질 수 있다. 침대 커버의 화려한 무늬가 아내 또는 남편의 인물을 더 초라해 보이도록 만든다. 학습자의 침실도 화려함보다는 부드럽고 온화한 침구가 도움이 된다. 지나치게 강렬한 색이나 꽃무늬 침구는 역효과를 내지만 은은한 분홍색과 같은 침구는 따스함을 주어 안정감을 주며 학습능력도 배가 시킨다.

가능한 황색이나 따듯한 느낌이 나는 색을 사용하면 사용자의 안정감을 가져온다. 특히 부부침실은 황색계열을 사용하면 금슬이 좋아진다.
전체를 사용하기 힘들 때는 부분적으로 띠 형식이나 무늬로 황색계열을 사용해도 도움이 된다.

침실의 에너지가 균형을 이루면 건강은 물론 부부금슬까지 좋아진다. 족열두한의 법칙은 모든 침실에 적용된다. 기본적으로 침대 머리는 창가를 향해 배치하고, 부드러운 커튼을 드리워서 차가운 냉기가 직접 몸에 닿는 것을 막아주는 지혜도 필요하다. 이왕이면 벽면에는 평화로운 느낌의 풍경화를 거는 것이 좋지만 지나치게 색이 튀면 좋지 않다.

특히 학습자의 방이라면 청색의 맑은 기운을 느낄 수 있는 그림이 좋다. 모빌이나 바람에 흔들리는 사물, 키보다 높은 옷걸이는 제거한다. 가구나 소품이 지나치게 크거나 늘어져 창문을 가리지 않도록 한다.

부부운이 좋아지려면 침실에 부모님 사진이나 어린 자녀의 사진은 걸어 두지 않는 게 좋다. 부부의 사진 이외의 모든 사진은 좋지 않다. 학습자의 방이라면 모델로 삼은 인물이나 풍경화 사진 1장 정도는 영향이 적지만 다른 사진은 불필요하다. 서재에는 가능한 사진을 걸지 않는 것이 좋다.

주택은 가족 구성원 모두에게 영향을 미친다. 침실은 물론이고 거실, 화장실과 같은 모든 공간에 꼭 필요한 기운만 들어오고 나쁜 기운은 들어오지 못하도록 해야 하므로 항상 깨끗하게 관리한다. 학습자의 침실을 정한다면 동쪽과 남쪽은 일반적으로 괜찮은 방위지만 햇살이 지나치게 강하면 밖으로 나가고 쉽고 심장이 뛰어 안정감이 떨어지므로 두꺼운 커튼을 배치하여 필요할 때마다 사용하는 것도 좋은 방법이다.

혹 찢어진 벽지가 있거나 부서진 가구가 있다면 금전운이 나빠지고 건강도 악화되며 학습자는 시험에 떨어지는 액운을 가져온다. 벽지와 가구의 흠을 꼼꼼하게 살펴 바로 잡는다.

(4) 방향

일반적으로 침실을 정할 때, 서쪽과 북쪽은 선호되지 않는 방위에 해당한다. 서쪽은 금생수(金生水)라 하여 설기되는 경향이 강하므로 어항이나 생수통, 혹은 정수기와 같이 물을 다루는 기구나 공간으로서의 역할은 좋지 않다. 주방도 역시 서쪽과 북쪽은 어울리지 않는다. 서쪽과 북쪽은 해가 기우는 방향이므로 자연 소독에 불합리하므로 병이 올 가능성이 높고 기우는 해의 탓으로 명예가 사라진다는 것이 그 요지이다.

경영자나 업무를 수행하는 가장, 그리고 학습자의 학습은 명예를 추구하는 행위이므로 서쪽과 북쪽의 공간에 학습공간이나 침실을 두는 것은 좋지 않다. 그러나 15세 정도의 남자는 북쪽에 합당한 에너지가 존재하고 7세 정도의 여자아이에게는 서쪽도 좋은 에너지의 영향을 받는다.

⑸ 소품

침실에서 반드시 필요한 소품을 이용해 풍수적인 목표를 달성할 수 있다. 큰 베개를 사용하면 직업운이 상승한다. 따라서 경영자나 개인 사업자, 업무를 수행하는 거주자는 베개의 선택도 달라진다. 넓은 면의 베개는 금전운과 관계가 있고 긴 베개는 명예와 관련이 있다.

주거 공간에 자잘한 소품이 많으면 기의 흐름이 불규칙해져 역시 좋지 않다. 화장대나 협탁이 소품을 많이 배치하는 경우가 있는데 좋은 배치가 아니다. 소품이 많으면 장식장이나 가구를 이용해 수납하는 것이 기를 깨트리지 않는 법이다. 가능한 돌출이나 함몰이 없어야 한다. 자잘한 소품이 지나치게 드러나면 에너지가 깨지고 흐트러져 학습자와 업무를 수행하는 자의 신경을 날카롭게 찌르는 것이나 같다. 책도 일정한 범위 내에서 정리를 하여야 한다. 여기저기 흩트러 놓으면 기가 흐트러져 학습효과를 떨어뜨린다. 장롱 등의 가구에 자잘한 물건을 넣고 문을 닫아둔다면 상관없다. 눈에 보이지 않게 하는 것이 중요하다.

학습자는 넓은 면의 베개 보다는 조금 길어 보이는 베개를 사용하는 것이 좋다. 좋은 인연을 만나지 못하고 있는 여성은, 따뜻한 색 계열의 꽃무늬 커버를 사용하여 혼인운을 상승시킨다. 그러나 지나치게 화려한 것보다 은은한 분홍색과 같은 침구가 좋다. 금전 운을 상승시키고자 한다면 옐로나 그린, 혹은 은은한 붉은색 컬러 베개가 길하다. 지나치게 짙은 색은 피하고 어두운 색은 선택하지 않는다.

건물의 형태가 반드시 원하는 상황으로 흐르지 않을 수 있지만 학습자는 동쪽으로 머리를 두면 유리하다. 머리를 원하는 방향에 향하게 할 수 없을 때도 있다. 창이 서쪽에 있다면 동쪽에 머리를 두어 거실이나 출입구, 문을 보는 것보다 서쪽에 머리를 두어 족열두한의 법칙에 따르고 대신 베개 커버를 그 방위의 행운색으로 맞추어 운을 상승시킨다. 이때 동쪽은 붉은색 계열, 서쪽은 노란색 계열, 남쪽은 녹색 계열, 북쪽은 흰색 계열이 행운색이다.

(6) 잠자는 방향

15세에서 25세 정도의 학생이라면 일반적으로 사람들이 꺼리는 북쪽으로 머리를 향하게 하고 자면 의외로 건강에도 좋고, 교제운과 금전운도 상승한다. 동쪽을 향하게 하고 수면을 취하면 아침 일찍 기상할 수 있어 젊은이나 게으른 사람들에게 좋다. 특히 학습자라면 동쪽에 자리 잡은 방에 동쪽으로 창이 있고 그 방에서 침실과 학습공간으로 사용한다면 매우 좋을 것이다. 특히 창 쪽에 머리를 두고 자면 아침에 벽의 높이나 침대의 모습으로 인해 눈에 영향을 주지 않고 몸과 발쪽으로 해가 비추기 때문에 편안한 기상이 가능하다.

서쪽으로 머리를 두면 햇빛이 비추는 것을 주의하여야 한다. 동쪽에서 떠오른 해는 서쪽으로 머리를 둔 사람의 눈에 빛을 뿌린다. 그러나 벽으로 막혀 있거나 커튼을 사용하면 무리가 없다. 집의 중앙에서 보아 서쪽으로 치우친 방향의 침실에서 숙면을 취할 수 있으므로 금융업에 종사하는 사람이나 연장자에게 적합한 방위다. 단, 항시 이 방을 사용하면 금전운에 변화가 올 가능성이 있다. 즉, 들고 나는 경우가 많아져 금전운은 좋지만 쌓이는 저축의 양은 줄어들 수 있다. 어린아이라면 서쪽 공간의 침실이 학습공간으로도 사용이 가능하지만 연장자의 업무공간으로는 부적절하다.

남쪽에 머리를 두고 자면, 창조적인 직업을 지닌 사람에게 좋은 기운을 제공한다. 남쪽 방향에 자리한 방에서 잠을 자면 따스한 기운이 몸에 활력을 주는 특징이 있지만 직접 빛을 받으면 지나치게 이른 아침이 수면을 방해하므로 커튼과 같은 소재로 빛을 차단하거나 지나치게 강한 빛이 스며드는 것을 막아야 한다.

기가 흐르는 침실이 있을 수 있다. 산의 능선과 같은 형상, 구릉과 같은 형상에 집을 지었을 때는 기맥을 따라 침실을 배치하거나 침대를 배치하여 기를 받을 수 있다. 만약 족열두한의 법칙을 적용하기 어려울 때는 잠자는 위치(또는 침대 위치)는 방의 길이가 긴 방향으로 나란히 잡는다. 일반적으로 기(氣)는 긴 방향으로 흐른다. 이 기의 흐름과 반대 방향으로 잠을 자면 기와 역행하게 되므로 좋지 않다. 이럴 경우에는 살이 찔 염려도 있다. 특히 아이를 낳은 지 얼마 안 된 주부는 찐 살이 잘 빠지지 않는다. 그러나 더욱 중요한 것은 침실 공간의 크기가 가로세로의 변이 1:2가 넘는 빈상이 아니어야 한다.

잠자는 방문과 화장실 문, 누운 사람과 일직선이 되지 않도록 한다. 만약 누웠을 때 문이나 화장실 문이 일직선이 된다면 침대 위치나 잠자는 위치를 옆으로 조금 옮긴다. 데드 스페이스가 많이 남더라도 일직선을 피하는 것이 상책이다. 특히 방의 내부에 화장실이나 샤워 부스가 있는 경우가 적지 않다. 이 경우에도 문이 침대 머리에 일직선이 되지 않도록 한다.

(7) 침구

이불은 푹신한 상태로 사용하는 것이 좋다. 공기가 가득한 푹신한 침구에는 에너지가 스며있다. 간혹 계절적 특징에 따라 지나치게 얇은 홑이불과 단겹의 침구를 사용하는 것은 그다지 좋지 않다. 보관을 할 때도 진공봉투에 넣어 납작하게 보관하는 방법은 운을 나쁘게 한다. 침구는 자주 햇빛을 쏘여 양기를 받아들이고 위생적인 소독을 한다.

침구를 보관하는 장소는 습기를 제거하여야 하고 환기에 신경 쓴다. 간혹 습기를 없애기 위해 신문지를 깔아 두는데 좋은 방법은 아니다. 최근 습기제거를 위해 사용하는 약품은 나쁘지 않은 방법이다. 습기가 많으면 에너지의 흐름이 약해지며 고인 에너지는 썩어 학습자는 물론이고 경영에 매진하는 거주자에게 부정적인 영향을 미친다.

3. 소품과 가구

학생들도 치장에 신경을 쓴다. 만약 학습자가 나이가 들어 결혼적령기이거나 치장을 하는 성격, 혹은 치장의 필요성이 있다면 책상이나 화장대의 배치도 신경 써야 한다. 책상이나 화장대는 방문과 인접한 벽면에 배치하는 것이 좋다. 큰 가구는 배치에 제약이 있으므로 완벽한 배치에 무리가 있으나 소품이나 작은 가구는 능히 배치의 묘미를 살릴 수 있다.

장롱과 같은 큰 가구는 어느 아파트나 안방 및 다른 작고 큰 침실에도 놓일 위치가 어느 정도 미리 정해져 있으므로 선택의 여지가 없을 수 있다. 최근 일반 주택은 물론이고 아파트의 경우에도 붙박이 장이 많이 배치되는 경향도 있으므로 배치의 묘미를 100% 살리기는 한계가 따를 수 있다. 그러나 그 외의 작은 가구는 능히 배치를 옮길 수 있다. 예를 들어 책상이나 화장대 등은 작은 소품에 속하기 때문에 이동이나 재배치가 가능하다. 책상이나 화장대는 문을 바로 보며 공부나 화장을 할 수 있도록 방문과 인접한 벽면에 배치하는 것이 좋다. 역시 배치에는 약간의 공간을 두는 것이 좋다.

책상을 어느 방향에 두는 가에 따라서 학습효과가 달라진다.
또한 창을 등지는 것보다는 벽을 등지는 것이 안락하고 안정감이 있다.

책상 배치의 방향에 따라 학습효과도 달라진다. 북쪽은 차분함과 지혜, 냉철한 판단력 등을 상징한다. 책상을 북쪽으로 두면 일이 잘 풀린다. 부득이 컴퓨터를 두어야 할 때도 방향에 신중을 기한다. 컴퓨터는 이지적인 기운을 주는 북쪽이 좋다. 동쪽으로 난 창문 근처에 두면 기의 흐름을 따라 전자파의 해로움과 열기로 인한 탁한 기운을 교체할 수 있어 좋다. 아울러 정신이 산만하거나 집중력이 떨어지는 봄과 같은 계절에는 책상 위에 꽃을 한두 송이 꽂은 작은 꽃병을 두어 집중력을 향상시킨다.

전자기기는 생활의 필수품이기에 꼭 배치하는 경우가 많다. 그러나 전자파를 방어하고 집중력을 배가할 비보적 풍수가 필요하다. 앉았을 때 왼쪽에 전화기를 두었다면 오른쪽에 관엽식물을 두면 기의 균형이 이루어진다. 관엽식물은 작을수록 좋으며 키를 넘기면 안된다. 책상 위에 놓았다 해도 키를 넘기기 않는 크기를 배치하거나 바닥에 내려놓는 방법으로 키와 균형을 맞춘다.

여행을 하면 기념품을 사가지고 와서 장식하는 경우가 많다. 기념품으로 책상 위를 어수선하게 장식하는 것은 좋지 않다. 만약 기념품을 컬렉션하자면 장식장을 이용해 깨끗하게 수납하고 책상 위는 깨끗한 것이 우선이다. 책상 모든 부분이 깨끗해야 학습능력이 배가되고 서랍 속을 깨끗이 정돈하면 금전운이 좋아진다.

학습자의 방에는 가능한 사진을 넣지 않는 것이 좋다. 그러나 결혼을 하지 않은 학습자라면 액자에 가족사진을 넣어 왼쪽에 장식하는 것은 좋다. 또한 지나치게 많은 사진을 걸거나 하나의 액자에 여러 사진을 넣는 것은 좋지 않다. 액자는 풍경화가 좋고 런던, 파리, 뉴욕 등의 대도시 사진이나 풍경화는 금전운을 상승시킨다. 만약 학습능력을 배가하려면 일본의 정경이나 바다, 나무나 언덕, 소가 거니는 목장과 같은 사진이 좋다.

4. 조명

예로부터 빛은 병을 방어하고 주택에 생기를 주는 중요한 요소였다. 현재의 주택은 과거와 달리 지극히 폐쇄적이다. 햇빛이 잘 스며들지 않는 구조를 지닌 경우가 많으나 조명이 이를 대신할 수 있다. 조명은 태양과 마찬가지로 집안에 생기를 준다. 특히 삼파장 전등은 태양과 유사한 효과를 준다.

조명은 건강과 지대한 연관이 있고 에너지의 파장에 영향을 미친다. 특히 학습자의 기억력과 건강에도 영향을 미친다. 매입등은 좋은 선택이 아니다. 가능한 노출되어 빛이 사방으로 퍼지는 것이 좋다. 혹 드러난 전등이라면 전등갓이 제대로 씌워져 있는지 살펴야 한다. 특히 빛이 안 들어오는 전구나 꺼진 등이 없는지 살펴야 한다. 불이 들어왔다 나갔다 반복한다면 신경이 쓰여 학습효과는 물론이고 분위기도 나빠진다. 침실과 학습공간을 동일한 공간에서 사용한다면 침실에 사용하는 등 이외에도 스탠드와 같은 보조등을 사용하여 학습효과를 지원해야 한다. 조명은 따스한 색이 좋고 시력에 좋은 조명을 선택해야 한다.

등은 어둠을 밝히는 것이 그 가진바 기능이다.
침실이 반드시 어두워야 한다는 규정은 어디에도 없다.

침실의 불빛이 반드시 어두워야 한다는 법은 없다. 가능한 밝은 색의 등과 어두운 색의 등을 병행하면 좋다. 만약 침실과 학습공간을 같이 사용한다면 기본 등은 밝게 사용하고 협탁이나 좌탁에 흐린 스탠드를 사용하는 것이 이상적이다. 따라서 침실을 제외하면 조명은 밝은 것이 좋다.

현관에는 유난히 밝은 조명을 고른다. 간혹 현관에 어두운 조명을 설치하는 경우가 많은데 가능한 밝은 등을 설치한다. 만약 현관이 좁거나, 해가 들어오지 않는 방향이라면 더욱 신경을 써야 한다. 마치 구석이나 모서리의 어두운 부분처럼 보일 정도라면 당장 등을 바꾸거나 추가로 설치하는 등의 신경을 써야 한다.

현관에 배치된 신발장이 망가지거나 부서지면 집주인의 명예가 흩어지게 되니 구설수가 많고 항시 신발장이 열려 있으면 가장이 집을 나가는 일이 생긴다. 신발장은 움직이거나 너덜거리는 것은 매우 좋지 않고 노란색 계열 붙박이장이 좋다. 색상도 에너지의 흐름에 영향을 준다. 북쪽 현관은 따스한 분홍색이나 오렌지색처럼 밝고 경쾌한 색으로 밝은 분위기를 연출한다.

일반적인 가정의 현관은 늘 어둡다.
기가 출입하는 공간을 어둡게 유지하는 것은 기를 훼손시키는 것이다.
가능한 다른 곳과 다름없이 밝게 유지하는 것이 좋다.

현관은 에너지는 물론이고 명예의 출입구이므로 밝고 깨끗해야 한다. 신발이 마구 어질러 있거나 바닥을 가득 채우면 올바른 에너지의 순환이 이루어지지 않는다. 현관은 늘 깨끗하고 밝게 유지되어 한다. 어둡게 유지하면 에너지의 왜곡이 일어난다. 가구도 환한 색으로 사용한다. 밝은 빛을 사용해도 가구의 색이 지나치게 어둡다면 꼭 소리가 나는 풍경을 걸어둘 것. 사람이 드나들거나 바람이 들어올 때마다 풍경의 맑은 소리가 나쁜 기운을 맑게 정화시킨다.

5. 거울

집안 어딘가에 거울은 걸려 있다. 그러나 거울을 어느 곳에 거는가에 따라 에너지의 흐름이 달라질 수 있다. 출세운과 교제운에 효과를 보려면 현관의 우측에 걸어야 한다. 학문을 익힌다는 것은 자신을 도야하고 성숙시킨다는 의미와 더불어 출세에 대한 희구도 있는 것이다. 따라서 공부를 하는 자식이 있는 집이거나 학습자가 있는 주택이라면 현관의 거울을 우측에 거는 것이 이상적이다. 그러나 주택의 요소 중 하나는 가족의 생활이므로 금전을 무시할 수 없다. 금전운을 상승시키려면 왼쪽에 거는 것이 좋다.

가족 전체의 경제력이나 금전운을 배려해야 한다면 거울을 왼쪽에 걸어야 한다. 그러나 수험생이 있는 집에서 배려한다면 수험생의 방 오른쪽에 거울을 걸어두면 될 것이다. 그러나 개개인의 방에 거울을 거는 것이 반드시 도움이 되는 것은 아니므로 심사숙고 하여 부착하여야 한다.

특히 현관문을 열었을 때 정면에 보이는 거울은 밖에서 들어오는 행운을 반사시키는 역할을 하므로 어떤 경우가 있더라도 피하는 것이 좋다. 거울은 깨지기 쉬운 물건이므로 견고하게 부착하여야 한다. 거울이 바닥에 떨어져 깨지는 것은 일진을 사납게 하고 운을 깨트리는 것이므로 견고하게 부착하고 거울은 반드시 테두리가 있는 것으로 선택하여야 한다.

거울에는 행운을 불러들이거나 파워를 확대시키는 효과 이외에도 흉한 기운을 피하는 의미도 있다. 결함이 있는 장소에 거울을 걸면, 그 방위에 부족한 힘을 보충 할 수 있다. 현관에서 들어서 오른쪽에 걸면 명예운, 왼쪽에 걸면 금전운에 효과를 발휘한다. 단, 거울을 서로 마주보게 놓는 것은 흉하므로 욕심을 내어 양옆으로 모두 거는 것은 좋지 않다. 때로는 신발장에 작은 거울이 있음에도 불구하고 맞은편에 또 커다란 거울을 배치하는 경우도 있는데 이는 좋은 방법이 아니다. 신발장의 거울을 빼내던지 큰 거울을 걸지 않아야 한다.

거울은 기를 반사시키므로 출입구의 정면에서 바라보이면 좋지 않다. 아울러 직사각형은 좋지 않으며 원형에 가까운 팔각형이 좋다. 팔각형 거울은 많지 않으므로 원형건물을 이용하여 팔각거울을 만든다.

거울을 건다고 하여 무조건 아름답다거나 일반형을 선택하는 것은 좋지 않다. 시중에는 다양한 형태의 거울이 있으므로 신중을 기울여 선택할 수 있다. 거울의 형태는 폭 55~58cm 크기의 팔각형이 가장 좋다. 시중에 많이 팔리는 형태는 아니므로 구하기 어려우면, 둥근 거울을 사고 주변에 두

껍거나 강한 재질의 종이로 팔각형을 만들어 붙인다. 혹은 나무를 이용하여 테두리를 새로 짜서 팔각형으로 만드는 것도 좋은 방법이다. 만약 더욱 강렬한 행운을 추구하면 거울을 싼 종이나 나무의 틀에 행운의 색을 추가하면 된다. 거울을 걸고자 하는 방위의 행운 색으로 선택하면, 기운을 더욱 상승시킬 수 있다.

6. 커튼

커튼은 방은 물론이고 거실의 분위기를 조성하며 음양을 배분하고 조절함에 반드시 필요한 소품이다. 특히 거실이 서남쪽을 바라보고 있는 주택이라면 두터운 천의 커튼이 반드시 필요하다.

방향의 속성에 따라 서남쪽을 바라보는 거실의 경우 가정주부가 안정을 취하기 어려우며 때로 우울증에 걸릴 가능성이 높다. 이때는 반드시 두터운 커튼을 달아 놓아야 한다. 저녁이 되면 저녁놀이 사선으로 비추게 된다, 이때 가정주부는 밖으로 나가고자 하는 충동과 우울증이 강해지므로 반드시 커튼을 쳐서 에너지의 변화를 차단해야 한다.

침실의 커튼도 매우 중요하다. 커튼은 침대와 함께 침실의 기운을 좌우하는 중요한 아이템이다. 방의 배치가 불합리하거나 방향이 적절하지 못하다면 커튼의 색상으로 에너지를 조정하거나 순화시킬 수 있다.

또한 족열두한의 법칙에 따라 창에 머리를 두고 자는 경우, 간혹 급격한 날씨와 기온의 변화로 감기가 오거나 몸에 오한이 드는 경우가 있다. 이러한 경우에도 커튼을 쳐 두면 갑작스러운 기온의 변화를 피해갈 수 있다.

아무리 작은 창이라도 반드시 속커튼과 겉커튼으로 된 이중 커튼을 사용한다. 이중 커튼을 사용할 경우에는 밖에는 두꺼운 천으로 사용하며 방향에 관계없이 짙은 색의 천이 필요하다. 이는 밖에서 파고드는 빛을 차단하고자 함이다. 옅은 색을 사용하면 햇빛을 받아 빠른 시간에 색상이 변한다는 속성이 있으므로 짙은 색을 사용하는 것이 이상적이다.

내부에 사용하는 속 커튼의 색상은 각 방위의 행운색으로 정하는 것이 좋다. 만약 창이 두 곳 이상 있는 경우에는 큰 창문이 있는 방위에 맞는 색상을 선택한다. 비슷한 크기의 창이라면 밖으로 향한 창을 중심으로 하고, 모두 밖으로 향한 경우의 두 번째 방식은 집의 중심에서 보아 방이 어느 방위에 해당하는가를 따져 색상을 선택한다.

특히 학습자의 방은 학운을 상승시키는 색과 심신의 안정을 주는 색에 해당하는지 잘 살펴야 하며, 지나치게 강한 자극을 주는 붉은 색과 같은 방위라면 조금 순화시킨 옅은 색으로 선택하는 것도 좋은 방법이다. 방위에 맞는 색상을 선택했다 하더라도 계절에 맞지 않거나 청소를 하지 않아 먼지가 가득한 커튼을 사용하면 운의 상승을 방해하므로 언제나 커튼은 청결하게 하는 것이 기본이다.

학습자의 공간에 사용하는 커튼은 계절별로 바꾸어 시선을 모아주거나 청결하게 해주고 가능한 부드럽고 가벼운 색을 선택하여 심신의 안정을 유도한다. 이 경우 초록이나 분홍, 연한 황색계열, 베이지색과 같은 색이 사철 사용이 가능한 색상이다.

학습자의 침실 커튼은 여름용과 겨울용을 따로 마련하고, 2~3년에 한 번씩은 새 것으로 바꾸는 것이 가장 이상적이다. 이러한 주기는 모든 침실에 공통으로 해당한다.

침대 커버와 커튼은 한 쪽이 무늬가 있으면 음의 에너지가 생성되므로 나머지 한 쪽은 무늬 없는 양의 에너지를 보충하도록 한다. 어떤 방식을 사용한다 하더라도 침대나 커튼은 단순한 패브릭으로 음양의 조화를 이루도록 하는 것이 좋다. 그러나 대비가 되어 지나치게 극을 하는 것은 좋지 않으므로 상극은 피해야 한다. 이왕이면 생(生)의 법칙에 따르는 것이 좋다.

지나치게 화려하거나 무늬가 지나치게 크거나 눈길을 잡으면 학습효과가 반감되고 부부침실도 불합리하다. 그러나 많은 사람이 사용하는 거실과 같은 경우는 벽지와 커튼을 조금 화려한 방식으로 포인트를 주어도 무방하다.

7. 전자기기

한국인의 거실은 가족의 회합장소이기도 하고 이야기를 나누는 장소, 때로는 식사를 하는 장소이기도 하며 문화생활 공간이기도 하다. 따라서 각종 전자기기, 운동기구들이 펼쳐져 있기도 하다.

침실은 개인의 공간이다. 전자파는 정신건강은 물론이고 육체건강에도 영향을 미치므로 침실에 TV를 두지 않는다. 가능하면 컴퓨터도 거실로 배치하거나 공간을 마련하여 따로 배치하는 것이 이상적이다.

침실에는 TV는 물론이고 컴퓨터나 다른 여타의 전자기기도 배치하지 않는 것이 이상적이다. 전자기기에는 전자파가 발생하고 이는 건강은 물론이고 학습능력에도 악영향을 미친다.

전자파만의 문제는 아니다. TV뿐 아니라 오디오나 다양한 게임기 등을 포함하여 사람의 시선을 잡고 시간을 빼앗기게 만드는 전자기기는 학습자에게 가장 큰 적이다. 부부의 침실이나 학습자의 침실이 아닌 다른 침실에도 TV는 좋지 않다. 그러나 손님이 머물거나 학습과는 관계없는 서재에는 필요에 따라 배치할 수 있다.

학습자의 공간에는 학습이외에 달리 집중할 만한 가전제품은 두지 않는다. 학습에 전념해야 할 신경이 전자기기에 집중되기 때문이다. 더불어 TV나 전자기기를 이용한 게임, 게임기와 같은 기기는 학습보다 더욱 강한 마력이 있다. 학습 의욕이 있다하더라도 눈과 머리, 마음이 온통 TV에만 고정되게 되는 현상을 가져온다.

학습자의 침실이 아니고 부부의 침실이라 해도 TV를 배치하는 것은 좋지 않다.

간혹 자녀들의 학습효과를 위해 거실의 TV를 부부의 침실로 들여갔다고 말하는 부부가 있다. 안타까운 일이지만 부부침실에 TV가 들어가면 부부 사이에 대화가 없어진다. 결국 부부 사이도 나빠지기 쉽다. 학습자의 학습효과를 도모하다가 결국 부부의 금슬이 나빠지는 경우가 생길 수 있다. 학습자를 위해 거실의 TV를 치울 것이 아니라 학습자의 공간을 학습 환경에 어울리도록 구성하는 것이 올바른 지혜이다.

그럼에도 불구하고 어쩔 수 없이 필요에 의해 부부침실이나 학습자의 공간에 가전제품이 배치되는 경우가 있다. 이를테면 학습자의 인터넷 학습이나 테이프를 이용한 공부와 같은 것이다.

부득이하게 배치된 가전제품이라면 먼지가 끼지 않도록 관리한다. TV, 오디오, 전화기 등 가전제품에는 먼지가 쌓여 있지 않도록 자주 마른걸레로 닦는다. 커튼이나 침구도 같이 청소하여 먼지가 날려 쌓이지 않도록 노력한다. 먼지는 나쁜 기운, 액운을 의미한다.

부정적 에너지의 생산과 흐름은 학습자의 학습능력을 떨어뜨리거나 주위를 산만하게 하고 건강을 악화시킨다. 부득이 하다면 TV 주위에 관엽식물을 놓으면 좋은 기운이 상승한다.

8. 문과 창문

　문에서 가장 중요한 것은 문과 창이 일직선으로 뚫려 직풍이 불어오는 것이다. 어떤 경우라도 문과 창이 맞창이 나는 경우가 없어야 한다. 옛날 어른들이 흔히 말하기를 맞창났다고 하는데 이는 바로 문과 창이 일직선으로 나서 바람이 통한다는 말에서 유래하였다. 맞창이 나면 바람이 거칠게 불어와 주택 내부의 기를 흐트러뜨리니 에너지가 흩어지고 좋지 않은 일이 일어난다.

문과 문, 창과 창은 마주보면 맞창이라 하여 좋지 않다. 사선으로 비껴가거나 서로 보지 않는 쪽에 위치하는 것이 좋다. 그러나 부득이 하게 위치한다면 서로 비껴가도록 열어야 좋다.

　문과 문이 마주 보면 에너지의 충돌을 가져와 집안이 어지러워지고 거주자 개개인의 주장이 충돌하며 간혹 목소리를 높이는 일이 생겨난다. 하극상이 일어나 부모와 자식이 다투고 아들과 아버지가 주도권을 놓고 쟁탈을 하려고 한다. 딸과 어머니가 다투니 불결하고 불손한 에너지가 흐르게 된다.

이상적인 문의 배치는 거주자 각각의 문이 각기 다른 방향을 보고 있어 마주보는 문이 단 하나도 없는 것이다.

모든 문의 관리도 중요하다. 현관이나 대문은 물론이고 각 방의 출입문도 신경을 써서 관리한다. 문은 재료에 따라 달라지는데 철이나 알루미늄의 경우 오래 사용하면 헐거워지거나 마모가 일어 소리가 들리기 시작한다. 나무로 만든 문은 습기와 건조, 벌레의 작용으로 헐거워지거나 틀어지는 현상이 일어난다.

문이 헐거워지거나 문틀이 어긋나면 소리가 난다. 문이 문틀과 잘 맞지 않는다거나, 여닫을 때마다 삐걱거리는 소리를 낸다면 속히 수리한다. 더불어 요란한 쇳소리가 나면 구설수가 있으며 때로 재산상의 손해와 명예에 금이 간다. 문에서 소리가 나면 학습자는 스트레스를 받는다.

간혹 비가 온 다음에 습기로 인해 문틀이 불었다가 다시 가라앉으며 틀어지거나 비로 인해 부피가 변하는 경우가 있다. 다시 자리를 잡으며 그 형상이 변하는 경우가 있는데 삐걱거리거나 각도가 틀어져 소리를 낸다. 물과 마찬가지로 문틀의 소리는 스트레스를 가중시킨다. 계속해 수리를 하지 않아 소리를 듣게 되면 신경쇠약이 오고 부부불화가 오며 학습자는 집중력이 극도로 저하된다. 윤활유를 사용하거나 문틀을 빠르게 건조시켜 둔한 소리가 들리지 않도록 문을 조정하여야 한다.

9. 책상

어느 집이나 거실에는 대부분 테이블이 놓여 있다. 거실의 테이블은 다양한 용도로 사용된다. 손님 접대시에는 차를 따르는 탁자로 사용되고 책을 읽을 때에는 독서의 공간이 되기도 하며 TV를 볼 때는 영화관이 되기도 한다. 차를 마시거나 과일을 먹는 공간, 가족이 이야기를 하며 둘러앉는 공간이기도 하다. 따라서 테이블은 가족 구성원이 지닌 개개인의 에너지가 모이는 곳이다.

거실에 유리 테이블을 놓는 것은 매우 좋지 않다. 테이블 위에 천을 깔지 않고 편리성을 위해 유리를 까는 것 또한 좋지 않다. 간혹 타이어를 잘 닦아 겹으로 쌓고 유리를 덮듯 깔아 테이블로 사용하는 경우를 본다. 나무뿌리를 다듬어 받침으로 삼고 유리만을 깔아 사용하는 테이블도 간혹 볼 수 있다. 모두 좋지 않은 선택이다.

유리 탁자는 편하다는 장점이 있지만 사람의 의욕을 빼앗아 간다는 단점이 있다. 유리를 탁자에 깔지 말라는 것은 노력해서 살아가려는 인간의 의욕을 빼앗기 때문이다. 만약 청소나 목적 때문에 유리를 갈아야 하는 테이블이라면 데미지를 최소한으로 줄일 방법을 사용해야 한다. 가능한 천을 씌우면 좋다. 만약 차를 흘리거나 음식을 먹어야 하고, 청소 문제로 부득이하게 유리를 깔아야 한다면 사람의 눈에 투영되어 밑바닥에 보이지 않도록 유리 밑에 천을 깐 다음 유리를 올린다.

학습자의 공간에는 책상 이외에 다른 테이블을 두는 것도 좋지 않다. 우선 공간을 지나치게 잠식하여 에너지의 순환을 방해할 가능성이 많다. 공간을 차지하는 물건은 가능한 치우는 것이 좋다. 학습자의 공간에 빈 탁자를 둔다는 것은 누군가 와서 놀고 가라는 목적이 된다. 학습을 방해하는 사람이 늘어날 것이고 에너지의 흐름도 나빠진다. 더불어 유리를 깐 탁자를 둔다는 것은 학습자가 머리를 식히는 공간 보다는 의욕을 빼앗기는 공간으로 전용되어 학습의욕을 떨어뜨리고 결국 학습 능력도 약해진다.

학습자의 방에는 가급적 무거운 물건을 들여놓지 않는 것이 좋다. 특히 피아노는 가급적 들이지 말아야 한다. 만약 학습자의 입시나 취미를 위해 피아노가 필요하다면 학습자의 방에서 벗어나 독립된 방에 피아노를 배치시키거나 거실에 배치시켜 필요한 시간에만 사용하도록 한다. 너무 무거운 가구는 가구의 무게로 인해 사람의 기가 눌리므로 시선이 흩어지고 집중력이 저하된다. 큰 가전도 마찬가지다.

10. 옷걸이

모든 침실이나 학습자의 공간이 정성을 들이는 부부침실처럼 온전하기는 어렵다. 많은 가족이 정성을 들여 주택을 단장한다. 가구를 놓고 책상을 놓고, 다양한 장식을 한다. 문득 돌아보니 옷을 걸을 수 있는 공간이 장롱 밖에 없다면 불편하다. 가볍게 입고 벗으며 수시로 걸치는 옷을 놓을 곳이 장롱밖에 없다면 수시로 장롱을 열어야 한다는 것도 귀찮을 수 있다. 이때 사용하는 것이 세워 놓는 옷걸이와 벽에 고정시키는 옷걸이다.

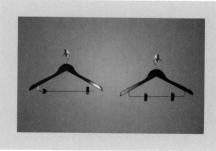

키가 크고 세워두는 옷걸이는 기를 흐트러트린다.
아울러 벽에 거는 옷걸이나 못을 밖아 옷을 거는 방법도 좋지 않다.

세워놓는 옷걸이는 침실에 두지 마라. 아울러 벽에 부착시키는 옷걸이도 그다지 좋은 것이 아니다. 대부분의 가정에서 보지만 장롱 근처나 모서리에 세워두는 옷걸이를 두어 바깥에 입고 나갔다 온 옷들을 걸어둔다. 바로 입고 나가기 편하다는 장점을 지니고 있는 것도 사실이다. 그러나 이러한 옷걸이는 좋지 않다. 바깥의 나쁜 기가 묻어 들어오기 때문이다.

옷걸이를 배치하지 않으면 불편하기 그지없다. 장롱의 문을 수시로 열고 닫으며 옷을 꺼내기도 불편하다. 가장 좋은 방법은 현관에서 먼지를 털고 들어오는 것이다. 만약 세워주는 옷걸이가 아니고 벽에 부착한 옷걸이라면 가능한 일이다. 밖에서 들어올 때 현관에서 옷을 털고 들어와 옷을 벗는 것이 이상적이다. 그러나 더욱 좋은 것은 외출복을 벗어 장롱 속에 넣고 문을 꼭 닫아두는 것이다.

11. 벽의 장식(그림)

부모는 자식을 위해 많은 것을 하고자 한다. 지나친 과욕이 때로는 좋지 않은 결과를 초래하기도 한다. 벽에 장식을 많이 걸지 않는 것이 학습을 하는 자녀를 위하는 길이다. 학습 효과에 좋다는 여러 가지 물건을 걸다보면 시선이 분산되고 에너지가 흐트러진다. 침실 벽에는 되도록 못 자국을 내지 말아야 한다. 침실의 못 자국은 자녀의 진로를 방해한다는 의미가 있다.

극히 필요하지만 시계나 액자 등도 가급적 걸지 말아야 한다. 만약 걸어야 한다면 한두 개만 건다. 학습자의 방에는 거는 것 보다 탁자 위, 책상위에 놓는 정도로 만족해야 한다. 따라서 가급적 작은 소품이며 가짓수도 적을수록 좋다. 그림의 경우도 피로를 회복하기 위해 푸르름이 느껴지는 그림 한 장으로 족하다.

사진을 걸 때도 부부 침실에는 부부 사진만을 두는 것이 좋다. 아이 사진이나 아이와 같이 찍은 사진을 두면 부부관계에 문제가 생길 수 있다. 아이와 함께 찍은 사진이나 가족사진은 거실에 두는 편이 좋다. 학습자의 방에는 가족사진이 좋은 효과를 볼 수도 있다. 그러나 사진도 많아지면 에너지가 분산되고 학습효과가 반감된다.

그림이나 사진을 부착한다면 방위를 파악하는 것도 중요하다. 그 그림이나 사진이 어느 곳에서 온 것인지도 모르고 부착하는 것은 문제가 있다. 바다의 그림이나 사진이라면 그려져 있거나 찍힌 바닷가가 내 집에서 어느 방위에 있는지 확인한다. 남국의 바다면 남쪽에, 해가 뜨는 바다라면 동쪽에 건다. 동해안을 그린 그림이라면 동쪽에 걸고 제주도를 찍은 그림이라면 남쪽에 거는 방식이다. 서양의 그림이라면 서쪽에 걸어야 하고 일본의 그림이라면 동쪽에 건다

각 그림의 이미지에 맞는 방위에 거는 것이 가장 좋다. 방향을 모른다면 행운색의 방향에 따라 그림이나 사진의 색을 분별하여 걸거나 그림이 가진 색을 분석하여 거는데 푸른색이나 청색은 동, 붉은 색 계열의 그림은 남, 흰색 그림은 서쪽, 검은색 그림은 북쪽이다. 황색 계열은 중심이나 서남쪽과 동북쪽에 어울리는 색이다. 그림도 마찬가지로, 분석하여 유럽의 거리 그림이면 서쪽에 장식한다. 또 아침 풍경이면 동쪽에, 저녁 해질녘 풍경이면 서쪽에, 즉 그려진 상황의 시간과 일치하는 방위에 거는 방법도 있다.

그림도 색이나 그림의 형태에 따라 적절하게 배치되는 방향이 있다.

　모든 방향이나 모든 상황에 어울리는 사진이나 그림이 있다면 얼마나 좋을까? 어느 방향에 걸어도 운이 좋은 것은 꽃을 그린 그림이나 사진이다. 꽃 그림이나 사진은 가장 많이 쓰인 색상과 맞는 방위를 찾아서 건다. 붉은 색이 지나치면 흰색의 꽃을 넣어 중화를 시키는 것도 필요하다. 흰색이 지나치면 녹색을 첨가한다. 황색에 지나치면 검은 색을 첨가하며, 녹색이 지나치면 황색을 첨가한다.

　산을 그린 사진이나 그림이라면 부동산에 관련된 그림으로 동북쪽에 걸어야 좋다. 부동산의 운이 좋으려면 산을 그린 그림이기에 부동산을 업으로 하는 사람에게 잘 어울린다. 산의 그림을 북쪽에 걸면 정신적인 안정을 얻을 수 있다. 학습자의 방이나 공간이라면 북쪽에 산의 사진이나 그림을 걸어 안정감을 가지고 공부할 수 있다. 그러나 많은 그림이나 사진을 거는 것은 좋은 선택이 아니다.

　산의 그림을 서북쪽과 북쪽, 그리고 동북쪽에 걸고, 남쪽에는 넓은 초원 그림을 건다. 이는 배산임수의 법칙을 그림으로 배치하여 구현하는 것이다. 이처럼 풍수에서 최고로 좋다고 하는 지형을 집안에서 재현할 수 있다. 반대로 남쪽에 산 그림을 걸면 태양의 기운을 차단하게 되므로 주의한다. 남쪽에 산의 그림을 걸면 내부가 음습한 기운으로 채워질 가능성이 있으므로 선택에 신중하여야 한다. 차라리 산의 그림보다는 물의 그림이거나 바다의 그림이 어울리는 방향이 남쪽이다.

필요한 정도만의 그림을 사용하는 것이 묘미이다. 지나치게 다양한 그림을 걸거나 많은 그림을 거는 것은 오히려 에너지를 흩트리는 결과를 가져온다. 인물화나 추상화는 그다지 좋지 않다. 추상화나 인물화는 빈 방을 채우거나 색을 분석하여 가장 많이 쓰인 색의 방위에 거는 정도로 만족한다. 단, 인물화를 선물 받았는데 친분이나 직위 때문에 버릴 수 없고 상황에 따라서는 반드시 걸어야 한다면, 그림을 살펴 어린 여자아이 그림은 동남쪽에, 남자아이 그림은 동쪽에 건다.

좋은 그림은 임신이나 출산에도 영향을 준다. 따라서 임신을 원하거나 출산에 관련된 경우는 그림을 선택할 수 있다. 아이를 갖고 싶은 경우에는 침실 북쪽에 석류나 복숭아를 놓고, 아이들이 그려진 그림을 동쪽에 거는 방법도 효과가 있다. 또한 문을 동쪽이나 북쪽, 동북쪽, 서북쪽으로 선택하면 아들을 날 가능성이 증대된다. 남쪽, 서남쪽, 남동쪽, 서쪽의 문은 여자 아이의 임신일 가능성이 증대된다.

그림도 격이 있다. 깨어진 산이 좋지 않은 기운을 뿜어내듯 찢어진 그림이나 깨어진 그릇, 깨어진 가구는 집안에 두지 않는다. 퍼즐 그림은 깨어진 조각으로 이루어져 있다. 에너지가 깨어져 흩어지는 그림이므로 사용하거나 걸지 않는 것이 좋다. 혹 퍼즐 그림을 장식할 때에는 뒷면을 테이프로 붙여서 고정시킨 후, 액자에 넣어 장식하면 문제없다는 주장도 있지만 깨어진 상태를 복원시키는 것이 아니므로 부정적인 에너지의 생성을 막기는 어렵다.

벽에 못을 많이 박을수록 자식에게 안 좋다. 천장은 남편, 방바닥은 아내, 벽은 자식에게 영향력을 미친다. 따라서 그림은 가능한 적게 거는 것이 좋고 다른 무엇인가 걸기 위해 못을 박는 행위도 좋지 않다. 만약 침실이나 학습자가 사용하는 공간에 못질 자국이 많다면 구멍을 모두 막고, 도배를 다시 하도록 한다. 못질자국이 많다면 기가 모두 빠져나가 학습자는 자신의 역량을 모두 발휘하지 못할 수도 있다.

12. 다양한 물건

침실의 규모에 상관없이 물건을 겹겹이 쌓아두는 것은 에너지의 흐름을 방해하는 것이다. 또한 자잘한 소품도 에너지의 흐름을 방해하기 때문에 가능한 물건을 쌓아두지 않는다. 침실 뿐 아니라 계단이나 구석진 곳, 베란다에도 물건을 쌓아두는 것은 금전운을 나쁘게 하는 지름길이다. 모든 가구에는 고유의 공간이 있다. 이 공간에 물건을 쌓아두는 것은 에너지의 흐름을 방해하는 것이다. 침대 옆 사이드 테이블 위나 화장대 위, 서랍장 위 등에 물건을 쌓아두지 않도록 한다. 어린학생들의 경우 책상 위는 물론이고 때로는 책상 아래에도 물건을 쌓아두는 경우가 있는데 책상위에 물건을 쌓아두는 것은 좋은 현상은 아니다. 책상위에 컴퓨터의 본체를 놓는 것도 좋지 않다. 가능한 컴퓨터 본체는 책상아래 놓아두는 것이 좋다.

한국인의 주택에서 침실에는 흔히 장롱이 놓여진다. 이 장롱은 천정과 대략 30센티미터 정도의 공간을 둔다. 장롱위의 공간에도 에너지가 흐르고 있다. 특히 장롱 위에 쌓아두면 기가 순환을 못해 가족 건강에 해롭다. 학습자가 거주하는 공간의 책장이나 장롱 위에는 물건을 쌓아두지 않는 것이 좋다. 건강한 에너지가 흐르기 위해서는 여백이 필요하다. 비어 있거나 공기의 흐름이 원활하도록 공간을 배열하는 것이 건강과 학습효과를 배가시키는 방법이다.

주택은 기가 들어오는 통로가 제한되어 있다. 기가 가장 많이 출입하는 공간은 현관이지만 창의 크기가 현관보다 더욱 크다. 만약 주택의 창을 모두 열면 현관은 비교조차 할 수 없으리만치 넓은 곳도 적지 않다.

현관 다음으로 바깥의 기운이 들어올 수 있는 곳이 바로 베란다와 창이다. 주택은 수시로 창을 열어 에너지를 소통시켜 주어야 한다. 그런데 창 앞에 물건을 잔뜩 쌓아두면 청량한 기운이 들어오지 못하게 된다. 특히 학습자의 방 앞에 있는 베란다에 물건을 쌓아두면 밖에서 들어오는 정보가 왜곡되어 하는 일이 꼬이게 된다. 학습자는 잘못된 판단을 하게 될 가능성이 높으며 자만심에 빠지거나 좌절하고 때로 학습이 싫어져 방황하게 된다.

어두운 벽이나 어두운 공간에는 따로 빛을 설치하여 光을 불러들인다.
화장실이나 현관에도 밝은 빛을 뿌리는 등을 설치하여 어둠을 몰아낸다.

부부침실의 경우에도 베란다 쪽에 물건이 쌓여 있으면 전망을 가려 가슴도 답답하다. 학습자도 우울증에 걸릴 수 있으므로 베란다는 짐을 쌓아두는 공간이 아니라 휴식의 공간으로 생각할 필요가 있다.

물건을 쌓아두면 뒤편에 먼지가 쌓인다. 먼지가 쌓인다는 뜻은 바람이나 공기의 흐름이 차단되었다는 것이다. 에너지의 흐름은 공기의 흐름과 같다. 먼지가 많이 쌓이면 공기의 흐름은 물론이고 에너지의 흐름도 좋지 않다는 것을 의미한다. 특히 수험생 방이나 침실 바로 옆에 있는 베란다에는 가급적 물건을 쌓아두지 않도록 조심한다.

가정에서는 처리하기 곤란하거나 수납하기 어려운 물건들이 있다. 이런 경우에는 창고나 다용도실, 베란다의 양끝, 기둥이나 모서리 옆 등에 물건들을 쌓기 쉽다. 어느 공간을 막론하고 물건이 쌓이거나 방치되면 흉한 기운이 감돌고 가족 화합이 어려워진다. 모서리는 바람과 에너지의 순환이 어려운 곳이므로 더욱 나쁘다. 이런 곳은 보조 조명이나 화분 등으로 기운을 조절해주는 게 좋다.

가족이 함께 사용하다 분가하거나 여타의 이유로 빈방이 생길 수 있다. 빈방은 에너지를 유실시키는 특징을 지니고 있다. 사용하지 않은 채 비워두는 방은 가구가 가득 찬 방보다 더욱 나쁘다. 불가피할 경우 매일 청소를 하고 낮에는 문을 열어 자주 환기를 시키면 기의 순환을 도울 수 있다. 또한 가족사진을 걸어놓고 적당한 규모의 가구를 들여 공간을 줄이는 것도 하나의 방법이다.

13. 식물

거실은 가족이 모두 사용하는 공간이기에 청량한 기운이 머물러야 한다. 그러한 목적과 지기를 북돋운다는 측면에서도 거실에 관엽식물 한 그루 정도는 키워야 한다. 단순히 공기 순화나 청량한 기운뿐이 아니라 대지의 기운을 보충하고 건강을 유지한다는 측면에서도 식물은 필요하다.

낮은 주택은 거실에 식물을 배치하지 않아도 주변의 나무나, 마당의 잔디 등이 청량한 기운을 제공한다. 그러나 고층 건물로 이루어진 아파트와 같은 경우는 지표면에서 멀리 떨어져 있는 만큼 대지의 기운이 많이 부족하다. 땅속에서 피어오르는 생기는 대략 5~6층까지만 영향을 미치는데 그 이상의 높은 건물에는 영향을 미치지 못한다.

식물은 생기를 제공한다. 아울러 수분을 조절하며 청량한 기운을 준다. 그러나 지나치게 크면 천기를 제어하여 거주자의 명예를 흐트린다. 아울러 학습효과도 반감시킨다.

학습자에게는 이 생기가 매우 중요하다. 생기는 주부의 에너지이고 재산을 축적시키는 에너지이며 건강과 관련 있는 에너지이지만 학습능력에 영향을 주는 에너지이기도 하다. 높은 건물에 거주하면 이 생기의 영향에서 벗어나 학습능력이 떨어진다.

생기를 보충 받고 학습능력을 배가시키기 위해서는 생기의 발생이 도움을 준다. 아파트에 거주하는 학습자를 위해서라면 발코니나 거실에서 식물을 키워야 한다. 발코니도 단독 주택의 정원과 같은 효과를 지니고 있어 학습자에게 피로를 덜어주고 산소 발생으로 청량감을 맛보게 할 수 있다. 베란다의 넓이에 여유가 있으면 의자나 테이블을 놓고, 여유롭게 즐길 수 있는 공간으로 연출하면 좋다. 최근 미니정원의 형식으로 발코니를 치장하고 식물을 키우는 경우가 있는데 학습자에게 좋은 영향을 미칠 수 있다. 단 물소리가 들리지 않는 것이 좋으며 날카로운 잎을 가진 식물은 피하는 것이 우선이다.

모서리에는 화분을 배치하여 나쁜 기운을 흡수하고 밝은 기운이 자리하도록 유도한다.
가능한 관엽식물이 좋다.

　발코니를 미니 정원화하지 못하거나 화분의 진열 장소로 사용하지 못한다면 거실이나 학습자의 공간에 화분을 놓아주는 것도 기를 불러들이는 좋은 방법이다. 화분은 토기 화분처럼 땅의 기운이 담겨 있는 것이 좋다. 사기나 철제, 돌로 이루어진 화분이나 구조물은 차가운 기운과 더운 기운을 번갈아 발생시키므로 에너지의 흐름을 왜곡시킨다. 발코니나 거실, 학습자의 공간에 식물이나 꽃을 심어 배치한다면 꽃 색상은 발코니의 방위에 맞는 행운색을 골라 심는 것이 좋고 여러 종류의 꽃을 심으면, 각각의 기운이 모여서 더 큰 기운으로 효과를 발휘한다. 날카로운 잎을 가진 식물이나 비비꼬인 식물, 뿌리가 드러난 식물이나 벽을 타는 담쟁이와 같은 식물은 배제한다. 특히 키가 지나치게 커서 거주자의 키보다 큰 식물은 철저하게 배제한다.

거실이나 주택의 모서리에는 관엽식물을 키우는 것이 좋다.
그러나 지나치게 키가 커서 주인의 키보다 크면 천기가 약해져 좋지 않다.
가능한 키가 작은 관엽식물이 좋다.

전체적인 행운을 높이려면 거실에 관엽식물을 배치한다. 특히 햇볕이 잘 들지 않거나 구석진 곳에 놓는 것이 좋으며 필요하다면 조명을 배치하여 밝게 한다. 계단의 모서리나 방의 구석진 모서리 거실의 모서리에 화분을 놓아두면 효과가 크다. 튀어나온 모서리, 오목하게 안으로 들어간 곳, 모양이 이지러진 곳, 어두운 곳처럼 기의 흐름이 안 좋은 곳에는 화분을 두면 나쁜 기운을 흡수한다.

큰 화분이라면 1개, 작은 것이라면 3개 정도가 적당하다. 그러나 지나치게 커서 사람의 키보다 크거나 많이 벌어져 공간을 많이 차지한다면 좋지 않다. 거실에 관엽식물이 단 한 그루도 없는 집은 운기가 멎기 쉽다. 관엽식물은 적절한 시기에 물을 주어 생기를 유지시켜 주어야 한다. 관엽식물이 마르면 더욱 좋지 않으므로 물을 자주 주고, 잎의 먼지도 닦아낸다. 잎에 먼지가 쌓이면 불결하고 좋지 않은 에너지가 생성되므로 늘 먼지를 닦아주어야 한다.

공간이 협소하거나 두드러져 화분을 놓기가 어렵다면 작고 예쁜 풍경이나 맑은 소리가 나는 모빌을 걸어놓고 지나칠 때마다 건드려 소리를 내도 도움이 된다. 그러나 바람이 들어와 수시로 소리가 난다면 신경을 자극하여 좋지않다. 현관에 소리가 나는 방울을 다는 것도 같은 목적을 이룰 수 있다.

청명한 소리를 내는 풍경이나 맑은소리가 나는 종, 푸른색으로 맑은 기운이 피어나는 싱싱한 화초는 거주자에 활기찬 기운을 불어넣는 매우 중요한 소품이다. 푸른 잎을 지닌 식물의 생동하는 에너지는 일상과 제한된 공간에 건강함을 불어넣는다. 생물학적으로도 관엽식물은 산소를 배출하는 기능이 탁월해 거주자의 건강에 좋은 영향을 준다. 관엽식물의 푸른 기운은 시각적으로 작용해 정서적 안정에 도움을 준다. 또한 여름철 창가에 화분을 두면 광합성 과정에서 산소가 나와 실내 온도를 낮출 수 있는 장점도 있다.

식물의 관리는 정성을 들여야 제대로 된 효과를 볼 수 있다. 식물을 관리하며 단지 공간의 기운을 조절하겠다는 욕심으로 그때그때 물을 주는 정도의 관리만 한다면 식물도 정성들인 정도의 에너지밖에 내뿜지 않는다. 식물은 살아있는 유기체 이상의 정성으로 돌봐야만 오래도록 생명을 유지하고 정성에 따른 에너지를 배출한다. 식물관리에 애정을 갖고 관리한다면 더욱 튼튼하고 활기 찬 에너지를 공간에 전달한다.

식물을 관리할 때는 반드시 지켜야 하는 공식이 있다. 실내에 놓을 식물은 가장의 키를 넘지 않는 것으로 하는 것이 가장 중요하다. 말라비틀어지거나 죽어가는 식물은 좋지 않은 에너지를 방출하여 거주자의 건강을 위협하며 명예를 떨어뜨리고 학습자의 능력을 반감시킨다. 따라서 싱싱하고 건강한 식물을 관리함이 원칙이고 또 마르거나 죽은 식물은 빨리 치워야 하고 싱싱하게 관리해야만 한다. 비비 꼬이거나 모양이 뒤틀린 것은 피하는 것이 원칙이다.

인조화분은 신중하게 사용한다. 욕실이나 현관 등에만 제한적으로 사용하는 것이 좋다.

간혹 관리가 쉽다는 이유만으로 인조화분을 고르기도 하는데 차라리 식물을 기르지 않는 것만 못한 경우도 있다. 그러나 간혹 인조화분이 도움이 되기는 한다. 인조 화분이나 조화는 현관이나 욕실처럼 볕이 들지 않는 곳을 제외하면 사용을 하지 않는 것이 이롭다. 인조화분은 공간의 기운을 조절하는 데는 별 도움이 되지 않는다.

간혹 낙엽이 지거나 말라비틀어진 화분을 볼 수 있다. 관엽식물은 가지 끝에 잎이 무성한 것이 좋다. 관엽식물의 또 다른 에너지는 금전운과 더불어 건강에 작용하고 기회를 제공하는 힘이다. 가지 끝에 잎이 무성하면 거주자에게 기회를 제공하는 힘이 강하다. 즉 명예를 추구하는 사람이나 학습자에게는 시험이나 면접의 기회가 더욱 많이 주어지고 기회를 잡을 수 있는 파워를 준다.

더 효과를 높이기 위해서는 화분을 그 방위의 행운 색으로 칠한다. 식물의 형태나 색과는 관계없이 화분의 색을 칠하는 것만으로도 파워가 증대된다. 특히 여러 가지 효과를 증대시킬 수 있는데 예를 들면 수험생에게 기회가 여러 번 주어지는 것과 같은 것이다.

취직을 눈앞에 두고 여러 곳에 원서를 제출했다면 화분에 색을 칠하고 관엽식물을 기르는 것만으로도 면접의 기회가 더욱 많이 주어질 것이다. 화분의 색을 칠하기 위해 스프레이로 뿌리거나 아예 색을 지정해 구할 수도 있지만 집에 있는 화분을 재사용하거나 이용하려면 간단하게 천이나 종이로 포장하는 방법도 생각할 수 있다. 단 지저분하게 나풀거리거나 싼 모양이 불규칙하고 흉하면 역효과가 난다. 나뭇가지에 행운의 색상을 지닌 리본을 묶거나 자잘하지만 행운을 의미하는 장식품을 달아줄 수도 있다.

작은 주머니나 구두모양의 소품, 그리고 양말이나 장갑, 혹은 하트와 같은 소품들이 도움이 된다. 조금 더 욕심을 내어 크리스마스트리처럼 전구로 장식하는 것도 좋다. 단 지나치게 장식하여 어지럽거나 복잡하면 오히려 역효과가 날 수도 있다.

생화를 관리하기 힘들다는 이유로 조화를 장식하는 경우도 종종 볼 수 있다. 가능한 생화를 사용하는 것이 좋고 어쩔 수 없을 경우에 조화를 사용한다. 강한 기가 필요한 곳에는 반드시 생화를 사용한다. 가장이 머무는 서재나 학습자의 공간에는 생화를 배치한다. 그러나 현관이나 화장실, 혹은 구석진 공간이나 계단의 모서리 등에는 조화를 배치할 수 있다. 이는 공간을 메운다는 의미도 있다.

그 모습이 식물의 형태를 지닌다해도 조화는 생기를 제공하지는 못한다.
단 식물을 둘 수 없는 공간에 제한적으로 사용하여 모서리와 같은 곳의 기를 약간이나마 보충할 수 있다.

조화의 파워는 기대하기 힘이 든다. 조화는 생화에 비해 에너지가 3분의 1 정도밖에 안 되므로, 조화에는 향을 더해서 기운을 키운다. 오데코롱을 뿌리거나 포푸리 오일을 뿌려보자. 그러나 학습자나 서재에 조화를 두고 향이 나는 다양한 오일을 뿌리면 때로 역효과가 날 수도 있다. 때로는 향기가 스트레스가 될 수 있다. 집중력을 방해하여 좋은 에너지의 흐름을 반감시킬 수 있다.

혹 조화를 배치하면 작은 스탠드를 곁에 켜두는 것도 부족한 파워를 보충 할 수 있다. 때로 생화의 3배를 장식하는 방법도 있지만 역시 학습자의 공간이나 서재에는 사용하지 말아야 한다.

또한 조화에는 죽을 경우가 없으니 신경이 덜 가므로 먼지가 쌓여도 그냥 지나치기 쉽다. 색이 변하는 과정도 그다지 눈에 뜨이지 않아 먼지가 앉는 것도 느끼지 못할 때가 있다. 따라서 조화를 배치하였다면 항상 신경을 쓰고 자주 살펴 깨끗하게 손질한다. 화분이나 화병에 조화를 심어 배치하였다면 화병이나 화분 밑에 까는 깔개는 방위에 따라 행운색을 선택한다.

제2장 의복과 소품

1. 사주에 따른 색상 선택

　사람은 태어나면서 고유의 기를 타고 난다. 동양학에서는 사람은 태어난 년과 달, 날과 시에 따라 운명이 정해진다는 이론이 있는데 이를 풀어 사람의 운명을 예측하고 대비를 제시하는 것이 명리학이다. 이 명리학에 따르면 태어난 생년월일시 4개의 기둥에 하늘의 기운과 땅의 기운을 배치한 것이 팔자하고 하는 것으로 흔히 사주팔자라고 부른다.

　사람은 평생 사주에 따라 인생의 흐름이 정해진다고 보는 것이 명리학의 주장이다. 이 주장에 따르면 사주에는 각기 그 사람이 살아가는데 반드시 필요한 오행이 있는 데 이를 용신(用神)이라 한다. 또한 명운(命運)이라는 것이 있고 또 사주 전체를 따져 무엇이 부족한지 보충하거나 넘치지 않도록 보충하는 것을 색상으로 가능하다고 한다. 이 주장에 따르면 사주를 구성하는 각각의 글자에는 각기 오행이 적용되고 이 오행의 분석을 이용해 개개인에게 필요한 색을 찾는 것이다.

　명리학에 따르면 용신(用神)이라는 것이 있으며 개개인이 살아가는데 가장 필요한 요소이다. 이 용신은 목화토금수(木火土金水)의 다섯가지 기운으로 정해지며 각각 오행에 따른 색을 부여받는다. 만약 용신이 화(火)라면 붉은 색을 이용하거나 치장하고 속옷이나 외투를 비롯한 옷의 색을 붉은 색으로 정하는 것이다. 용신이 토(土)라면 황금색이나 황토색을 주로 사용하거나 입고, 용신이 금(金)이라면 백색이, 용신이 수(水)라면 검은

색, 용신이 목(木)이라면 녹색을 많이 사용한다.

명리학에 조예가 없거나 용신을 모른다면 자신의 사주를 찾아서 부족한 것을 찾는다. 사주를 이루는 천간과 지지는 각각 오행이 정해져 있다. 만 세력에서 자신의 생년월일을 찾으면 천간지지 8자가 나온다. 이 8자는 각 기 오행을 대비시키다 보면 자신의 사주에 없는 것이 나오는 경우가 있다.

목이 없다면 녹색, 화가 없다면 붉은색, 토가 없다면 황색, 금이 없다면 백색, 수가 없다면 검은색의 속옷이나 넥타이 혹은 옷을 입는다. 만약 오 행이 모두 있다면 유난히 적은 오행을 찾아 의복이나 속옷, 넥타이의 색을 매치시킨다. 그마저도 모른다면 태어난 해의 띠에 어울리는 색을 찾아 사 용한다.

달력을 찾다보면 신묘년(辛卯年), 임진년(壬辰年)이라는 글씨가 써있는 데 천간이 오행이며 의복의 색을 의미한다. 예를 들면 자신이 띠가 말띠인 데 임오년(壬午年)에 태어났다면 임(壬)은 오행이 수(水)이고 색은 검은색 이다. 따라서 검은 속옷이나 검은 색이 들어있는 넥타이 등을 주로 사용하 면 길하다. 말띠나, 용띠 등과는 상관없이 천간의 오행만 사용한다. 예를 들면 갑을(甲乙)은 녹색, 병정(丙丁)은 붉은 색, 무기(戊己)는 황토색, 경 신(庚辛)은 백색, 임계(壬癸)는 검은색이다.

2. 정장과 코트

옷은 학습자에게만 해당되는 것은 아니다. 특별하게 분리하지 않는 이 상 풍수적인 배치는 대부분 모든 사람에게 적용된다. 가족이라면 거주하 는 모든 사람들에게 일반적으로 적용된다. 옷은 입는 것도 중요하지만 수납도 중요하다. 특히 수납은 주택 내부에 에너지를 뿌리거나 흡수하기 때문에 일정한 법칙을 가지는 것이 좋다.

정장은 성인의 옷이다. 정장은 외부의 애너지를 묻혀 들어오기도 하지만 개인에게 항상 밀착되므로 에너지의 저장고와 같다. 수납의 중요성도 무시할 수 없는 이유가 에너지의 흐름과 연관이 있기 때문이다. 정장의 위치에 따라 기의 움직임이 달라진다. 옷장을 정면에서 보았을 때 오른쪽에 가장 밝은 색을 걸고, 왼쪽으로 갈수록 진한색을 건다. 만약 애써 방향을 따진다면 오른쪽을 남으로 보고 왼쪽을 북쪽으로 보아 정리한다.

방향을 따질 수도 없고 계절에 제약을 받지 않는 옷을 입거나, 색에 무감각한 경우에는 옷의 소재로 따지거나 그 재물의 가치로 따진다. 왼쪽에는 고급스러운 옷, 오른쪽에는 저렴한 옷을 거는 것이 좋다. 코트는 길이나 소재와 상관없이 옷장 왼편에 거는 것이 좋다. 코트의 범위에는 잠바와 바람막이도 해당한다.

밖에 나가 일할 때 입는 정장이라면 방의 서쪽에서 북쪽 사이의 방위에 건다. 학습자가 시험을 볼 때 입는 옷이나 면접을 볼 때 입으려고 준비한 옷, 혹은 사업자가 중요한 회의나 미팅에서 입으려고 준비한 옷은 북쪽에 미리 걸어놓았다가 입는다.

3. 셔츠와 블라우스

직업을 가진 남자나 여자. 혹은 성인이라면 셔츠와 블라우스가 외출에 입는 옷의 주류가 될 수도 있다. 다른 옷과 달리 셔츠와 블라우스는 남녀에게 중요한 자리에 참가할 때 입는다는 의미가 있기도 하고 학습자에게는 중요한 미팅이나 시험의 자리에서 입을 수 있다. 근본적으로 라운드 티나 청바지와는 다르다.

의복은 수납공간에 배치하는 것이 이상적이다. 무겁고 색이 짙으며 겨울용은 왼쪽으로, 가볍고 밝으며 봄에 사용하는 옷은 오른쪽이며 바깥쪽으로 건다.

셔츠와 블라우스를 위한다면 전용 수납공간을 만드는 것이 이상적이다. 만약 옷을 따로 정리하는 공간이 있다면 다른 옷과 섞어 보관하기 보다는 셔츠와 블라우스만 따로 모아 보관하거나 장롱에 수납하는 것이 이상적이다. 정리하거나 수납하는 경우에도 정장과 마찬가지로 정면에서 보았을 때 오른쪽에 흰옷을, 왼쪽으로 갈수록 짙은 색의 옷을 보관한다.

상하로 나뉘어진 단이 있거나 적은 양으로 분리하고 개어서 보관하는 서랍이 있는 경우에는 위에 흰 것, 아래에는 짙은 색의 셔츠를 보관한다.

집이 벽지가 지나치게 가벼운 톤이라면 간혹 무거운 물체를 들여 놓음으로써 무게중심을 잡아주는 경우도 있다. 이와 유사한 방법이지만 무게중심은 옷의 색에서도 나타난다. 짙은 색일수록 무거운 느낌을 준다. 수납에서도 무게의 역학은 존재한다. 우측에서 좌측으로 또는 위에서 아래로 봄, 여름, 가을, 겨울 순서로 수납하는 방법도 좋다. 이는 계절에 따라 색상이 달라지기도 하지만 옷의 무게가 달라지기 때문이기도 하다. 또한 계절의 순환을 의미하는 것이기도 하다. 티셔츠나 스웨터의 보관 방법도 마찬가지이다. 특히 가벼운 차림의 옷이나 티셔츠와 같은 옷들을 개어 배치하는 것이 좋다.

4. 속옷

일을 할 때 입는 일반 의류는 행운이 있는 방향에 보관하면 좋은 기운이 스며들어 직업운도 상승한다. 자신에게 어울리는 행운의 방향을 모른다면 자신이 거주자의 구성원 중 어느 구역에 해당하는 위치를 점하는지 파악해야 한다. 예를 들면 장자의 경우는 동쪽이고 장녀라면 동남이다. 중녀라면 남쪽, 중남이라면 북쪽이다. 막내아들이라면 동북, 막내딸이라면 서쪽이 해당한다.

속옷은 늘 입는 옷이다. 그렇다고 일을 할 때 입는 옷이라고 할 수는 없다. 아울러 속옷은 드러나지 않는 옷이다. 겉으로 드러나지 않는 것은 역시 행운의 구역이나 중요한 구역에 수납하는 것이 바람직하지 못하다. 만일 행운의 구역에 옷장이 놓여 있다면 속옷용 수납장은 별도로 마련하는 것이 좋다. 간혹 화장대 밑에 수납하는 경우가 있는데 가능한 보이지 않도록 수납한다. 화장대나 서랍장에 보관할 때에는 아래쪽보다는 꺼내기 쉬운 허리 높이에 보관하는 것도 좋다. 그러나 평소 입는 티셔츠 등이 수납장이나 화장대에 배치된다면 속옷은 낮은 쪽에 수납하는 것이 옳다.

5. 가방

  가방, 핸드백 등은 행운을 담아 다니는 중요한 물건으로 여긴다. 학습자에게 가방은 성공과 명예를 넣어 보관하는 것과 같다. 지금이나 예전이나 대학생 중 일부는 가방을 가지고 다니지 않고 책과 노트만 달랑 들고 가슴에 껴안고 다니는 경우가 있는데 이는 명예와는 거리가 멀다. 가방을 가지고 다니는 것이 명예를 얻는다. 가방이나 핸드백, 작은 소품으로서의 수납기구는 소중하게 다루어 행운이 날아가지 않도록 주의한다.

헤지거나 바래지 않게 주의하고 해가 들지 않는 북서, 서, 동북방위에 놓는다.

  가방이 헤지거나 색이 바래면 좋지 않다. 절약은 칭찬받고 존경할 일이지만 색이 변하는 것은 좋지 않다. 매일 사용하는 가방은 해가 들지 않는 북서, 서, 동북방위에 놓는다. 특히 북서방위가 가장 길하다. 이외에 가끔 사용하는 가방은 관리가 부실하여 먼지를 뒤집어쓰면 좋지 않다. 특히 장롱 같은 곳에 올려놓아 언제 꺼내질지 모르거나 먼지를 뒤집어쓰면 불길하다. 잘 사용하지 않는 가방이나 핸드백은 잘 손질한 후 약간 두터워 먼지나 끼지 않고 빛이 스며들지 않는 천에 싸서 같은 방위에 수납한다.

  여행 가방과 같이 부피가 큰 가방을 사용하지 않고 보관할 때는 북, 북서, 동북에 보관하고, 작은 핸드백이나 고급 브랜드의 명품 가방을 오래도록 보관해야 할 때는 두꺼운 천에 싸서 햇빛이 들지 않게하여 남쪽에, 나머지 다수의 가방은 동남쪽에 보관하는 것이 길하다.

6. 지갑

지갑의 수납 장소는 돈을 키우는 북쪽이 가장 적합하다. 아울러 서북쪽도 길하다. 서북쪽은 큰 기운이 들어오는 공간이기 때문이다. 불이나 물의 기운이 강한 곳에 놓는 것은 금물이므로, 남쪽의 방향은 좋지 않다. 불의 기운이 머무는 부엌에 두는 것은 피한다. 주방도 마찬가지로 피하는 것이 좋다.

가죽으로 만들어진 지갑이라 하여도 헤질 때까지 계속해 사용하는 것은 좋지 않다. 지갑이 손에 들어온 다음 기운이 머물러 있는 기간은 길어야 고작 3년이다.

가죽 재질은 물론이고 일반 재질의 지갑이라 해도 지갑은 쉽게 헤지거나 닳아지지 않는다. 지갑이 많이 낡지 않았더라도 주기적으로 바꾸어 주어야 금전운이 상승한다.

더욱 중요한 것은 접은 지갑은 금전운을 빼개는 특징이 있다. 이왕이면 장지갑을 사용하는 것이 길하고 남녀 모두 돈은 접지 말고 넣어야 하고 깨끗한 돈부터 사용하며, 지갑에 돈을 오래두는 습관보다는 때때로 비워야 자금운이 살아난다.

돈은 내 지갑에 머물러야 쓸 수 있다. 돈을 머무르게 하려면 블랙, 브라운, 레드, 그린이 좋다. 남자라면 검은 색 지갑이 좋고 여자라면 붉은 색 지갑도 좋다. 돈을 넣는 안감 부분이 블랙 컬러라면 더욱 좋다. 학습자라면 서북쪽의 방향에서 지갑을 구매하거나 서북쪽에서 사는 사람에게 지갑을 선물 받으면 기운이 상승하고 학습효과도 상승한다. 사업가라면 유럽 여행 중에 지갑을 구입하면 좋을 것이다.

노란색의 지갑은 돈이 들어오는 지갑이다. 노란색 지갑을 구매하고 싶다면 서남쪽 방위에서 구입하는 것이 좋다. 특히 유럽에 여행갈 기회가 있다면 황색계열의 지갑이나 가방을 구입하는 것이 금전운을 상승시키는 기회가 된다.

7. 명함지갑

명함지갑은 돈을 넣는 지갑과는 그 운이 다르다. 때로 열쇠지갑을 소지한 경우도 있는데 이 열쇠지갑은 명함지갑과 같은 기운을 지닌다. 집의 문을 여는 열쇠고리나 자동차의 열쇠는 지갑과 같은 방위에 놓는다. 지갑과는 운이 다르지만 가방과는 운이 같으므로 북쪽에 수납하거나 임시로 놓아두는 것이 좋다. 외출할 때는 곧 가지고 나가는 물건이므로 깊이 수납하지 말고 방향만 정하면 된다. 벽에 고리나 못을 박고 걸어두는 것은 좋지 않다. 놓아두는 것이 좋고 걸어두면 것은 금전운이 나빠진다.

명함 지갑은 가방과 같이 수납한다.
때로 열쇠 지갑과 같이 지니는데 소리가 나면 좋지 않고 운이 흩어진다.

허리에 차는 방식의 열쇠 운반도 좋은 방법이 아니다. 철렁거리는 소리가 신경을 날카롭게 만들고 금전운을 털어버리는 격이다.

문과 차량, 혹은 사무실의 열쇠까지 합하여 많은 열쇠를 한꺼번에 하나의 열쇠고리에 달고 허리에 매달고 다니는 경우가 있는데, 이는 운을 극도로 저하시키므로 반드시 필요한 열쇠만 들고 다닌다. 허리에 다는 것보다는 주머니에 깊숙하게 보관하여 이동하는 것이 좋다.

집안에서의 보관은 잊지 않고 가지고 나갈 수 있도록 보관한다. 수첩과 명함 지갑은 항상 사용하는 가방에 넣어두는 것만으로도 충분한 수납이 된다. 또는 출입구 쪽에 놓아두어 항시 들고 나갈 수 있도록 하는 것도 방법이다. 만약 방문이 북쪽이라면 입구에 놓는 것으로 충분하다. 일반적으로 수첩이나 열쇠는 놓는 장소는 향시 사용하는 가방과 같은 장소나 휴식을 뜻하는 북쪽에 놓는다.

8. 화장품

화장품은 여성의 필수품이지만 남자들도 많이 사용하는 물건이다. 보통 거울과 함께 사용하므로, 화장품의 길한 방위는 거울과 같은 방위이다. 따라서 화장품의 방위보다는 거울의 방위가 중요하다고 볼 수 있다. 사각형 거울은 동북쪽에 어울리는 거울이다. 사각형 거울은 명예를 의미하기도 하다. 둥근 거울은 서쪽에 어울리며 북서쪽에 어울린다. 기타 다양한 모양의 거울이 있을 수 있다. 다양한 거울은 동이나 동남 방향이 길하다.

화장품은 사람의 얼굴을 빛나게 하여주는 물건이고 그 자체만으로 강한 에너지를 가진 물건이다. 어느 방위에 상관없이 화장품은 놓는 것만으로도 기운을 상승시킬 정도로 강한 힘을 가지고 있다. 화장품 자체의 에너지가 강하다는 것은 거울이 없는 장소에 두어도 상관없다는 의미이기도 하다.

화장대의 화장품은 지극히 당연하지만 거실은 물론이고 때로는 현관에 화장품을 두어도 문제는 없다. 단 욕실에 화장품을 두고 숨기듯 화장하는 습관은 긍정적인 에너지를 만들어 내지 못한다. 간혹 방이 아니라 욕실 옆이나 드레스룸에 화장품을 두고 화장하는 경우도 있는데 좋은 에너지가 생성되는 것으로 보기는 어렵다.

9. 운동용품

어느 집에 들어서면 가장 먼저 눈에 뜨이는 것이 운동기구인 경우가 있다. 특히 현관에 골프채가 자리를 잡고 있는 경우를 볼 수 있다. 현관에 놓은 운동기구는 자신의 재력과 운동 습관이나 취미를 자랑할 수는 있지만 호의적이고 효율적인 에너지의 생성과는 거리가 멀다. 현관은 가능한 깨끗하고 단출하며 밝아야 좋으므로 운동기구와 같이 면적을 차지하는 것은 좋지 않다.

학습자가 운동에 관련되어 있다면 운동기기의 수납에도 신경을 써야 한다. 운동기구는 학습자나 거주자 모두의 건강은 물론이고 직업적인 이유에서도 수납을 신경 써야 한다. 직업으로 운동을 하는 선수이거나 학생이지만 운동을 목적으로, 혹은 운동선수인 학생의 경우는 운동기구의 배치나 수납에 따라 에너지의 흐름이 달라진다. 운동 능력을 향상시키거나 재능을 꽃피우기 위해서는 동남이나 동북 방위에 운동 기구를 수납한다. 특히 먼지가 끼거나 마구잡이로 쌓아놓으면 에너지의 흐름이 나빠진다.

운동을 취미로 하거나 사회체육을 직업으로 삼는다면 도구를 효율적인 에너지 공간에 배치하는 것도 좋은 방법이다. 운동기구의 수납에 따라 운이 달라진다. 남성은 동북, 여성은 동남쪽에 수납한다. 수납의 방법과 방위에 따라 운동을 잘 하게 될 뿐 아니라 대인 관계도 좋아진다.

에어로빅 강사를 하거나 사회체육을 지도하는 코치라면 운동기구와 깨끗한 운동복을 각각 남자는 동북쪽, 여자라면 동남쪽에 배치하거나 수납할 수 있다. 15살에서 25살 사이의 아이가 프로 운동선수를 꿈꾼다면 역시 남자아이는 동북, 여자아이라면 남동쪽에 운동기구와 트레이닝복을 깨끗하게 세탁하여 수납한다.

10. 장난감

어린 아이의 방은 고유의 방향에 배치하는 것이 좋다. 어린아이가 남자라면 동북쪽이 좋고 여자아이라면 서쪽이 길한 방향이다.

아이가 어려 장난감을 사용한다면 건강에 신경을 써야 한다. 뭐든지 입에 넣는 유아용 장난감은 수시로 햇빛을 받아 소독이 되도록 한다. 남쪽 베란다에서 소독을 하는 것은 방을 어지럽히는 것은 아니다.

아이가 성장해서 더 이상 필요 없다면 장난감은 깨끗하게 소독해서 집의 동쪽에 수납하는 것이 좋다. 먼지를 뒤집어쓰거나 방치하는 것은 오히려 역효과가 난다. 동쪽에 수납하는 것은 동쪽은 다음 세대를 번영하게 하는 방위이기 때문이다. 태양이 떠오르는 밝은 기운은 초목을 키우는 강한 힘이 있다.

아이의 방에 장난감을 두고자 한다면 동쪽에 배치한다. 동쪽에 장난감을 두면 장난감의 기운이 다시 살아나서 아이의 원기를 북돋아준다. 주택 전체에서 쓰이지 않는 장난감을 두고자 한다면 동쪽 방향에 수납하는 것이 좋다. 만일 부모가 쓰던 장난감이 있다면 그것도 동쪽에 보관한다.

제3장 수맥(水脈)의 영향

수맥(水脈), 수맥파란 말은 우리 주위에 무수히 널려 있는 들풀처럼 듣기 쉬운 말이며 수시로 듣는 말이다. 그럼에도 불구하고 사람에게 많은 영향을 미친다는 수맥파에 대하여 재대로 이해하고 있는 사람은 드믄 것이 사실이다. 일부 사람들은 오해를 하거나 지나치게 두려움에 떨고 때로는 이 두려움으로 사기를 당하는 것도 사실이다.

따라서 사람에게 해를 입히는 유해 수맥파(Harmful Earth Radiation)가 무엇인지 정확하게 이해하고 대비할 필요가 있다. 수맥파는 지하수의 흐름뿐 아니라 지구의 자기적 에너지(지자기, 지전류), 방사선, 지질학적 균열이나 단층 등을 포함한 지각에서 나오는 유해한 파장을 총칭하는 것이다. 수맥파는 좌선형 회전전자기파(지구방사선), 저주파로서 감마선과 같은 성질의 유해파이다. 수맥파는 지구 고유 주파수를 교란하여 인체와 동식물에 해로운 영향을 미치며 지상의 건물을 금가게 하며 정밀한 기계에 잔고장을 일으킨다.

일부 사람들은 이러한 사실을 인지하지 못하고 있을 뿐 아니라 무지로 인해 사기를 당하는 경우도 있으므로 대비가 필요하다. 수맥파는 수맥이 있음으로 해서 나타나는 현상이다. 수맥이 없다면 수맥파는 일어나지 않는다. 따라서 수맥을 이해한다면 어이없는 사기를 당하거나 속임수에 넘어가 재산상의 손해와 마음의 상처를 입지 않을 것이다.

수맥은 지표면 가까운 곳으로 다가오기도 하지만 대두분은 지표면 아래 깊은 곳을 흐르기도 한다. 항시 일정한 깊이로 흐르는 것이 아니라 사람의 핏줄처럼 깊이 흐르기도 하고 지표면 가까운 곳으로 낮은 깊이로 흐르기도 한다. 마치 지렁이가 땅속을 파고 다니듯 깊이가 다양하다.

혹자는 여러 가지 도구나 자신의 신념으로 수맥을 차단하거나 방향을 돌릴 수 있다고 믿는 듯하다. 이러한 말을 믿거나 두려움을 가지는 사람도 있는 것 또한 사실이다. 그러나 이는 대단히 위험한 생각이며 피할 수 있다고 믿는 자체가 사기를 당할 수밖에 없는 상황을 유도한다.

수맥이 막히거나 방향을 틀거나 하는 일련의 변화는 과학적으로 증명되지 못했다는 것이 일반론이다. 수맥이 변화를 일으킨다는 것은 두 가지의 이유 때문으로 보인다. 그 하나는 자연적인 현상으로 지진, 화산폭발, 지각의 충돌 같은 자연적 요소로 인해 수맥의 변화가 일어날 수 있다. 다른 한 가지 이유는 대규모 공사나 인위적인 발파, 혹은 공사의 후유증으로 인한 결과로 수맥의 변화가 일어나는 것이다. 이 경우에 수맥이 끊어지거나 변화를 일으키고 그 결과로 수맥파가 올라오지 않을 수 있다.

혹자는 자신의 기력, 수도, 혹은 노력, 기도를 통해 수맥을 차단할 수 있다고 주장한다. 혹은 동전이나 동으로 만든 기구, 혹은 달마도, 작은 동판, 자신이 개발한 명당토, 기를 넣은 황토 도자기 등이 수맥을 차단한다고 주장한다. 그러나 과학적으로 어느 것도 수맥을 차단했다고 인증 받은 것은 없는 듯하다.

수맥을 인간의 기도나 능력, 혹은 자신의 노력으로 생산한 어떤 물체로 막을 수 있다는 주장 자체는 증명을 할 수 없고, 증명된 것도 없으므로 어떤 경우도 믿지 않는 것이 옳다.

기를 수련하는 사람들 중에도 자신의 기로 수맥을 차단할 수 있다고 주장하지만 이는 자신의 착각이거나 사람을 미혹시키고 현혹시키고 돈벌이 수단으로 이용하는 어이없는 주장일 경우가 대부분이다. 자연을 움직일 수 있는 인간은 아직 존재하지 않는다.

수맥파를 인간의 힘으로 차단한다면 이는 지하 수백m, 수천m 안의 수맥을 변화시킨다는 것이니 대단한 능력자일거라는 생각이 들지만 이는 조물주의 능력이지 인간의 능력과는 거리가 멀다.

수맥파는 차단하는 것이 중요한 것이 아니라 피해서 살아가면 문제가 발생하지 않으므로 수맥파를 차단하기 보다는 피하는 방법을 찾는 것이 수월하다. 지금까지의 조사와 연구로서 파악하면 과학적으로 분석을 하여도 어떤 방법으로도 효율적으로 수맥파를 차단할 수 없다. 만약 자신이 수맥파나 수맥을 차단할 수 있다고 주장하거나 이를 통해 돈벌이 수단으로 사용한다면 이는 믿지 않는 것이 가장 현명한 방법으로 보인다.

1. 인체에 미치는 영향

수맥파(水脈波)는 지하로 흐르는 수맥의 불규칙한 흐름과 파동에 의해 발생하는 지극히 자연적인 현상이다. 수맥파는 인체의 건강과 동식물의 성장에 매우 큰 영향을 미친다. 수맥파는 수맥이 있음으로 인해 발생하는 것이고 인위적인 행동이나 과학적인 방법으로 찾아낼 수만 있다면 방어는 힘들지만 피하는 것은 얼마든지 가능하다. 그러나 수맥파를 차단하는 방법이 몇몇 주장되고 있기는 하지만 아직은 과학적으로도 완벽하게 차단한다고 주장하기는 힘든 것도 사실이다.

수맥은 수맥파를 발생시키고 직간접으로 우리의 생활에 영향을 미친다. 수맥이 위험한 것이 아니고 수맥파가 중요하다는 것을 인식하여야 한다. 수맥파의 영향은 눈으로 보이는 증상만도 적지 않은데, 건물의 균열, 산소(묘)의 잡초와 잔디의 말라죽는 현상, 흉몽, 사산, 빈혈과 당뇨의 심화, 우울증, 산소의 갈라짐 등 다양하다.

살아있는 사람에 미치는 수맥파의 영향은 지극히 현실적이고 다양하다. 그러나 수맥파를 피해 살아가면 피해는 거의 없다. 수맥파는 일정한 범위와 폭을 지니고 있으며 일반적인 견해로는 나선형의 파형을 지니며 상승하고 있다. 방어는 어렵지만 조금만 자리를 옮겨도 수맥파는 능히 피할 수 있으므로 방어하고 버티기보다는 자리를 옮기거나 조금 비키는 방식으로 피해를 줄일 수 있다.

수맥파에 의한 질환의 증상은 아래의 기술과 같이 다양하다. 이러한 증상은 어떤 술사나 인간의 노력으로도 크게 변하지 않는다. 간혹 좋아졌다고 주장하지만 곧 증상이 계속되고 있음을 발견하게 된다. 방어하는 것보다는 피하는 것이 옳은 선택이고 올바른 판단이지만 눈에 보이지 않는 무색무미무취의 상태를 파악하고 인식하기란 쉽지 않다. 수맥의 영향이 6개월 이상 수맥파에 노출되어 있다면 최소한 적색경보 단계임을 알아야 한다.

(1) 불면증

가장 흔히 일어나는 수맥의 영향이다. 뇌 가운데 있는 송과체는 수면조절 기능을 하는데 수맥파에 의해 송과체가 멜라토닌 호르몬 조절을 못하여 숙면을 취하지 못한다. 수맥파는 인체의 자율신경을 흩트리고 호르몬 조절을 방해하는 파장을 지닌 것으로 조사되고 있다. 가장 이상적인 방어는 파장이 미치지 못하는 곳으로 피하는 것이다.

(2) 노화촉진

수면은 인간에게 가장 중요한 행위중 하나로 생활의 활력을 주고 피곤을 해소시켜주는 것이다. 숙면을 취하지 못하면 우울증, 피로, 권태, 과로사 등을 유발할 수 있다. 수맥파가 있는 곳에서는 숙면을 취하지 못해 인체의 저항력을 떨어뜨리며 TNF-a(종양괴사인자)의 분비를 감소시켜 피부 노화를 촉진시키고 정신의 혼돈을 가져오며 심장의 박동수, 혈압을 상승시킨다. 일반적으로 수맥파의 폭은 333센티미터라고 알려져 있다. 비교적 큰 범위의 수맥파도 있을 수 있으나 일반적인 수맥파가 대부분이다. 수맥파의 영향이 확인되었다면 불과 30여cm 이상만 자리를 바꾸어도 그 영향은 확연하게 달라진다.

(3) 면역력 저하

면역력은 인간이 병에 걸리지 않고 살아가도록 하는 매우 중요한 현상이다. 현대인은 혈압, 혈액, 특히 암에 취약하다. 수맥파를 지속적으로 쪼이면 혈압이 상승하고 호르몬 분비에 영향을 주어 인체의 면역 기능을 저하시킨다. 인간이 조울증에 시달리는 것은 대부분 면역력 저하 때문이다. 수맥파는 생체리듬을 파괴하고 암 등의 각종 질환을 유발한다

(4) 임산부에 대한 영향

수맥파가 주는 많은 영향 가운데 면역력과 생명력이 약한 생물이나 인간에게 더욱 강한 영향을 미친다. 인간 중에서도 아기나 태아 같은 약한 생명체에게는 치명적이다.

수맥파가 미치는 장소에서 거주하거나 근무하는 임산부는 아주 위험하다. 임신을 확인하면 때로 직장을 휴직하거나 퇴직하고 출산 준비를 하는 경우가 많은데 대부분 집이 된다. 이 집에 수맥이 흐른다면 아기에게는 치명적일 수 있다. 특히 사산이나 기형아의 출산 가능성도 높아진다. 따라서 임산부의 잠자리는 필히 수맥진단을 하는 것이 좋다.

만약 이를 무시하고 수맥파 위에서 생활하거나 지속적으로 머문다면 유산하거나 기형아를 갖게 되는 경우도 적지 않다. 태아가 종종 움직이지 않거나 이상 징후를 보이는 때에는 수맥을 의심해보는 것이 좋다. 단, 집을 바꾸는 것은 경제적으로 현명한 처사는 아니며 자리를 옮기는 것만으로도 수맥의 영향을 피할 수 있다.

(5) 고혈압 환자

수맥파는 파장이다. 자석의 두 개 극을 배치하면 자기장이 형성되는 것처럼 수맥도 일정한 파장을 발생시킨다. 수맥파는 혈압을 높이므로 고혈압 및 심혈관 질환자에게 치명적이다. 수맥의 파장이 인체의 유기적인 혈류, 신경, 혈압, 눈에 보이지 않는 에너지의 흐름에 영향을 미치는데 특히 무방비 상태의 수면상태에 더욱 많은 영향을 미친다. 수면 중에 일어나는 수맥파의 영향은 더욱 치명적이어서 직장 등에서 스트레스를 받은 혈압환자가 수맥 위에 잠자리를 정해 잘 경우 돌연사의 위험이 있다.

(6) 각종 고질병

흔히 별 이상이 없거나 경미하다고 느껴지거나 그다지 격하지 않지만 평생 달고 살아야 하는 고질병이라 여기는 병들이 유발될 가능성이 있다. 특히 생명을 위협하지는 않지만 불편을 주는 신경통, 근육통, 관절염 등을 유발한다.

수맥 위에서 생활하거나 잠을 자면 깊은 잠은 고사하고 흉몽을 꾸며 뒷목, 어깨, 허리, 무릎 등에 이유 없이 신경통, 근육통이 온다. 이유없는 결림, 수면 중의 근육 경련이나 마비, 깊은 수면의 불가능은 수맥파의 영향을 생각해야 한다.

(7) 환자의 입원

병원에 입원 하였을 경우에도 수맥파는 생각해 보아야 한다. 수맥파가 있다면 병원 입원환자에게는 치명적이다. 환자는 몸이 약해진 상태이기 때문에 수맥파의 영향에 취약할 수밖에 없으며 잠자리가 한정되어 진다. 더불어 환자는 자신에게 일어나는 여러 가지 몸의 변화가 병 때문으로 판단하기 때문에 수맥의 영향을 무시할 수도 있다.

환자의 잠자리에 수맥파가 있다면, 입원할 당시보다 나날이 병세가 악화되며 때로 수술 및 치료의 효율이 떨어져 입원기간이 길어진다. 때로 수술은 잘 되었지만 운명하는 불행한 결과를 가져오게 되는 경우도 있다.

(8) 암환자

수맥파는 몸의 저항력을 떨어뜨리는 역할을 한다. 암은 몸의 저항력이 약할 때 발병한다. 특히 장기에서 차가운 기운이 넘쳐난다면 암의 발전이 빨라진다. 수맥파에 노출되면 혈압이 높아지고 인체의 기가 가로막히며 몸이 차가워져 면역력이 떨어진다. 암환자의 많은 숫자는 수맥파와 아주 밀접한 상관관계를 갖고 있다. 즉 암에 걸린 사람들이 사는 곳은 기이하게도 수맥파의 영향이 강한 곳이다. 유전적 요인이나 식습관처럼 수맥파도 암과 불가분의 관계가 있다. 암 예방차원에서라도 수맥파를 피하는 습관이 중요하다.

(9) 생활환경

수맥은 인간과 다른 환경을 즐기는 생물이나 여러 가지 자연환경에 영향을 준다. 인간에게는 불합리하고 불리한 조건이지만 다른 생물에게는 반대의 현상을 줄 수 있다. 세균이 다른 곳에 비해 월등히 많이 번식하는 것과 같은 이치가 그러하다. 수맥파가 있는 곳에서는 균이나 벌레들도 더욱 많이 발견된다. 그러나 인간에게는 부정적으로 작용하여 지속적으로 인체의 기운을 약화시키며 여러 부위에 질병을 야기시킨다.

수맥이 일으키는 파장은 인간의 자율신경에 작용하여 우울증과 피로감이 오며 자주 머리가 멍하고 무겁다. 신경계와 근육에도 작용하여 무릎과 허리, 어깨, 등줄기, 팔 등이 쑤시고 저리며 아침에 일어나기 힘들고 온 몸이 맞은 것처럼 아프다.

아직도 수맥파의 영양에 대해서는 완벽하게 발견하거나 분석된 것은 아니지만 원인모를 다양한 질병과 불면증에 시달리는 것으로 보아 살아가며 반드시 피해야 할 중요한 요소임에는 분명하다.

2. 학습에 미치는 영향

수맥파는 학습자의 건강은 물론 학습효과에도 많은 영향을 미친다. 특히 수맥파가 자율신경과 교감신경에 영향을 미치는 현상이 발견되고 있다. 따라서 수맥파가 존재하는 장소에 책상이 위치한 경우 학습자는 집중력에 문제가 오고 학습의 효과라 할 수 있는 기억력이 약해진다. 특히 시간과 계절에 구애됨이 없이 졸음이 오고 기억력이 감퇴하며 집중력이 떨어져 책상에 장시간 앉아있기가 싫어진다.

수맥파는 집중력과 지구력에도 영향을 미친다. 아무리 노력해도 정신집중이 잘 되지 않기 때문에 주위가 산만해지고 잡생각이 많아진다. 기억력이 둔해지며 집중력이 약해지므로 잡생각이 많아져 학습에 어려움이 있다. 무엇보다 수맥파가 미치는 영역에서 학습을 하면 졸음이 많이 오기 때문에 학습을 하기 어려워지고 졸거나 잠을 자면 흉몽으로 인해 계속해 기분이 나빠지고 때로 조울증이 올 수 있다.

학습공간이 침실과 분리된 경우도 있지만 적잖은 가정에서는 학습공간이 바로 침실이 되는 구조를 지닌 경우가 대부분이다. 수맥파를 차단하고자 하는 노력이 필요하지만 그보다는 수맥파를 정확하게 분석하여 피하는 것이 중요하다. 수맥파는 차단한다고 그치는 것이 아니다. 수직상승을 그 근본으로 하고 있지만 차단하고자 하면 옆으로 휘듯 곡선으로 이동하여 상승하는 특징을 지닌다. 따라서 그에 대항 대비가 있어야 한다.

현재까지 알려진 수맥파의 차단 방법은 동판을 까는 것이 유일하다. 혹자는 자기를 이용하여 수맥을 차단한다고 주장하고, 여러 가지 비법이 있음을 강조하지만 현재 과학적으로 증명된 것은 동판이 유일하다. 그러나 동판도 완벽하지 않아 대략 70%의 차단효과가 있는 것으로 알려졌다.

최근 곳곳에서 수맥파를 차단하는 방법을 발견했거나 발명했다는 주장이 있지만 아직까지는 증명이 된 상태가 아니다. 여러 화학회사나 건물을 치장하는 자재를 생산하는 회사들이 수맥을 차단하는 물체를 개발했다고 주장하지만 곧 사라지거나 또 증명을 하지 못하고 있음도 사실이다.

수맥의 폭은 일반적으로 33cm 정도에 불과하다는 것이 일반적이다. 수맥파의 범위도 그다지 크지 않아 넓어도 100cm 미만으로 알려지고 있다. 만약 그보다 크면 사람이 살기 어려운 흉가가 된다. 100m의 파장이라면 막기보다 피할 수 있으므로 효율적인 방법을 생각해 볼 필요가 있다.

만약 잠자리에서 늘 나쁜 꿈을 꾼다면 침대를 옮겨 자는 것만으로도 능히 수맥의 영향을 피할 수 있음을 깨달아야 한다. 수맥을 막을 수 있다는 엉터리 술사들이나 증명되지 못한 방법으로 사람을 현혹하는 사람을 피하는 것이 더욱 중요할지도 모른다.

3. 시험에 미치는 영향

학습은 많은 의미를 지닌다. 자기개발은 물론이고 나름의 생활의 터전을 만들고 사회로 진출하기 위한 방법이기도 하다. 수맥파는 수험생들에게도 영향을 미치는데, 특히 시험에 영향을 미치기도 한다.

수맥으로 인한 성적의 등락은 현저하다. 심한 경우, 수맥파 위에서 시험을 볼 때 암기했던 것이 생각나지 않아 시험을 망치는 경우가 발생한다. 이는 일시적이지만 인생의 중대사를 결정짓는 시험이라면 여간 심각한 것이 아니다.

수맥파를 차단하는 여러 가지 방법이 있다고 하지만 대부분 정확한 것이 아니다. 아울러 개개인이 지니는 부적이나, 달마도, 때로는 사람을 현혹시키는 여러 가지 물건들이 수맥을 방어한다는 주장이 있지만 어느 것도 옳다고 증명된 것은 없는 듯하다. 특히 이러한 물건들은 선량한 사람들의 주머니를 노리는 사람들의 작품일 가능성도 배제할 수 없다.

시험을 보기 전에 주변을 둘러보는 지혜가 필요하다. 건물의 벽에 금이 갔다면 모두 수맥의 영향은 아니지만 수맥의 영향을 가능성이 있다. 건물이 갈라진 방향으로 수맥의 영향이 있을 수 있으므로 피하는 것이 도움이 된다.

머리가 아프거나 심하게 진정이 되지 않는 경우도 수맥의 영향 때문일 경우가 있다. 이 자리를 피할 수 있다면 가능한 활용해야 하고 불과 30cm만 이동해도 효과를 볼 수 있다.

4. 업무에 미치는 영향

수맥은 업무에도 영향을 미친다. 수맥이 무서운 것이 아니라 수맥파가 무섭다. 일반적으로 수맥이 위험하다고 하는데 수맥은 위험한 것이 아니다. 수맥파가 위험한 것이다. 수맥은 인간에게 어떤 영향을 미치는 존재가 아니다. 수맥파가 인간에게 영향을 미친다.

수맥은 신경을 자극한다. 따라서 신경적인 요소에 깊이 작용한다. 수맥은 인체에 유해한 파장을 발생시키며 이를 수맥파라 한다. 이 수맥파가 뇌파를 흔들어 놓아 집중을 방해한다. 기본적으로 수맥파는 숙면을 방해하며, 호르몬 분비에 이상을 주며 신진대사에 악영향을 미친다. 체질적으로 수맥파를 잘 느끼는 사람도 있고, 못 느끼는 사람도 있지만, 모두에게 나쁜 영향을 미치고 있는 것은 사실이다.

수맥(水脈)의 역사는 사람이 살아온 역사만큼이나 길다. 사람이 이 땅에 살며 수맥의 영향을 받아왔다는 것도 사실이다. 《람세스 2세》를 읽어보면 기원전 1300년대에 이집트의 파라오였던 람세스는 버드 나뭇가지로 사막에서 수맥을 찾아내었다. 성경에도 수맥에 대한 이야기가 나온다. 모세가 바위를 치니 또는 바위를 쪼개니 물이 나왔다는 기록은 모세가 탁월한 수맥탐사자(DOWSER)였다는 의미가 숨어 있는 것은 아닐까? 이처럼 수맥의 역사는 길기만 한데 수맥은 3만년~7천년 전부터 알려진 것으로 보이며 과학적인 연구 대상으로는 500전부터라고 한다.

최근 미국을 비롯한 선진국에서는 주춤거리는 동양과 비교해 수맥에 대한 연구가 빠르고 과학적으로 진행되고 있다. 한국에서도 버드나무로 물을 찾는 기술을 사용하듯 프랑스의 금속백과사전에도 이와 유사한 사실이 적시되어 있다. 이 사전에는 이미 16세기에 버드나무로 수맥을 찾는 그림이 나온다. 네덜란드의 지질학자 트롬프 박사는 1968년 유네스코에 제출한 수맥탐사 보고서에서 "탐사자는 수맥 위에서 몸 전체로 반응을 느끼며 혈압과 맥박이 상승한다"고 밝히고 있다. 독일의 저명한 물리학자 슈만박사는 지구의 고유진동수가 7.83Hz라고 밝혔다. 이를 Schumann Resonance라고 지칭한다.

수맥의 영향은 어느 정도인가? 수맥 위에서 생활하면 신경이 자극을 받아 피로감이 심하고 때때로 정신이 멍해지며 뇌파가 안정을 찾지 못해 정신집중이 잘 안된다고 하는 것이 정설이다. 숙면(熟眠)을 할 수도 없으며 흉악하고 난삽스러운 꿈도 자주 꾼다. 의학적으로는 이상 소견이 없으나 머리가 무겁고 짜증이 심해진다. 수맥 위에서는 식물도 잘 자리지 못하고 시들거나 말라비틀어지고 결국 알 수 없는 이유로 말라 죽는다. 또한 견고한 공사를 하였음에도 과실이 아니지만 건물의 외벽이 균열(龜裂)이 가는 경우가 적지 않다.

수맥파가 오르는 곳 위에 자리한 묘의 잔디가 말라죽으며 짐승이 허물지 않아도 봉분(封墳)이 무너지거나 심하면 갈라지게 된다. 수맥에 노출되면 시신이나 유골이 새까맣게 변해있다. 수맥이 지나가면 그곳으로 습기가 빠지면서 음압(陰壓)이 생기게 되고 수맥위의 물을 빨아들여 습기가 없어지게 되므로 잔디가 마르며 봉분이 함몰(陷沒)되는 것이다. 따라서 제아무리 명당(明堂)이라고 주장해도 그 아래 수맥이 흐른다면 명당이 될 수는 없는 것이다. 아울러 명당 주위로는 수맥이 흘러 명당을 보호하는데 잘못 소점한 것이다.

이처럼 음택지에서도 흉당으로 변하게 하는 수맥의 영향을 받으면 노력하고, 학습적인 능력이 있어도 학습자의 진로에 악영향을 미치고 결정적으로 경영활동을 하는 경영자나 업무활동을 하는 사람들에게 좋지 않은 영향을 미친다. 이는 동기감응이란 전통적인 이론에 따르는 것으로 음택과 양택 모두 살아있는 사람에게 영향을 미친다.

자연은 신기함의 창고다. 수맥을 찾는 방법은 다양하다. 개미나 벌과 고양이는 수맥을 좋아하는 동물로 알려져 있다. 고대인들은 개미를 이용해 집터를 고르는 관습이 있었다고 하는데, 그들은 먼저 집터로 잡아놓은 땅에 개미탑을 놓아본 다음, 개미들이 달아나면 수맥이 없는 장소이므로 집을 짓는다고 한다. 개미들이 도망가지 않고 눌러앉으면 수맥이 있는 곳이기 때문에 집을 짓지 않았다고 한다.

수맥이 흐르는 곳에서는 수맥파가 일어난다. 인간에게 문제를 일으키는 것은 수맥이 아니라 수맥파이다. 수맥파의 영향을 받으면 여러 가지 좋지 않은 일들이 일어나고 결정적으로 신경에 자극을 주므로 업무 효율을 떨어뜨리고 올바른 의사결정을 방해한다. 따라서 피하는 것이 최선의 방법이다.

수맥은 일정한 범위에서 파장을 뿜어내고 있는데 그 폭은 매우 좁다. 따라서 전자기기가 이유없이 자주 고장이 난다거나 꿈자리가 계속 사납다거나 하는 증상이 있다면 약간씩 자리를 옮기는 것으로 충분히 방어할 수 있다. 허황되고 지독할 정도의 거짓이나 사기성에 속지 않는 것이 더욱 중요하다.

수맥과 사기

문제는 이 수맥을 이용해 옳지 않은 방법으로 사리사욕을 채우려는 사람들이 아주 많다는 사실이다. 물론 훌륭한 수맥전문가가 많이 있다. 이들은 오랜 연구와 검증을 통해 수맥전문가가 되었다. 그러나 수맥에 관한한 사기성이 짙은 사람이 더욱 많다고 본다. 기도를 통해 수맥을 막거나 돌릴 수 있다는 사람, 명당토를 뿌리면 수맥을 막을 수 있다는 사람, 명당항아리를 쓰라는 사람, 달마도가 수맥을 차단한다고 주장하거나 자신이 그린 달마도가 수맥을 차단한다고 주장하고 비싸게 파는 사람, 기타 등등 다양한 사람이 수맥을 차단할 수 있다고 주장한다. 이러한 사람들은 수맥이 무엇인지도 모르고 허황된 이야기를 하는 사람들일 가능성이 매우 높고 과학적으로 증명하지 못하는 관계를 이용한 사기꾼일 가능성이 높다.

아울러 시중에는 수맥을 찾을 수 있다고 주장하는 사람이 많고 엘로드나 추를 이용해 눈속임을 하기도 한다. 수련이나 공부 없이 단순히 수맥봉을 잡기만 한다고 무조건 수맥을 찾을 수 있는 것이 아니다. 그들은 우물조차 잡지 못하는 사람들이 수두룩하다. 그들은 수맥의 위험성을 부추겨 헛된 이익을 얻으려는 사람들이다. 이제는 사기에 속지 말아야 한다. 그들은 서로 자신이 진정한 수맥전문가라 하지만 진정한 수맥 전문가는 많지 않은 것이 사실이다.

올바른 판단을 하고 올바른 선택을 하는 것이 중요하다. 엘로드가 수맥을 찾아주는 것이 아니라 시술자가 찾은 수맥을 표시해 주는 것이다. 엘로드를 믿을 것이 아니라 수맥전문가로 자처하는 사람이 문제가 된다.

수맥전문가들이라면 과거 우리 조상들이 어떤 방식으로 수맥을 찾았는지, 어떻게 피해 살았는지 알고 있어야 하며 수맥에 대해서도 원리적으로 설명할 수 있어야 한다. 막연하게 나는 전문가라는 주장은 사기꾼에 불과하다. 역설적으로 수맥을 가장 잘 파악하는 사람은 우물을 파는 전문가들이라 말하고 싶다.

4편
풍수지리 일반 이론

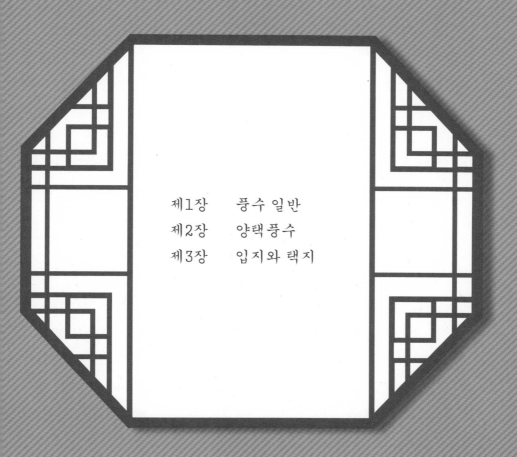

제1장   풍수 일반

제2장   양택풍수

제3장   입지와 택지

제1장 풍수 일반

1. 풍수지리란?

풍수지리(風水地理)라는 말은 언뜻 보면 고루하다는 느낌이 드는 말일지 모르겠으나 이 땅에 살아온 사람들의 문화적 요소이며 신앙과 같이 여겨지던 철학사상이기도 했다. 풍수지리의 사상은 너무도 많이 퍼져 있어 빨랫줄에 널려 있는 옷가지와 같다. 그 사상은 흐르는 물과 같아서 인식하지 않아도 우리 주변에 퍼져 있고 애써 귀를 기울이지 않아도 심심치 않게 듣는 말이다. 또 많은 사람들이 이야기를 하고 있기도 하다.

우리 조상들이 5000년 이상 믿어오고 있으며 생활에 적용해 온 풍수의 기본 사상은 인간이라는 존재야말로 우주의 산물이며 하늘과 땅, 영혼의 기운이 결합된 생명체라는 것이다. 그러므로 인간은 하늘과 땅, 음양의 기운이 변화하는 과정에 생긴 기(氣, Energy)로 인해 삶에 필요한 필수적인 요소를 얻고, 그 기운에 따라 삶의 모양도 변화한다는 것이다.

인간은 살아가며 눈으로 보이는 물체이거나 자연환경은 물론이고 보이지 않는 바람과 공기 등으로부터 끊임없이 밀려오는 직간접적인 영향을 받게 된다. 이 영향은 자연적인 에너지와 인공적인 에너지로 우리의 삶에 영향을 준다.

사람이 살아가는 공간도 자연적인 에너지와 인공적인 에너지의 직간접적인 영향을 받는다. 이 에너지는 삶의 형태, 삶의 질, 부와 명예, 삶의 방식, 학습과 성취 등에도 세세하게 영향을 미친다.

주택과 공공건축물로 대변되는 수많은 이용 공간도 에너지의 흐름을 무시할 수 없다. 그러므로 사람이 살아감에 있어 주거공간이 자리잡게 되는 땅의 형태와 기운, 건물의 형태와 방향, 내부의 많은 가구들로부터 발생되는 수많은 에너지들은 그 안에서 생활하는 사람에게 매우 큰 영향을 미치게 된다. 동양에서는 기(氣)라 부르는 이 에너지야말로 인간이 삶을 영위하는데 반드시 필요한 것이다.

모든 양택이 사람이 살아가는데 유리하고 효율적이며 존재하는 모든 에너지를 적절하게 사용할 수 있도록 지어지는 것은 아니다. 현실적으로 풍수에 맞춰 완벽한 명당과 풍수 인테리어를 갖춘다는 것은 거의 불가능하다. 그러나 오랜 문화와 인간의 적응, 그리고 경험으로 인간 생활에 유리하도록 근접할 수 있으며 실생활에 수용이 가능하다. 이 과정을 통해 나쁜 기운은 없애고 좋은 기운을 만들어 복을 불러들이고 행복한 삶을 영위할 수 있도록 하는 것이다.

풍수란 매우 어렵고 때로는 미신처럼 보이기도 한다. 그러나 대단히 심오한 과학의 원리가 숨겨져 있으며 이 땅에 살아온 사람들의 문화와 민족성이 수용되어 있는 학문이다. 그다지 적용하기가 어려운 것이 아니다. 글자 그대로 풍수지리라는 말은 바람과 물을 파악하고 땅의 이치나 원리를 살피는 것이다. 또 자연적이거나 인공적인 수많은 사물들을 어떻게 생활에 적용하고 이로운 쪽으로 사용할 수 있는가를 고민하고 적용하는 학문이다.

풍수지리란 사람이 하늘과 땅, 물과 어떻게 조화를 이루며 살 수 있을 것인가 하는 문제의식에서 출발한 것으로, 그 에너지의 흐름에 따라 집을 짓거나 배치하고 내부의 소품을 배치하는 것으로 윤택하고 행복하며 건강하게 살 수 있다고 보는 것이다. 아울러 이 원리를 이용하고 응용하여 원리를 파악한 상태로 적용하는 집은 자연의 원리에 순응하며 자연과 조화를 이룬다.

서양학문에 바탕을 둔 건축공학이 우리나라에 상륙하기 이전에 우리 조상들은 우리 땅에 맞는 건축공학을 지니고 있었고, 1900년 이전에는 서양문물이란 발붙일 곳도 없었다. 지금은 모든 것이 서양의 문물처럼 보이지만 아직도 전통 풍수지리의 기법이나 이론은 곳곳에서 적용되고 응용되고 있다. 서양에서 들어와 자리한 것으로 보이는 아파트의 문화에서조차 풍수지리의 이념이 중요시 되고 있는 현실이다.

근세 이전에 우리 조상들은 자연의 섭리에 따라, 자연의 사상과 우주의 흐름에 입각한 집을 지어 자연스러운 삶을 영위해 왔으니 이를 풍수지리라 이름했다. 이 풍수이론은 시대가 바뀌고 그 형태가 변화를 가져온 지금도 사용되고 있으며 일제의 강점기에 주춤했던 이러한 사상들이 나날이 강화되고 있다.

이 땅에 사람이 살기 시작하면서부터 태동된 풍수지리의 많은 이론들과 적용방법은 조선 말기에 이르도록 통치이념과 융합하고, 민속으로 파고들어 자리잡았다. 그러나 국운이 쇠잔하던 조선말 이후 근 50여년 이상 이 땅에는 풍수지리적 측면에서 혼란이 가중되었다. 일본인들은 풍수지리를 미신이라 매도하였고 일본인들에게 교육을 받은 일부 학인들도 풍수지리의 진의를 파악하지 못하고 일인들의 말을 따라 풍수지리를 미신이라 주장하였다. 이 땅의 풍수지리를 미신이라 주장했던 일본인들은 이 땅의 풍수지리를 배우고 연구하여 지금도 자신들의 양택속에 적극 사용하고 있으니 얼마나 애석한 일인가?

일인들이 물러간 후, 50년이 넘어서도록 오랜 세월이 흐르며 서양의 학문이 밀려들어 우리의 많은 전통이 사라지듯 풍수지리도 암흑기를 맞았다. 그러나 세기말에 이르기 전부터 풍수지리의 전통이 살아나고 옛문화의 보존과 더불어 풍수지리의 이념과 전승, 비법들이 각 분야에서 해빙을 맞았다. 각 기업은 물론이고 행정도시의 선정과 같은 국책 사업에도 풍수지리의 이론이 반영되고 있다. 최근에는 중국에서 시작하여 미국과 유럽으로 전파되어 발전을 거듭하여 다시 이 땅에 들어온 풍수지리가 우리의 전통 풍수지리와 융합하여 우리의 생활상에 반영되고 있다.

2. 자연의 법칙을 적용한다

풍수지리는 크게 음택(陰宅)과 양기(陽基)를 바탕으로 한 양택(陽宅)으로 나누어진다. 양택은 현재 살아 있는 자를 위한 집을 마련하는 것이고, 음택은 죽은 자를 위한 묘역을 마련하는 것이다. 조선시대 이전에는 죽은 자를 위한 터전보다는 산자를 위한 터전, 즉 양택이 발달한 것으로 보인다. 그러나 조선 중기에 접어들며 유학의 영향으로 조상숭배의 사상이 중요해지며 죽은 자를 위한 음택풍수가 비약적으로 발전하였다.

일제의 침략으로 조선의 풍수는 암흑기에 접어들었다. 일제의 강제 점령으로 인한 암흑기가 끝나고 해방 이후 서양문물이 밀물처럼 밀려들었다. 한국전쟁이 끝난 후로 서양 문화의 음식, 교육제도, 종교적 상황이 많은 변화를 일으키며 오래도록 풍수지리는 수면 밑으로 가라앉듯 논의되기

도 힘들었고 당장 살아가기 힘든 경제적인 춘궁기(春窮期)였기에 적용도
힘들었다.

오래도록 암울하게 명맥을 이어온 풍수지리에도 변화가 일어난 것은 사
회의 발달과 서양문물의 대량 유입이 그 모티브가 되었다. 경제가 발달
하며 전통문화인 풍수지리의 중요성을 재인식하게 된 것이다. 이러한 변
화는 협소한 국토의 영향과 불어난 인구, 장제문화의 변화로 일어났다.
1970년 이후 새마을 운동과 비약적인 경제발전으로 음택보다 양택을 중
시하는 사회현상으로 변해가고 있으며, 다양한 이론들이 양택이론의 부활
내지는 새로운 이론들이 사회 속으로 파고들고 있다.

풍수지리의 기본 개념은 자연의 순환과 이치를 파악하고 무리 없이 적
용하는 것이다. 모든 법칙은 자연을 대비한다. 풍수지리의 대상인 자연이
인간의 욕심에 의해 변화되는 것이 적지 않지만 근본적으로 풍수지리는
자연을 이해하는 것으로부터 시작된다. 시각적인 것, 청각적인 것, 그리고
감각적인 것이 모두 자연의 이치에 따른 것이다.

사람을 바라볼 때 느끼는 감정이 대상에 대한 평가이듯, 풍수지리도 사
람의 감정에 움직이고 변하며 느끼는 그대로이다. 따라서 자연을 바라보
는 마음이 적용되어야 한다. 아름다운 것을 바라보면 마음이 편해지고, 형
언하기 어려운 아름다운 감정을 느끼듯 풍수지리를 바라보는 마음도 일체
감이 있어야 한다.

풍수지리를 대하는 마음은 바라봄의 원칙이라고 말할 수 있다. 사물을
바라봄으로써 닮아간다는 것이다. 강한 기(氣)를 지닌 사물을 통해 그 기
를 전달받기도 하고 좋은 사람을 통해 좋은 습성을 배우는 것이나 같은 것

이다. 좋은 환경과 좋은 물체에서 좋은 에너지가 나온다는 것이야말로 바로 풍수지리의 바라봄의 원칙과 같은 것이다.

날카로운 칼을 보면 두렵고 살기를 느낀다. 따라서 모서리가 날카로운 집이나 지붕이 찌르듯 날카로운 사물이 보이거나 내 집 가까운 근처에 있는 곳에서는 살기에 몸이 상한다. 반대의 경우도 있다. 경치가 온유롭고 좋은 곳이거나 부드러운 곡선으로 이루어진 산이나 둥글거나 정방형의 단정하고 아담하며 온유로운 건물이 있는 곳에서 살면 내 몸과 마음이 풍족해지고 넉넉해지며 푸근해진다. 이러한 곳에 살고자 하는 노력이야말로 풍수지리로 접근하는 길이다.

엄마가 아기를 안고 있는 모습은 푸근함과 안정감을 준다. 그러한 산세는 물론이고 품어 안고 있는 듯 하는 지세와 유사한 느낌을 주는 건물에 사는 것이 행복하고 안정감을 준다. 풍수지리의 요결을 모두 적용한 집은 그런 안정감과 포근함을 준다.

양택은 외부만이 온유로워서는 부족하다. 양택의 내부도 마찬가지로 포근함과 안정감을 주어야 한다. 양택 내부에 사는 모든 사람들이 안정감을 느껴야 한다. 내부에서도 안정감을 느껴야 가족이 편하게 머무를 수 있다. 풍수지리에서는 양택의 외부는 물론이고 내부의 가구배치를 통해 건강한 삶을 영위하도록 하며 경제적 능력을 배가 시키고 명예를 상승시키며 학습자의 능력을 배양한다.

양택은 안정감이 있어야 한다. 잠을 자도 편안해야 하고 학습자에게는 학습능력이 배가되어야 한다. 안정감을 주기 위해 내부적으로 가구를 배치하고 색을 선택할 수 있다. 풍수지리는 이러한 필요충분조건을 배려할 수 있다.

몸을 다친 환자를 치료하기 위해 다양한 요법이 적용되고 병원과 훌륭한 의사가 필요하듯 가정에서도 치료를 위한 풍수적 기술이 필요하다. 이는 반드시 자연의 법칙을 무시하고 이루어지지 않는다. 자연을 바탕으로 한 체계적이고 과학적인 풍수기법이 현대를 살아가는 사람들에게 심리적 안정과 학습능률의 배가를 통해 목적을 이루고 행복한 삶을 영위할 수 있도록 도움을 줄 수 있다.

3. 음택풍수(陰宅風水)

풍수지리는 크게 음택풍수와 양택풍수로 나누어진다. 음택 풍수는 죽은 사람을 위한 풍수지리이고 양택 풍수는 현재 삶을 영위하는 사람들을 위한 풍수지리이다. 조선시대에는 음택풍수가 비약적인 발전을 하였는데, 이는 유학을 국시로 하는 조선의 정치풍토에 힘입은 바가 크다. 그러나 현대사회는 점차 화장 문화가 음택풍수의 전반을 이끌어 가는 형상이다.

음택은 산 자가 아니라 죽은 자를 위한 풍수지리이다. 흔히 묘를 지칭하는 것으로 많은 사람들은 이를 죽은 자의 집이라고 표현한다. 예로부터 사자(死者)를 좋은 자리에 모셔 장사지내려고 하는 노력이 오래도록 있어 왔다.

조상들이 이러한 노력을 한 것은 크게 두 가지로 해석해 볼 수 있다. 산 사람들이 죽은 사람들을 위해 좋은 터를 찾아 묘를 꾸미고자 하는 것은 살아생전에 다하지 못한 효도를 죽은 다음에라도 좋은 땅에 모시는 것으로 다하고자 함이다. 이는 유교이념에 바탕을 둔 음택풍수이다. 또 다른 하나는 죽은 사람을 좋은 기가 흐르는 곳에 모셔두면 생기가 유골을 통해 후손에게 영향을 미친다는 동기감응의 이론이다. 조선시대의 음택풍수는 이 동기감응과 조상숭배의 이론이 결합된 결과이기도 하다.

이러한 음택풍수의 이론은 장구한 세월동안 이어져온 것으로 형기론(形氣論)과 이기론(理氣論)의 양대 산맥을 기준으로 하여 용론(龍論), 혈상론(穴像論), 사세론(砂勢論), 사격론(砂格論), 수세론(水勢論), 좌향론(坐向論), 물형론(物形論) 등의 이론이 커다란 줄기를 이루며 발달해왔다.

시대의 조류 탓으로 보이기도 하지만 음택풍수는 전과 다른 문화를 만들어가며 점차 변화를 거듭하고 있다. 우리 조상들은 5,000여년 이상 매장문화를 추구하여 조상을 숭배하고 그에 미치는 감응을 중요하게 여겨왔다. 하지만 현대의 조류는 국토의 개발과 효율적 이용, 법령의 제정, 그리고 현대사회가 가져오는 여러 이유로 매장보다는 화장이 사회전반의 장례문화가 되어가고 있다.

4. 양택풍수(陽宅風水)

풍수지리란 이 땅에 살아온 사람들이 만들어낸 전통적인 문화이자 쓰여지지 않은 역사이다. 풍수지리는 자연의 현상으로 일어나는 바람과 빛, 물과 땅의 기(氣)를 감지하고, 자연(自然)에 순응(順應)하며 효율적으로 이해하고 생활에 적용하여 사람들이 건강하고 행복하게 살고자 했던 옛 선현들의 지혜가 담긴 학문이다.

풍수지리의 태동은 기록으로 남은 역사 이전의 시대로 거슬러 올라간다. 역사가 기록되지 않았다고 해서 이 땅에 사람이 살지 않았다고 말할 수 없는 것처럼, 기록이 없다고 하여 이 땅에 풍수가 없었다고 할 수는 없다. 기록이라는 행위가 있기 이전부터 이 땅에 살았던 사람들은 생존을 위한 조건으로 양택을 마련해야 했다.

양택은 인간의 생활에 가장 중요한 삶의 기준이며 필요충분조건이었다. 인간이 이 땅에 살기 시작하면서부터 맹수와 적으로부터 자신과 가족을 지키고 계절의 변화와 극한의 위기에서 생명을 영위하기 위해 자연의 현상을 이해하고 적응한 것이 바로 풍수지리이다.

풍수지리란 인위적인 현상이 아니라 인간이 생존하기 위하여 수시로 벌어지고 다가오는 자연의 변화와 기후, 각종의 자연 현상을 이해하는 것으로 시작되었다. 자연을 이해하지 못하고 적용하지 못한다면 생을 보장 받을 수 없었기에 풍수지리는 문화적 측면으로 발전하였다.

수시로 변하는 계절은 이 땅에 살아가는 사람들에게 절대적인 대비와 적응을 요구하였다. 계절의 변화는 인간이 조절할 수 있는 것이 아니었으며 이로 인해 발생되는 홍수(洪水)나 한발(旱魃), 그리고 태풍(颱風) 등은 인간의 일상을 위협하고 생명을 재촉하기도 하였다. 특히 농경시대로 접어들며 이동은 제한되었고 정착을 위한 양택은 필수적이었다. 하나같이 예측 불가능하고 인간의 힘으로 거스를 수 없는 자연의 재해로부터 안전한 주거지(住居地)를 선택하는 방법이야말로 풍수지리의 출발점이었다.

지형에 따른 양택지 선정도 이미 이루어지고 있었다. 산은 오래도록 사냥감을 제공하고 바람을 막아주었으며 땔감을 구하는 장소로 긴요한 사물의 역할을 했지만 때로 걷잡을 수 없는 산불로 인간을 위협하였고 때때로 사태나 물이 넘치도록 해서 사람을 안심하지 못하도록 위협을 가하였으므로 이 땅의 사람들은 산에 대한 경외지심을 가지게 되었다.

이 땅에 살아온 사람들은 산을 공경하고 존경하였으며 아울러 두려워하여 각종 사상을 태동시켰다. 산이 많은 한국에서 풍수지리사상은 산신숭배사상(山神崇拜思想), 지모사상(地母思想), 삼신오제사상(三神五帝思想), 신선사상(神仙思想)을 가져오게 하였고, 이에 천문사상(天文思想), 조상에 대한 효도사상(孝道思想), 조상숭배사상(祖上崇拜思想), 음양오행사상(陰陽五行思想)이 융합하고, 자생풍수(自生風水)에 중국에서 전래되어온 풍수지리가 융합하여 풍수지리 이론의 배경을 이루게 되었다.

풍수지리는 땅속 깊은 곳에서 생성되어 피어오르는 지기(地氣)와 햇볕, 바람, 기온 등으로 나타나는 천기(天氣)의 해석에 있으며 이러한 모든 기는 음택과 양택에 영향을 미친다. 특히 좋은 지기(地氣)가 많이 모여 있는 땅을 명당(明堂)또는 혈(穴)이라고 한다. 이 좋은 지기가 모인 땅에 집을 짓거나 묘를 쓰는 것이 풍수지리의 기본 이념이 되었다. 아울러 계절에 따른 에너지의 유용한 사용에 대해서도 깊이 생각하여 양택의 기초를 마련하고 집을 지었다.

흔히 명당이나 혈이라는 말을 한다. 일반적으로 명당이나 혈은 땅속을 흐르는 지기가 뭉친 곳을 말한다. 특히 양택풍수에서 명당은 보통의 땅과는 다른 특별한 조건의 땅을 말하며, 전자기기를 이용한 실험을 통해 점차 과학적으로 규명되어가고 있다.

5. 풍수지리의 역사성

풍수지리의 역사는 유한하고 장구하여 그 시작을 알기는 어렵다. 어쩔 수 없이 기록의 역사로 찾을 수밖에 없는데 역(易)의 역사와 함께 중국의 ≪금낭경(錦囊經)≫과 ≪청오경(靑烏經)≫에서 그 시작을 찾아볼 수 있다.

이 땅에 언제부터 풍수지리사상이 전개되었는지는 오랜 기록은 전혀 남아있지 않다. 이는 오래도록 이 땅에 고유의 문자가 없었음이다. 그렇지만 혹자는 기록이 없다는 이유로 풍수지리가 중국에서 유입된 것으로 주장하지만 이는 반드시 옳은 주장은 아니다. 중국의 풍수기 유입되기 이전에 이미 이 땅에는 고유의 풍수지리가 있었다.

물론 이 땅의 풍수지리가 중국의 영향을 받지 않았다고는 할 수 없다. 남아있는 기록을 바탕으로 하여 우리의 풍수지리가 중국의 영향을 받은 것은 통일 신라 말기로 짐작된다. 기록이 남아있지 않아 증명되지 못하고 있지만 이 땅에 사람이 살기 시작하던 그 순간부터 토속풍수(土俗風水)가 존재하고 있었을 것이다. ≪삼국사기≫ 등에는 중국 풍수지리가 유입되기 이전인 신라 초기의 석탈해왕과 같은 시기에 이미 풍수가 있었음을 적고 있다. 이 땅에서 오랜 세월 형성된 자생풍수가 바탕이 되고 중국의 풍수가 유입되었다.

풍수는 한국이나 중국, 혹은 일본이나 아시아에만 존재하는 것은 아니다. 세계 곳곳에 살고 있는 각 국가(國家)와 민족(民族), 각 대륙의 모든 인류는 기후와 자연환경, 물과 산, 짐승의 공격, 자연재해(自然災害), 계절, 부족간의 상관관계에 따라 고유의 풍수지리를 발전시켜왔다.

시대가 변하며 풍수지리도 새로운 사상을 받아들여야 할 시기가 되었다. 최근 중국의 풍수가 미국과 유럽으로 유입되어 동양의 음양오행을 바탕으로 하는 풍수지리가 자리를 잡았다. 미국의 실리콘 벨리나 프랑스와 영국 등지에서는 이미 풍수지리가 새로운 문화와 철학으로 각광을 받고 있다. 이 풍수지리는 달리 오행풍수라고 부를 수 있는 것으로 기존에 전해 지던 이 땅의 풍수와 다른 점이 존재하지만 수용하고 연구할 가치가있다. 이렇게 새롭게 무장한 풍수지리가 다시 한국으로 유입되고 있다. 이처럼 이제는 풍수지리가 단지 동양이나 한국의 것이 아니라 전 세계적인 조류 가 되어가고 있다.

이 땅의 자생풍수는 중국의 풍수지리와 일맥상통하는 점이 적지 않으 나 상황이나 시기에 따라 그 적용이 달라지기도 한다. 일반적으로 풍수지 리의 시작을 통일신라 말기로 보는데 그것은 당나라에 유학중인 승려들이 돌아왔던 시점에 맞추어 풍수지리설이 문자로 유포된 것으로 추정되기 때 문이다. 신라말의 학승 도선국사(道詵國師)가 당나라의 일행선사(一行禪 師)에게 풍수지리를 배웠다고 알려지고 있으나 이는 전설일 뿐이다.

고려시대(高麗時代)에 불교(佛敎)가 국교로 정착되면서 풍수지리는 불 교와의 융합에 가까운 비보풍수(裨補風水)의 발전으로 가일층 융성을 거 듭한다. 국책사업인 사원(寺院)과 도읍(都邑)의 입지를 선정하는데 있어 풍수지리는 반드시 필요한 배경으로 지금도 그다지 달라진 것은 없다.

고려시대는 풍수지리의 주류가 양택이었다. 조선시대에는 유학을 바탕 으로 하는 조상숭배사상의 강화로 음택풍수(陰宅風水)가 흥성하게 되었 다. 그럼에도 무학대사((無學大師)와 정도전(鄭道傳) 등 학문적 이론을 바 탕으로 한 풍수대가들에 의하여 도읍을 한양(漢陽)으로 천도하는 등, 도읍 지 및 궁궐 입지선정에도 양택풍수가 크게 활용되었다.

일제의 침략과 강제점령은 풍수의 암흑기였다. 일제는 이 땅을 강제점령하고 한국인의 풍수지리사상을 정치적으로 이용할 목적으로, 명산과 길지에 숯을 묻거나 철주(鐵柱)를 박는 등 지맥을 파괴하여 민족 스스로가 정신적으로 자포자기하도록 지능적인 말살정책을 폈다. 일본은 한국인의 혼을 말살하고자 우민화(愚民化)에 풍수지리를 이용하였다. 심지어 풍수지리가 미신이라고 믿게 만들기 위해 한국의 풍수지리와는 동떨어진 교육을 하고 민족말살을 위해 계곡에 공동묘지를 만들었다. 그러나 일본은 한국의 풍수지리를 받아들여 현재까지도 자신들의 도시개발과 양택 풍수에 활용하고 있다.

6. 음양오행론과 팔괘

풍수지리는 약간의 차이가 있기는 하지만 동양의 전통사상이다. 동양의 사상에서 배제할 수 없는 것이 바로 음양오행이라는 기존 사상이다. 중국 춘추전국시대에 태동한 이 음양오행사상은 단순히 풍수지리만이 아니라 주역을 바탕으로 하는 명리학이나 오운육기를 바탕으로 하는 한의학과 중의학에도 영향을 미친다.

음양오행론은 풍수지리의 이론적 배경일 뿐 아니라 동양학문의 전반을 아우르는 핵심사상이다. 인간사와 자연만물의 모든 현상을 음양(陰陽), 두 가지 원리로 설명하는 음양설과, 이 영향을 받아 만물의 생성소멸(生成消滅)을 목(木)·화(火)·토(土)·금(金)·수(水)의 변전(變轉)으로 설명하는 오행설을 함께 묶어 음양오행이라는 말이 생겨났다.

음양이란 지구는 물론이고 우주의 이치를 포함하는 사물(事物)의 현상을 표현하는 것으로, 모든 사물을 포괄하여 귀속시키는 것이다. 이는 하나인 본질(本質)을 양면으로 관찰하여 상대적인 특징을 분석하는 것이다. 오행은 우주만물을 형성하는 다섯 가지 기운인 목, 화, 토, 금, 수를 이르는 말인데, 이는 상생(相生), 상극(相剋)의 관계를 가지고 있다.

오행상생(五行相生)은 오행의 운행에 따라 서로 다른 것을 낳는 관계이며, 곧 목생화(木生火), 화생토(火生土), 토생금(土生金), 금생수(金生水), 수생목(水生木)이 된다. 오행상극(五行相剋)에는 억제(抑制), 저지(沮止)의 뜻이 내포되었고, 그 상호관계는 목극토(木剋土), 토극수(土剋水), 수극화(水剋火), 화극금(火剋金), 금극목(金剋木)으로 되었다.

흔히 음양오행설을 중국인들의 이론으로 알고 있지만, 엄밀한 견지에서 따져보면 서주(西周) 사람들이 동이(東夷)라 부르던 사람들로부터 기원하고 있다. 이 동이족은 바로 우리 조상들을 일컫는 것이다. 음양오행이란 서주사람들이 동이족의 문화를 얻어 정립한 것이다. 대다수 중국 학자들이 음양오행설을 가장 먼저 제시한 사람으로서 추연(鄒衍)이라는 동이 출신의 방사(方士)를 꼽고 있지만, 추연 역시 완전한 형태의 음양오행 사상을 제시한 것은 아니다. 음양 사상과 오행 사상도 각각 연원이 다르고 다양한 경로를 통해 정리되었다. 학자들의 종합적인 견해와 연구 결과에 따르면 음양오행 사상은 한나라 시대에 들어서야 완벽한 학문으로 자리 잡았다.

동양철학에서 우주의 본원(本源)은 기이며, 기가 작용하여 만물을 형성하는데 그 과정은 모든 것이 음양으로 나누고 오행의 법칙에 의해서 이루어진다고 보았다. 인간은 기가 작용하여 만물을 형성하고 모든 것이 음양으로 나누고 오행의 법칙에 의해서 이루어지고 있음을 발견했다. 생로병

사(生老病死)와 길흉화복이 음양오행에 의해 결정된다고 보았으며 풍수지리도 땅과 인간의 운명이 음양오행의 법칙에 의해 설명되었다.

음양오행론은 동양 사상을 아우르는 대부분의 사상 속에 응용되고 적용되어 더욱 확장되었다. 음양오행론은 중국역사에서 자연과학의 발전에 이론적 기초를 다져놓았고 농업과 밀접한 관련을 갖는 천문과 역법은 물론이고, 의학과 수학까지 영향을 미쳤다.

음양론은 우주의 모든 만물과 인간의 흥망성쇠가 음양의 원리로 구성되어 있다는 사상이다. 해와 달, 하늘과 땅, 남과 여, 물과 산, 많은 물체와 속성들이 음과 양으로 이루어져 대립하고 있는 것으로 보이지만 실제로는 조화를 이루고 있다.

즉 태극에서 음양이 생성되고, 음양의 작용으로 오행이 생겨나는 것이다. 모든 사물은 오행의 작용으로 생성되고 쇠락하는 것이다. 음양은 대립의 관계이지만 포괄적으로 보면 서로 보합하고 상관하는 관계이다. 음이 없으면 양도 없고 음이 약하면 양이 보충을 한다. 서로 배합되고 조화를 이루는 것이 음양이다. 사람이 만든 건축물에도 음양의 조화가 이루어져 있다.

오행은 상생과 상극 작용으로 만물을 만들고 변화시킨다. 오행은 색상, 시간, 계절, 방향, 행성, 신체기관 등 여러 사항들과 관련되어있으며, 서로를 돕기도 하고, 해하기도 한다.

예를 들어 나무가 자라는 데에는 물이 필요하므로, 목(木)과 수(水)는 서로의 기운을 보완해주는 상생(相生)관계이다. 그러나 나무의 뿌리가 흙을 파헤치기 때문에 목(木)과 토(土)는 서로 상극(相剋)관계이다. 이렇게 오행은 서로 상생과 상극의 상호작용을 통해 우주만물을 다스린다.

　오행의 상생(相生)은 봄, 여름, 가을, 겨울의 자연적 공전이 끊임없이 이어지는 과정과 같다. 이런 자연의 법칙은 오행의 에너지로서 순환 상생이 영존하게 된다.

(그림) 음양오행도

| 상생도

| 상극도

　(1) 상생(相生)

목생화(木生火) : 나무는 불을 잘 타게 해준다. 불은 나무가 없으면 존재
　　　　　　　　할 수가 없다.

화생토(火生土) : 흙은 불이 없으면 형체를 변경할 수 없다. 불로 흙을 구
워 토기를 만든다.

토생금(土生金) : 흙 속에 광물이 들었다. 금은 땅 속에서 나온다.

금생수(金生水) : 광물질이 많은 암반에서 좋은 생수가 나온다.

수생목(水生木) : 물은 나무에 양분을 공급하여 준다. 나무는 물이 없으면
살지 못한다.

(2) 상극(相剋)

목극토(木剋土) : 나무는 땅속에 뿌리를 박고 살기 때문에 흙을 괴롭힌다.

토극수(土剋水) : 흙은 물을 못 흐르게 막아 버릴 수 있어 물을 지배한다.

수극화(水剋火) : 물은 타오르는 불을 꺼버릴 수 있다.

화극금(火剋金) : 불은 금을 녹여 형체를 바꾸어 버린다.

금극목(金剋木) : 쇠(금)로 만든 톱이나 칼로 나무를 베어낸다.

제2장 양택풍수

1. 양기와 양택, 그리고 형세

전통적인 개념의 양택은 지금과 달리 제한적이며 일생을 안거(安居)하다 자손에게 물려주는 고정된 유산이다. 현대에 들어오며 양택의 개념 속에 공공의 재산이라는 개념이 포함되기도 했지만 재산의 개념이 더욱 강하게 부각되기도 했다. 따라서 아직도 양택은 생거지(生居地)와 유산(遺産)의 개념을 완벽하게 버리지 못했다. 아울러 점차 재산의 의미가 조금은 퇴색되고 있기도 하지만 그 양택이 가지는 효용성과 그 양택에서 안주하는 사람들의 건강, 사업, 학업의 기능은 점차 확대일로에 있다.

양택지를 선택할 때는 그 도시나 마을의 크기에 따라 주변의 산이나 도시의 건물들이 형성하는 보국(保局)을 따지고, 중소도시처럼 주변산세가 보이는 곳이라면 주산(主山)의 수두(垂頭)와 기세를 따지며 이어진 맥을 살핀다. 이를 달리 양기(陽基)라고도 부른다. 즉 집을 가리키는 것이 아니라 집을 지을 터만을 따로 양기라 부르는 것이다.

양기에서는 단순히 집을 지어야 할 터만 바라보는 것이 아니라 집을 짓고자 하는 양택지를 옹위하듯 에워싼 청룡백호(靑龍白虎)와 마을 앞의 안산(案山)도 중요시한다. 그러나 현대사회의 대도시라면 산을 볼 수 없는 경우가 많으므로 주변 건물이 어떤 형태를 하고 있는가를 중시해야만 한다.

전통적인 양택의 입지는 바람이 파고들지 않아야 한다는 기본원리가 더욱 중요했다. 형기풍수의 이론을 바탕으로 하여 수려한 주산(主山)아래 생동한 용맥으로 이어 내려와 명당의 요건을 성립시키고, 모든 사격(沙格)이 사위팔방을 나성(羅城)으로 옹위하듯 둘러싸여 바람이 새어들지 않는 것이다. 바람이 새어들지 못하고 물을 얻으니 사람이 살기에 가장 좋은 입지이다. 물은 생활에 필수불가결한 것으로 보아 내외의 명당수(明堂水)가 환포(環抱)하고 있어야 좋은 생거지라 할 수 있다.

현대 건축에서도 요건이 성립될 수 있다면 좁은 터에서는 산의 강한 기를 따라 건물을 배치하거나 산세에 의지하여 짓는 것이 이상적이다. 그러나 대도시나 중소도시라 하더라도 주변의 산세를 파악하기는 어렵다. 따라서 인위적인 대안도 파악하고 적용하는 지혜가 필요하다. 이러한 현대적인 도시의 구조에서는 주변의 산세 대신 주변의 건물군과 도로, 물이 흐르는 방향을 파악하여 건물을 지으면 이상적이다.

수많은 건물이 자리하고 있어 도시에서는 그다지 문제가 될 것 같지 않지만 이상적인 양택을 지으려면 살펴볼 것은 적지 않다. 도로와 물길, 전철이나 철도는 통과하고 있는 것은 아닌지, 지나치게 큰 건물이 앞을 가로막거나, 다른 건물의 모서리가 찌르듯 다가오지 않는지 세밀하게 살펴야 한다.

일반적인 택지 선정에서 수구가 지나치게 드러나면 좋은 입지라 할 수 없다. 아울러 물이 맑고 여울소리가 들리지 않아야 하고, 샘이 있으며 밖에서 보이지 않으면 길하다. 바위가 지나치게 드러나거나 험악하지 않아야 하고, 바람이 자며 햇빛이 양명하게 들어야 한다. 즉 산자수명(山紫水明)에 생기가 돌고 좌우측으로 산자락이나 인위적인 건물이 에워싸고 있어 바람이 자는, 보국이 안정된 땅이 이른바 양택명당지(陽宅明堂地)인 것이다.

도시에서는 집을 짓고자 하는 택지에서 도로가 일직선으로 빠져나가는 것이 보이면 물길이 일직선으로 빠져나가는 것과 다르지 않으니 피하거나 보이지 않는 다른 방법을 찾을 것이다. 이는 재산이 빠져나가 가난해지기 때문으로 보는 것이다. 바위가 찌르면 좋지 않은 것처럼 주변의 건물이 모가 나거나 구석의 모가 난 방향이 택지를 찌르면 살기가 나므로 피하는 것이 좋다.

2. 양택 3요결

한국의 전통적인 촌락의 배치구조는 바람을 막을 수 있는 산을 등지고 물을 바라보는 구조를 지니고 있다. 이는 전형적인 구조로 뒷산이 어머니의 등처럼 안정을 주고 좌우로 뻗어내린 산자락이 어머니의 팔처럼 안은 듯한 모습을 지닌 것이다. 마치 어머니가 어린 아이를 안고 얼르듯 안정된 모습이다.

이 산은 적당한 크기를 지녀 한겨울의 차가운 바람을 막기도 하지만 전통적인 난방기구에 사용하는 땔감을 구하고 농한기에는 사냥을 하며, 때로 농사에 필요한 각종 재료를 구하는 귀중한 터전이기도 했다. 물을 구하기 어려우면 많은 사람이 모여살기에는 부적절하다. 산이 없어 등이 열리듯 산이 없어 차가운 바람이 불어오면 감기에 걸리고 물이 멀면 농토에 물을 대기 어려우므로 산을 등지고 앞을 바라보는 배치는 아주 중요한 요소였다.

산으로 둘러싸여 바람이 자고 좌우로 산자락이 팔처럼 에워싸 외부의 침입을 방어하고 안정감이 들며 농토가 있는 곳, 사람이 거주하는 공간을 흔히 명당이라 부른다. 명당은 임금님이 앉아 정치를 하는 서안(書案) 앞의 넓은 터를 말하지만, 풍수지리적으로는 가옥이나 궁성(宮城) 등이 입지한 곳을 이르는 용어로 사용된다.

큰 마을에서는 사당, 서당, 정자들이 이 명당에 자리 잡는 경우가 많다. 간혹 마을 앞의 약간 높은 언덕 모양의 산 끝에 정자가 자리하는 경우가 있는데 이는 혈이 이루어졌을 가능성이 많다.

혹은 마을에서 가장 융성한 가문이 명당이라 불리는 곳으로 에너지가 모이는 곳에 집을 지은 경우를 볼 경우가 대단히 많다. 때로 마을 앞의 낮은 산에 정자를 짓거나 마을 입구에 서낭당, 마을 중간에 모정을 짓는 경우가 있는데 대단히 좋은 입지이거나 명당인 곳이 종종 있다. 마을의 중앙이나 산자락 아래는 기가 강한 곳으로 대부분 양반이나 융성한 중인의 집이 자리 잡는 경우가 많다. 때로 마을 앞산의 음택지인 혈(穴)의 입지에 정자를 지어 마을 어른들의 학문수양의 터로 이용하기도 했다.

풍수지리의 이치에 따른 양택 배치는 오랜 역사와 더불어 정립된 것이다. 이러한 전통적이고도 자연친화적인 풍수지리 국면은 어느 곳이나 정형성이 있어 산을 등지고 물을 낀 형국으로 흔히 배산임수(背山臨水)라고 한다. 배산임수는 어떤 경우라도 지켜야 하는 마을의 입지에 교과서적인 배치였다.

이러한 지형은 마을을 끼고 돌아 흐르는 물의 활용측면에서 농사에 좋으며 식수의 활용에도 좋은 이유가 된다. 뒤는 산으로 막혀 찬바람과 적의 공격을 방어하고 앞으로는 물이 흐르는 양기의 터야말로 가장 이상적인 생존의 현장이었다.

특히 남향인 배산임수촌은 일조량이 풍부하기에 우리나라 촌락의 가장 이상적 입지로 적당하다. 이 땅에 사는 사람들은 오래도록 농사를 지어왔으므로 일조량은 식량생산에 가장 필요한 조건이었다. 우리나라에서 오랜 역사를 지닌 전통마을이나 고택은 이러한 지세에 지어진 경우가 많다. 아울러 반드시 남향이 아니라 해도 산을 등에 지고 물을 바라보는 입지는 전국 어디에나 공통된 마을의 배치에 해당한다.

주택은 기를 받아야 한다. 기를 받지 못하는 양택은 공허하고 때로 음침하며, 병이 돌 가능성이 농후하다. 기는 하늘의 기운과 땅의 기운이 음과 양으로 결합하는 과정에서 발생하며, 공기 중에서 바람과 함께 움직인다. 서양에서 에너지라 불리는 이 기는 사람을 성장시키는 중요한 요소이다.

음양의 조화가 이루어지지 않으면 답답하고 무기력해지는 이유가 바로 기의 생성이 이루어지지 않기 때문이다. 기가 없다면 사람은 병에 걸리고 학습효과를 기대하기 어렵다. 생기는 사람의 신진대사를 원활하게 하고 사고력이나 활동력을 증가시키는 기운이다. 따라서 주택이 가지고 있는 생기는 사람에게 심리적, 육체적으로 많은 차이를 준다.

사람이 살아가며 병에 걸리지 않고 학습효과를 높이며 윤택해질 수 있는 방법이 주택에 있다면 그다지 틀리지 않는 말이다. 좋은 택지에 지어진 올바른 주택이야말로 사람을 성장시키고 학습효과를 증대시키는 요소인 것이다. 이제 올바른 주택을 찾아 안주하며 윤택하고 평화로운 생활을 영위하는 방법을 찾아야 한다.

주택의 배치 방법에 따라 주택이 받아들이는 생기의 종류가 달라지며,

생기의 종류에 따라 주택의 길흉도 달라진다. 바라봄의 원칙이 적용되는 것이 바로 양택이다. 날카로운 것을 바라보는 곳에 자리하면 살기가 미치고 부드러운 주변을 바라보는 곳에 자리하면 부드러운 기가 형성된다. 생기가 전달되는 주택에서는 사람들이 행복하고 나날이 발전하지만, 생기가 부족하거나 나쁜 기가 미치는 주택에서는 불행한 일이 자주 발생한다.

때때로 햇빛을 받거나 남향이라는 고정된 사고에 가로막혀 주변을 살피지 못하고 주택을 남향으로 배치하는 것이 오히려 흉가를 만들 수 있다. 편협된 지식과 사고가 바로 흉가를 만드는 것이니, 남향이라는 편협된 사고야말로 가장 위험한 사고인 것이다. 지금 이 시간에도 편협된 사고로 설계하거나 집을 짓는 것을 볼 수 있다. 남향이라는 사고 때문에 높은 산을 앞에 바라보며 답답하게 살아가는 사람도 있는 것이다.

도심에서는 좁은 땅에 집을 짓게 되는 경우가 있으므로 주변의 건물들을 살피고 분석하여 주택을 지어야 한다. 우선 산의 역할을 하는 높은 건물을 가장 먼저 파악하여야 하며 부지의 형태에 많은 신경을 써야 한다. 지나치게 높은 건축물이 앞을 가린다면 건축을 심사숙고 해 보아야 한다. 집을 지으려 하거나 입주하려는 택지 부근의 건물 배열을 참조하고 남향을 기준으로 하지만 때로는 남향보다 생기를 더욱 많이 받을 수 있는 주택의 배치 방법을 적용시켜야 한다.

(1) 배산임수(背山臨水)

우리나라에서 제법 오래되었다거나 오래전부터 마을이 자리 잡았다고 하는 전통촌락의 대부분을 살펴보면 뒤로 산이 있고, 앞에는 하천이 흐르는 경우가 많다. 어쩌면 이러한 부지와 마을의 입지는 전통을 넘어 진리처럼 여겨지기도 한다.

이를 배산임수라 하며, 이는 극히 자연적인 촌락과 마을의 입지로 한국의 마을 대부분이 이런 모습이다. 김제와 같은 평야지대라 하더라도 멀리 보이는 산을 생각하지 않더라도 작은 언덕이나 산을 등에 지고 빙 둘러 마을이 들어선 것을 볼 수 있다. 산 하나를 등에 두고 사방팔방으로 집들이 지어진 것을 보면 전형적인 배산임수의 배치는 남향이나 어느 한 방향을 바라보는 것이 아니라 산을 등진다는 것을 알 수 있다. 배산임수의 전형적인 촌락 형성은 이 땅에 살아온 조상이 자연환경과 조화를 이룬 대표적인 예라고 할 수 있다.

많은 사람이 살기에 유용한 길지(吉地)란 그다지 높지 않은 구릉이나 높은 산자락이 사방을 에워싸 불어오는 바람이 잠자고 낮은 곳으로는 하천이 부드럽게 흐르는 곳이다. 구릉이 격하지 않으면 물길도 격하지 않아 소리를 내지 않고 흐른다. 그러나 산이 격하면 물도 격해 소리를 내며 흐르니 좋은 택지라 할 수 없다. 마을을 둘러싼 좌우측의 산지나 구릉을 청룡(靑龍)과 백호(白虎)라 하는데 마을 뒤의 주산(主山)과 앞쪽의 안산(案山)이 앞뒤를 둘러싼 사신사(四神砂)의 조건이 갖추어진 지세로서 사방으로 연꽃잎처럼 아늑하게 감싸주는 지형을 최고의 길지로 꼽는다.

북쪽에 산을 등진 배산임수의 촌락 입지는 겨울의 찬 북서풍을 막아주고 풍부한 연료를 제공한다. 이 땅에 사는 사람들에게 가장 고통스러운 바람은 바로 한겨울에 불어오는 북서풍이다. 이 바람을 막는 것이 가장 유용한 풍수지리의 이법이다.

남사면은 겨울에 일조량이 많아 따뜻하며 물빠짐이 좋다. 낮은 곳으로 흐르는 하천은 생활 및 농업용수를 제공하며, 하천 유역을 따라 전개되는 평지는 농경지로 이용하기에 적합하다. 이와 같은 모습이 전형적인 한국 농촌의 모습이다. 배산임수의 입지는 이 땅이 겨울이 추운 기후 조건과 산지가 많은 지형 조건, 그리고 농경 사회라는 점에서 볼 때 최적의 마을 입지 장소로 손꼽을 수 있다.

농경지가 많은 지역에서만 배산임수의 법칙이 적용되는 것은 아니다. 평야가 적고 계곡이 많은 산지에서도 농경지를 확보하기 위해, 마을의 입지는 배산임수의 형태를 선택하게 되었다. 단, 계곡이 깊은 곳은 물소리가 들리고 때로 장마의 영향을 받아 안전성을 확보하기 위해 조금 높은 지대에 택지가 만들어진다.

배산임수의 배치 방법은 마을 뿐 아니라 도시에도 적용된다. 오래전부터 축조되어온 궁궐과 사찰은 물론 현대의 소규모 주택에 이르기까지 건물은 배산임수 배치 방법을 적용했으며 오늘날에도 가장 이상적인 배치 방법으로 이용되고 있다. 평지에 자리하는 사찰이나 관아의 경우에도 주 건물 뒤와 좌우로 회랑이나 부속건물을 짓고 담을 둘러 임의적으로 배산임수와 사신사의 사상을 드러내고 있다.

대규모 택지가 조성되거나 넓은 평야지대와 같은 곳에 자리한 택지에서는 지면의 고저가 구분되지 않는 지세이므로 빗물이 흘러가는 방향을 낮은 쪽으로 하여 마당을 설치한다. 물이 흐르는 방향을 보고 낮은 곳을 찾아 배산임수를 적용하는 방법이다. 즉, 물이 흐르는 곳은 물로 보고 약간이나마 높은 곳을 구릉이나 산으로 보는 것이다.

물을 보고 낮은 곳과 택지를 정하는 방법은 매우 중요하고도 유용하게 이용되어 온 방법이다. 따라서 평야지대에서는 1촌만 높아도 산으로 보고 1촌만 낮아도 물로 보았다. 그러나 어떤 경우에도 물가에 직접 닿는 곳에는 주거지를 짓지 않았다. 풍수해(風水害)의 영향으로 불행한 일을 미리 방어하고 장마철에 발생할 수 있는 병을 예방하기 위해서이다. 특히 물과 가까우면 무릎관절이 약해지거나 호흡기 질환이 의심되었다.

새삼 강조하지만 남향집을 지으면 태양이 비춰들고 온화하여 좋겠지만 반드시 남향이 올바른 배치방법이라는 것은 아니다. 만약 남향으로 집을 지었는데 지나치게 높은 건물이나 산이 있다면 난감한 일이다. 산이 높아 앞을 막으면 일이 잘 풀리지 않으며 남에게 억압을 당하고 비굴해지는 심성의 소유자가 된다.

남향이 좋다는 것은 북서쪽 바람이 매섭고 한겨울에 불어오는 바람을 피한다는 의미를 지닌다. 겨울철에 불어오는 차갑고도 날카로운 북서풍을 방어하기 위해 한국의 지형상 대부분의 큰 마을들이 북쪽에 산을 등지고 남쪽 사면에 들어섰다. 그러나 북향이나 동서향도 산을 등에 지면 배산임수가 되는 것이다.

이중환(二重煥)은 ≪택지리(擇里誌)≫에 밝혀 놓기를 마을을 평가하는 4가지 구성 요소 중 가장 중요한 하나는 인심이고, 인심은 배산임수에 의해 만들어진다 하였다. 즉 배산임수가 곧 인심이니 배산임수가 이루어지지 않는 마을이라면 인심을 의심할 수 있다는 말이기도 하다. 혹 남향이라는 고정된 사고로 집을 짓다 보면 정면에 높은 산이 가로막는 경우가 있어 중압감을 심하게 느끼고 생기를 빼앗기게 될 뿐 아니라, 건강을 잃게 되고, 경쟁력을 상실해 직업을 잃거나 손해를 보는 등의 여러 가지 불행한 일을 겪게 된다.

배산임수건강장수(背山臨水健康長壽)라는 말이 있다. 배산임수의 법칙에 따라 집을 지으면 건강하고 장수한다는 이 말은 건강에도 지대한 영향을 미치니 배산임수에 배역하지 말라는 의미이다. 주변을 둘러보면 강을 뒤로하고 산을 바라보는 아파트가 버젓이 서서 높은 가격을 호가하고 있으니 장차 인심이 사나워질까 두렵기 그지없다.

(2) 전저후고(前底後高)

전저후고는 집의 앞은 낮고 뒤는 높은 것이 좋다는 것을 의미한다. 배산임수가 넓은 의미의 개념이라면 전저후고는 좁은 의미가 될 수 있다. 즉, 가장 낮은 곳에 대문, 그 다음은 마당, 그리고 본채의 순으로 지어 일정한 경사가 진 것을 의미하는데 약간의 경사가 진 터가 이상적이지만 지나치게 기운 곳은 피한다. 배산임수가 총체적인 국세(局勢)를 논했다면 전저후고는 내당(內堂, 정원)을 논한 것이다.

전저후고세출영호(前低後高世出英豪)라는 말도 있다. 양택의 기준으로 본다면 주된 건물은 높이 위치하고 정원과 행랑채는 조금 낮아야 한다. 그러나 전저후고가 이루어졌다 해도 지나치게 단차가 크다면 좋다고 보기 어렵다. 건물아래 계단에 정원, 정원아래 계단에 도로라는 말을 상기할 필요가 있다. 전저후고라 해도 경사가 급한 곳은 불길하다.

옛날에는 비가 오면 물이 넘치는 지역에는 집을 짓지 않았지만 최근에는 대규모로 발전하는 도시화와 일부 경제적으로 부담이 적다는 이유로

도로보다 낮은 곳을 성토 후에 집을 짓기도 한다. 그 결과로 비가 오면 하수구가 역류하는 경우를 본다. 과거로부터 물가에 집을 짓지 말라는 선현의 말을 무시한 결과이다. 혹은 도로 아래 부지에 집을 지어 장마철에 도로에 흐르던 물이 집안으로 몰려드는 경우도 있는데 해마다 집이 침수되는 피해는 물론이고 건강도 의심스럽다.

비가 온다고 가정해 보자. 만약 건물이 도로보다 낮다면 도로를 따라 흐르던 물이 흘러 집으로 들어올 것이다. 만약 정원이 건물보다 높다면 정원에 뿌린 물이나 비가 오면 정원에 부려진 빗물이 흘러 집안으로 들어올 것이다. 만약 마당을 에워싸고 있는 부속사가 더욱 크고 높은 지역이라면 가축의 배설물이나 오염물질이 집안으로 흘러들 것이다. 악취는 물론이고 병도 집안을 덮칠 것이다.

집 뒤에 도로가 있다고 가정해 보자. 도로에 차가 많아지면 늘 차가 달리는 소리가 들려 신경이 쓰이고 두통이 온다. 혹 차가 집안으로 덮칠까 두렵기도 하니 신경쇠약이 온다. 절개지나 석축 등으로 인해 집 뒤쪽으로 도로가 높은 위치에 있게 되었다면 언제 차가 집으로 덮칠지 모르는 불안과 초조, 그리고 도로에서 들려오는 소음으로 편하게 살기는 애초에 틀린 일이다.

(3) 전착후관(前窄後寬)

전착후관의 개념은 집안에 부(富)가 쌓이는 것을 의미한다. 즉 살아가며 반드시 필요한 재산이나 삶의 영위를 위한 재화의 생산과 재물을 의미하는 사상이다. 문을 들어서자 좁은 통로가 나타나거나 현관을 좁게 배치하고 거실이 넓게 보이거나 넓은 마당이 나타나도록 설계한 것이다. 마치 한복을 입은 어린아이의 허리에 달린 복주머니와 같이 입구는 좁고 안은 넓은 구조이다. 또는 신발을 벗는 공간을 중심으로 안이 보이지 않도록 덧문을 달거나, 복도 형식의 좁은 통로를 둔 것을 말하는 것이다. 앞은 좁고 안은 넓은 구성이다.

전착후관이란 사람이 출입하는 곳은 좁고 안으로 들어서면 건물과 비교해서 넓어 너그럽고 안정감이 드는 것이다. 예로부터 이 땅의 조상들은 반드시 이러한 방법으로 재산을 구축한다고 보았다. 아울러 문을 안으로 닫히도록 했는데 이는 고택의 삼문을 안으로 밀며 들어가는 것으로 상상이 가능하다. 이 또한 재산이 안으로 들어오라는 의미이다.

이러한 전착후관의 구조는 대문의 좁은 곳을 통과해 안마당으로 들어가거나 현관을 통과해 거실로 들어가는 것과 같은 이치이다. 따라서 아파트와 같이 삼문을 달기 어려운 곳에서는 전실에 덧문을 달거나 현관에 작은 공간을 만들어 전착후관의 구조를 충족시킨다. 이러한 배치를 한 아파트나 개인주택에 들어서면 집이 좁은 듯 보이지만 안으로 들어서면 눈앞이 훤해진다. 앞이 좁고 안으로 들어갈수록 넓어지는 이 배치는 복주머니처럼 마음이 풍요로워지고 복이 가득 들어오는 구조라 할 수 있다.

전착후관의 의미는 재산의 의미는 물론이고 공기조화(空氣調和)에 뜻을 둔 것이다. 아울러 내부의 사람이 외부인의 방문에 마음의 준비를 하도록 하는 공간이다. 전착후관부귀여산(前窄後寬富貴如山)이라는 말이 있다. 즉, 앞이 좁으며 뒤가 후덕하면 부귀가 산처럼 쌓인다는 말이다.

3. 양택구성의 3요소

일반 주택이나 사무실, 공장 등에는 나름의 중요한 공간이 있다. 대문, 안방, 거실, 서재, 주방, 현관문, 사장석, 임원석, 기계실 등은 매우 중요하다. 특히 주택에서는 옛날부터 양택삼요(陽宅三要)라 하여 대문, 안방, 부엌의 방위를 중요시하였다.

오래전부터 양택을 구성하는 구조물의 방위에 따라서 길흉화복이 어떻게 작용하는가는 매우 중요한 연구 대상이었다. 이 근거는 오래된 전통사상으로 자리하였고 적어도 1000년의 역사를 가지고 있다. 이러한 이론에 따르면 양택의 옳고 그름을 파악하는 근거가 바로 문(門), 주(主) 조(灶,주방)인 것이다. 이론과 학설이 많지만 중국 명나라 때 사람 조구봉(趙九峰)이 쓴 ≪양택삼요(陽宅三要)≫를 기준으로 한다. 물론 이 책은 명나라 때 지어졌지만 이론은 이미 오래전부터 적용되어 온 것이다.

건물은 단지 외부이거나 내부의 한 면이 중요한 것이 아니다. 내외부는 물론이고 주변의 선물과도 상관성을 가지고 있다. 건물의 외부(外部)와 지붕의 모양이 결정되었으면 그에 따르는 내부(內部) 시설을 세밀하게 파악한다. 대문, 방, 부엌, 화장실 등을 비롯하여 거실, 우물(수도꼭지), 화장실, 담 등의 내부에 설치되는 모든 구조를 파악하여 분석한다. 주택을 파악할 때, 특히 배치에 따른 요소가 인간의 삶에 영향을 미치는데 대문(大門), 주(主), 주방(灶)이 가장 중요하다.

건물에서 문과 주는 핵심이다. 그런데 간혹 주(主)를 안방으로 보는 견해가 있다. 안방을 주로 보는 견해는 지극히 가부장적인 생각이거나 부부의 방이 생육의 공간이라는 견해를 내포하기 때문이다. 언뜻 보면 틀리지 않는 이론처럼 보이지만 이는 매우 큰 오류이다. 많은 서적들이 안방을 주로 삼는다고 주장하고 있지만 정확한 이론은 아니다. 만약 안방이 주가 된다면 이는 아마도 부부나 이 가옥의 가장 어른인 가장이 사용한다는 의미가 주어져 있을 것이다.

사실 주라는 것은 건물이 지니는 특성상 가장 기가 강한 곳이지, 주인이 머무는 공간이 아니다. 만약 아버지가 오늘은 안방에서 잠을 자다가 내일 피곤하여 서재에서 잠이 들면 그 순간에 주가 서재로 옮아가는 주장이 되는가? 혹 가장이 아들 방에서 이야기를 나누다 잠이 들면 그 순간부터 주가 아들 방이 되는가? 주라는 것은 고정되어 있어야 하고 불변하여야 한다. 마치 진리처럼!

방이 주라는 주장은 깊이 생각할 필요가 있다. 지금도 많은 이론들이 주인이 머무는 방을 주라고 주장하는 경우가 많다. 물론 주인이 머무는 방이 건물의 가장 강한 기를 받는 지점이 될 수도 있다. 그러나 이는 우연이거나 일부러 배치한 경우이지 주인이 머무는 방이 모든 상황에서 주가 될 수는 없는 것이다.

진리란 변하지 않는 것이다. 주도 진리와 같다. 주인이 이리저리 방을 옮길 때마다 주가 바뀐다면 그 건물은 온전한 구실을 하지 못할 것이다. 주는 주인의 방이나 머무름과 상관없이 건물의 형태에 따라 정해지는 것이니 주인이 어느 곳에 머물렀다 해도 주가 변하는 등의 영향을 받지 않는다.

양택의 판단기준은 방위에 따른다. 양택을 살필 때는 기본 방향으로 8개로 나누어 판단한다. 양택은 음양오행과 주역의 팔괘(八卦)에 따라 8개 방위만으로 주택이나 건물의 길흉(吉凶)을 판단하는데 이는 양택삼요(陽

宅三要)에 근거를 둔다. 팔괘를 적용하면 8방위가 하나씩 맞아 떨어지지만 오행을 8개 방위에 적용하면 겹치는 방위가 있기 마련이다.

8개 방위는 각기 감방(坎方), 간방(艮方), 진방(震方), 손방(巽方), 이방(離方), 곤방(坤方), 태방(兌方), 건방(乾方)이다. 이 여덟 개의 방위를 팔괘와 오행으로 판단하여 좋은 집과 나쁜 집을 판단하고 각각의 방위에 오행을 적용하여 각각의 성질을 분석하여 적용하고 같은 기운을 지닌 방향에 문주조를 일치시킨다.

방위에 따른 배치에서 가장 중요한 것은 대문이다. 대문(大門)은 외부의 기가 집안으로 들어오는 통로로서 외부와 내부의 경계이며 외부의 기운과 내부의 기운이 상충하는 공간이기도 하다. 모든 에너지의 통로이기 때문에 문이 가장 중요하다. 문은 남자를 상징하고 귀(貴)를 상징하기도 한다. 적당한 크기와 견고성, 바람이 세어들지 않는 배치가 문을 배치할 때 고려해야 하는 요소이다.

문이 생기가 들어오는 통로라면 주(主)는 안정감을 주는 추와 같다. 만약 주가 없다면 집안이 흔들리고 불안정할 것이다. 문과 주의 위치가 법칙에 어긋난다면 추가 없는 것처럼 집안이 불안해지는 것이다. 마치 닻이 없어 출렁거리는 바닷물에 흔들리는 배처럼 안정감이 떨어짐으로 문과 주는 매우 중요하다.

주는 집에서 높고 고대(高大)한 공간으로서 건물의 기운이 몰려있는 공간이다. 안방이 될 수도 있지만 항상 안방이 주는 아니다. 주를 판단하는 방법에는 일정한 법칙이 있으며 현대건축과 고건축의 차이가 있다. 주는 건물이 가지는 가장 강한 구역이다. 주인이 머문다고 해서 정의되는 공간이 아니다. 주택이나 건물에 사람이 들어가 주가 바뀌거나 정해지는 것이 아니라 애초에 건물을 지을 때 주가 정해지는 것이다. 단지 주인이 머무르는 공간을 주에 맞출 수는 있을 것이다.

조(灶)라고 표현되는 공간은 불을 때는 아궁이를 의미했는데 원시시대에는 사람이 먹고 자는 공간과 불을 때는 공간이 다르지 않았다. 건축이 발달하며 부엌이 분리되었으나 현대사회가 되며 부엌이 다시 생활공간 속으로 들어왔다. 현대적 의미로 해석한다면 주방의 가스레인지의 위치 정도가 해당할 것이다.

주택의 길흉화복을 결정하는 3요(三要)인 대문, 주, 부엌의 배치와 방위 따라 그 집의 길흉이 결정되는데 이는 대문을 통해 들어온 기(氣)가 안방과 부엌으로 들어오는 방위(方位)에 따라 그 길흉이 달라지게 된다.

4. 동서사택

사람은 살아가며 많은 것을 판단해야 한다. 그 판단이란 많은 것을 기준하여 살펴보는 것이다. 흔히 사람을 볼 때 관상(觀象)을 본다고 한다. 이목구비(耳目口鼻)를 갖춘 형상이 바로 사람의 얼굴이며 사람의 됨됨이가 얼굴에 나타난다는 것이다.

건물도 다르지 않다. 건물을 살피는 것을 가상을 본다고 한다. 즉 건물의 형상을 본다는 것이다. 사람의 관상을 볼 때 눈, 코, 귀, 입과 같은 얼굴 위의 각종 부분을 살펴 있을 것이 제자리에 있는가와 정확한 위치에 자리하고 있는지 배치를 살피듯 양택을 살필 때도 반드시 살필 것이 있다.

양택의 판단기준에는 반드시 몸체와 바닥, 그리고 지붕이 있는가를 살펴야 한다. 이는 모든 것에 우선한다. 그리고 문이 어느 방향으로 트여 있는지 살펴야 한다. 서사택(西舍宅)과 동사택(東舍宅)이라는 개념이 있다. 이 개념이야 말로 오래도록 주택을 판단한 변하지 않는 진리와 같은 것이다.

주택을 구별할 때는 패철이라는 기구를 사용하는데 360도의 방향을 총 8개로 구분한다. 이 구역의 부분을 각각 동사택과 서사택의 2가지 기운으로 나눈 것이다. 동사택과 서사택은 각각 4개의 방향으로 나누어져 있다.

양택을 판별하는 기본 이념에는 통상 주역 8괘를 이용해 좌(坐)와 향(向)을 붙인다. 이 8곳의 방향은 각기 감방(坎方, 정북방), 진방(震方, 정동방), 손방(巽方, 동남방), 이방(離方, 정남방)의 동사택 방위와 간방(艮方, 북동방), 곤방(坤方, 남서방), 태방(兌方, 정서방), 건방(乾方, 서북방)의 서사택 방위로 구분한다.

예를 들어 건물의 뒤쪽이 정북 방위라면 자좌오향(子坐午向)등으로 나타나기도 한다. 이 두 가지로 나뉘어진 건물의 방위 개념에서 동사택은 명예와 귀(貴)의 발복, 공부, 학습과 같은 지식의 영역이고 서사택은 부(富), 사업, 공장 등과 같은 재산적 의미의 영역이다.

풍수지리에서 음택과 양택을 가릴 때는 흔히 패철을 사용하여 방향을 가늠한다. 이 패철은 나침반과 비슷한 물건으로 다양한 효능이 있지만 동사택과 서사택을 구분할 때에는 방향을 구분하는데 사용하기도 한다. 아울러 좁은 구역과 주택을 가름할 때는 패철의 존재가 필수적이다.

동사택은 양(陽)으로 귀(貴)의 방향이고 서사택은 음(陰)으로 부(富)의 방향이다. 감, 진, 손, 리방을 가르켜 동사택이라 하고 건, 태, 곤, 간방을 서사택이라 한다. 양택에서는 가장 기본이며 중요한 구역인 문(門)과 주

(主), 조(灶,주방)의 삼요(三要)를 하나의 기운이 미치는 곳으로 배치하는 것이 이치이다. 즉 모든 문주조를 동사택의 범위속으로 포함되게 배치하거나 모든 문주조의 범위를 서사택 범위에 배치하는 것이다. 만약 문주조가 동사택과 서사택의 범위에 흩어져 있다면 이는 복이 넘치는 좋은 집이 되지 못한다.

팔괘 방위를 가택구성법으로 운용하다보면 4개 궁위는 길하고, 4개 궁위는 흉하게 나온다. 이를 자세히 살펴보면 주(主)라고 불리는 건물의 중심점(이라고 하지만 사실은 가장 강한 기가 몰리는 곳)이 감방(坎方, 정북방), 진방(震方, 정동방), 손방(巽方, 동남방), 이방(離方, 정남방)에 배치되어 있으면 동사택궁(東四宅宮)이라고 한다.

만약 주가 간방(艮方, 북동방), 곤방(坤方, 남서방), 태방(兌方, 정서방), 건방(乾方, 서북방)이면 서사택궁(西四宅宮)이라고 한다. 따라서 가택구성법으로 작괘(作卦)를 하지 않고도 주의 방위만 알면 쉽게 길흉 방위를 알 수 있다. 즉 패철로 배치를 파악하여 살펴 같은 사택 방위에 문주조가 배치되어 있으면 기본적으로 복가(福家)에 속한다. 집이나 사무실에서 중요한 곳들이 주를 기준으로 서로 같은 사택(四宅)으로 배치되어 있으면 길하고 다른 사택으로 배치되면 흉하다. 즉 어떤 경우라도 문주조가 일정하게 동사택 방위로 모이거나 서사택 방위로 배치되어야 하는 것이다. 나머지 부분은 그다지 중요하지 않은 구역이나 기타 시설을 배치한다. 가능한 중요한 시설이나 구역은 동사택 사택의 경우는 동사택 범위에 배치하고 서사택의 경우는 서사택의 방위에 배치한다. 주택의 경우 문주조가 동사택이거나 서사택의 일정한 방향으로 배치되고 기타 거실이나 자녀 방 등이 같은 사택(舍宅)으로 배치되어야 한다.

　주택과 사무실, 상업시설은 그 용도가 다르기 때문에 문주조의 배치도 다르다. 사람이 주거하는 주택의 경우는 재산보다 명예가 중시되기 때문에 동사택 범위에 문주조가 모두 들어가는 것이 좋고 사무실과 같이 영업의 영역은 영업구역이거나 재화를 창출하는 상업구역이기 때문에 서사택 범위에 드는 것이 길하다. 그렇다고 주택이 서사택 범위에 들거나 사무실이 동사택 범위에 든다고 하여 반드시 나쁘다는 것은 아니다.

　사무실은 문의 방위가 매우 중요하다. 사무실이나 상업시설은 문을 중심으로 동사택과 서사택이 구별되기 때문이다. 사무실의 경우에도 사장실, 임원실, 직원들의 자리 및 회사의 주요 부처들이 주를 기준으로 같은 사택에 배치되어야 길하고, 다른 사택으로 배치되면 흉하다. 또 화장실, 하수구, 창고 등 흉한 것들은 주와 다른 사택으로 배치되어야 길하다.

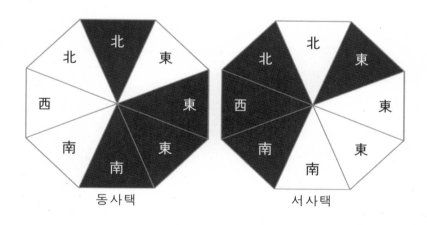

동사택　　　　　　　　　　　　　　서사택

(1) 동사택

감방(坎方)은 임자계(壬子癸), 수(水)의 방향이고 북쪽을 이르는 말로 중남수(中男水). 진방(震方)은 갑묘을(甲卯乙), 목(木)의 방향이며 동쪽을 이르는 말로 장남수(長男木). 손방(巽方)은 진손사(辰巽巳), 목(木)의 방향이고 남동쪽을 이르는 말로 장녀목(長女木). 리방(離方)은 병오정(丙午丁), 화(火)의 방향이며 남쪽을 이르는 말로 중녀화(中女火). 이 네 방향이 동사택의 방향이다.

동사택은 감진손리(坎震巽離) 방향에 문주조(門主灶)가 일치하여야 한다. 문주조가 동일사택의 범위 내에 위치하여야 길사택이 되고 한 가지만 벗어나도 흉사택이 된다. 최근 조(灶)의 개념이 많이 바뀐 것은 사실이다. 조의 위치가 무시되거나 기능이 바뀐 것으로 해석되기도 한다. 그러나 전통가옥이나 현대식 가옥의 구조에서도 가능하다면 일치시키는 것이 현명하다.

가) 자(子)- 감(坎), 임자계(壬子癸) 방위의 혈족은 중남(中男), 오행은 수(水), 수리는 1.6.

나) 오(午)- 리(離), 병오정(丙午丁) 방위의 혈족은 중녀(中女), 오행은 화(火), 수리는 2.7.

다) 묘(卯)- 진(震), 갑묘을(甲卯乙) 방위의 혈족은 장남(長男), 오행은 목(木), 수리는 3.8

라) 손(巽)- 손(巽), 진손사(辰巽巳) 방위의 혈족은 장녀(長女), 오행은 목(木), 수리는 3.8

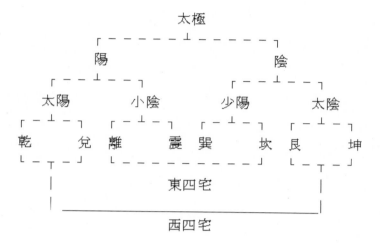

(2) 서사택

건방(乾方)은 술건해(戌乾亥), 금(金)의 방향이며 북동쪽을 이르는 말로
노부금(老父金). 태방(兌方)은 경유신(庚酉申), 금(金)의 방향이며 서쪽을
이르는 말로 소녀금(少女金). 곤방(坤方)은 미곤신(未坤申), 토(土)의 방향
이며 남서쪽을 이르는 말로 노모토(老母土). 간방(艮方)은 축간인(丑艮寅),
토(土)의 방향이며 북동쪽을 이르는 말로 소남토(少男土). 이 네 방향이 서
사택의 방향이다.

서사택은 건곤간태(乾坤艮兌) 방향에 문주조(門主灶)가 일치하여야 한
다. 문주조가 동일사택의 범위내에 위치하여야 길사택이 되고 한가지만
벗어나도 흉사택이 된다.

　가) 건(乾)- 술건해(戌乾亥) 방위의 혈족은 노부(老父). 오행은 금(金),
　　　수리는 4.9.

나) 곤(坤)- 미곤신(未坤申) 방위의 혈족은 노모(老母), 오행은 토(土),
수리는 5.0.

다) 간(艮)- 축간인(丑艮寅) 방위의 혈족은 소남(少男), 오행은 토(土),
수리는 5.0.

라) 태(兌)- 경유신(庚酉申) 방위의 혈족은 소녀(少女), 오행은 금(金),
수리는 4.9.

(3) 주택의 판별

주택의 주요 3요소로서 일컬어지는 문주조가 동일의 사택범위에 전부
배치되면 복가(福家)로 배합사택에 해당하고, 동일 방위를 벗어나면 흉가
로 불배합사택에 해당한다. 즉, 문주조가 나름대로 제각각 흩어져 동사택
의 범위와 서사택의 범위까지 골고루 배치되어 있으면 불배합사택이 되는
것이다.

북쪽, 동쪽, 동남쪽, 남쪽에 문주조가 배치되어 있으면 동사택에 해당하
고 북동쪽, 남서쪽, 서쪽 서북쪽에 모두 들어 있으면 서사택에 해당한다는
것이 바로 동서사택론이다. 이는 오래도록 주택을 파악하는 기준이 되어
온 이론이다. 문주조가 동사택과 서사택이 혼합되어 있으면 풍수지리적으
로 좋지 않은 구조라고 볼 수 있다.

동서사택을 구분할 때, 중요한 것은 패철을 놓는 위치이다. 올바른 패철
사용방법을 알아야만 올바른 판단을 할 수 있다. 현대 주택에서 아파트와
연립주택과 같은 구조에서는 건물의 중앙에서 방향을 파악한다. 그러나
담이 있고 전통건축이라면 마당에서 문과 건물의 상관관계를 살펴야 한

다. 즉 옛 건물이나 현대건축물이라 해도 주택이 담에 둘러싸여 있다면 건물 내부가 아닌 마당의 중심에서 패철을 놓고 판단하여야 한다.

동서사택론은 건물의 좌향을 결정하거나 내부구조를 결정할 때 요긴하게 사용되는 이론이며, 팔괘와 오행의 상생관계까지 고려함으로써 적용할 수 있는 폭이 넓다. 그러나 현대 사회는 복잡하고 제약이 심해 풍수지리 이론을 고지식하게 적용하기 어려워졌다.

따라서 주변 건물이나 자연환경과는 조화되지 않는 특정 좌향만을 고집해서는 안 된다. 특히 무조건적인 남향의 주장은 때로 좋지 않은 결과를 가져오기도 한다. 방향도 중요하지만 전체적인 조화와 균형을 이룰 수 있는 방안을 선택하여야 하며 그에 어울리는 설계와 배치를 생각하여야 한다.

풍수지리에서는 좌향(坐向)과 주(主), 그리고 음양(陰陽)을 구분하는 것이 대단히 중요하다. 사람을 볼 때, 인상이라는 것을 중요하게 생각하듯 가상을 중요하게 생각하는 것도 이러한 이치이다. 일반적으로 건물 정면이 바라보고 있는 방향을 향(向)이라 하고, 건물 뒷면이 바라보고 있는 방향을 좌(坐)라고 한다. 일반적으로 드러나는 좌향의 구분을 통해 나름의 길흉을 판단할 수 있게 된다.

건물에서의 주(主)의 위치는 보통 좌향에 따라서 자동적으로 결정이 되지만 반드시 그런 것은 아니므로 심사숙고하여야 한다. 혹자는 향의 반대쪽, 즉 일반적으로 건물의 뒤를 주로 보거나 무작정 부부침실을 주로 보는 경우가 있는데 이는 대단한 실수가 될 수 있다. 일부 학자들이나 풍수사들이 주장하는 특정 좌향의 주장은 반드시 옳은 것은 아니다. 한국인들은 유난히 남향을 좋아하는데, 무조건적 배치는 오류를 가져올 수가 있다. 일부에서 주장하기에 특정한 좌향에는 무조건 어느 쪽 방위로 대문이 내는 것이 좋다는 주장도 있는데 이는 대지의 모습에 따라 달라질 수도 있다는 사실을 무시한 결과이다.

건물의 형태와 높이, 내부의 구조, 주변의 정황 등을 고려하고, 대지의 경사도와 위치는 물론이고 건물의 자리와 정원의 설계 등을 종합적으로 감안하여 주(主)의 위치를 결정하고 그에 맞게 출입구를 정할 수 있어야 한다.

예로부터 집을 판단하고 구별하는 방법으로는 동사택과 서사택의 구별법이 있었다. 동사택은 양(陽)으로 귀(貴)의 방향이고 서사택은 음(陰)으로 부(富)의 방향이다. 북, 동, 넘, 남동쪽의 방향을 가르켜 동사택이라 하고 서, 남서, 북서, 동북쪽의 방향을 서사택이라 한다. 양택의 올바른 배치는 문(門), 주(主), 조(灶)를 하나의 기운이 미치는 곳으로 배치하는 것이다.

가족이 머무는 집이나 사무실에서 중요한 곳들이 주를 기준으로 서로 같은 사택(四宅)으로 배치되어 있으면 길하고 다른 사택으로 배치되면 흉하다. 주택의 경우 문, 주, 조가 양택삼요(陽宅三要)에 배치되고 기타 거실이나 자녀 방 등이 같은 사택(四宅)으로 배치되어야 한다. 사무실의 경우 사장실, 임원실, 직원들의 자리 및 회사의 주요 부처들이 주를 기준으로 같은 사택에 배치되어야 길하고, 다른 사택으로 배치되면 흉하다. 또 화장실, 하수구, 창고 등 흉한 것들은 주와 다른 사택으로 배치되어야 길하다.

패철이란

패철은 중국 주나라 성왕때부터 통용된 주역의 후천팔괘를 응용하여 만든 것이다. 오랜 역사를 통하여 이 방면의 훌륭한 학자들이 꾸준히 연구하여 사용하기에 편리하도록 정립된다.

패철은 최대 32선에 이른다고 알려졌지만 풍수지리에서 사용하는 패철은 8선이면 충분하다. 패철은 용의 변화각도를 측정 확인하여 배합룡과 불배합룡, 삼자배합무기룡을 판단하고 입수와 좌향 및 분금을 측정하고 좌우선익 의 각도를 측정한다. 또한 지각과 요도 요성의 각도를 측정하여 順과 逆을 판단한다.

패철을 사용하는 방법은 매우 간단하다. 우선은 나침반의 침이 남북으로 일직선이 되게 고정하고 놓고서 물체를 측정할 때에는 어느 좌(坐)에 해당되는지를 보면 된다. 패철의 4선(線)에 보게 되면 천간(天干)과 지지(地支)가 있다. 그러면 패철의 침이 남북(南北)으로 고정시켜 놓은 다음 임자(壬子), 계축(癸丑), 간인(艮寅), 갑묘(甲卯), 을진(乙辰), 손사(巽巳), 병오(丙午), 정미(丁未), 곤신(坤申) 경유(庚酉) 신술(辛戌) 건해(乾亥)의 24字가 있는데 어느 글자에 걸리느냐를 보면 된다. 패철(佩鐵)을 볼 때에는 제1선 안에서부터 밖으로 계산해서 보면 된다.

음택과 양택에서 사용하는 방법이 차이가 있다. 그러나 4선의 천간지지를 이용하는 것은 다르지 않다.

제1선에서는 묘지 주변에 황천수(黃泉水)가 들어있나를 측정하게 된다. 제2선에서는 묘지 주변에 팔요풍(八曜風)을 맞고있나를 측정하게 된다. 제3선에서는 음양(陰陽)과 삼합(三合) 오행을 측정하여 길흉화복을 논하게 된다. 제4선에서는 음양오행(陰陽五行)으로 24방위로 산맥을 측정하게 된다. 제5선에서는 묘를 쓸 때 24방위에서 분금선(分金線)으로 분금을 하게 된다. 제6선부터는 각자의 연구에 따라서 이기(理氣) 학문에서는 많이 사용하고 있으나 근래에 와서는 대부분 사용을 하지 않고 있다. 제8선은 재혈분금과 같은 경우 사용한다.

제3장 입지와 택지

1. 좋은 집과 나쁜 집

어느 집이고 내부를 살펴보면 그 집안에는 일정한 규칙이 있다. 공간의 배치와 그에 따른 이용과 쓰임, 그 집에서 살고 있는 사람들의 취향이나 생활수준과 지식수준까지 많은 것을 알 수 있다. 그렇다면 내가 살고 있는 집은 어떤가? 얼마나 효율적인 구조로 이루어져 있는지, 어떻게 효율적으로 사용할 수 있는지 알아보아야 한다.

집이란 단순히 사람이 사는 것 이상으로 중요한 역할을 한다. 단순히 생각하면 우리가족이 사는 공간이지만 이 집의 형태와 가구의 배치에 따라 사업이 성공하기도 하고 자녀들의 학습 능력이 배가 되기도 한다. 단순히 배치되어 있는 것으로 볼 수 있는 가구의 배치를 변화시키는 것으로 많은 것을 바꿀 수 있고 변화시킬 수 있다. 이를 가리켜 "운을 바꾼다"고 말한다.

(1) 좋은 집

어느 집이 좋은 집인지 단순하게 규정을 하기는 어렵다. 경제적으로 윤택한 사람들이 사는 마을에 자리한 집이 좋다거나 시골의 한적한 곳에 자리한 집이 좋다거나 하는 방법으로 사람이 사는 주택의 길흉이나 좋고 나쁨을 판단하기 어렵다. 물론 어느 지역에 어떤 사람들이 모여 사는가는 중요하다. 그 마을의 흐름이나 인적 구성은 집을 짓기 전에 파악할 일이다.

그리고 나서 좋은 집을 지을 것이다.

집이란 여러 가지의 구성요소로 이루어져 있다. 흔히 좋은 집이란 큰집, 비싼 집, 혹은 환금성이나 부가가치가 높은 집으로 인식하는 경우가 있다. 물론 이러한 가치 기준은 누구도 무시할 수 없다. 혹은 교통이 좋다거나 부근에 좋은 대학이 있다거나, 부자들이 많이 산다거나 등등의 기준이 있을 것이다.

풍수지리의 관점에서 살펴본다면 조금 다른 해석이 나올 수도 있다. 풍수지리의 해석으로 본다면 사람이 살아감에 화목하며 경제적으로 안정적이고 건강하며 편안한 집이다. 또한 조금 더 욕심을 부린다면 명예가 따르는 집이며 더욱 나아가서는 아이들이 공부를 잘하며 경제적으로 충족이 이루어지는 집이다. 결국 좋은 집이란 부귀공명이 따르는 집이니 예로부터 인간이 추구하는 이상을 실현하고자 하는 노력이 깃든 집이다.

예로부터 이 땅에 살아온 사람들은 이러한 문제를 해결하고 충족시키기 위한 많은 연구를 하였으며 모여진 자료를 바탕으로 집을 지었다. 이를 가상학(家相學)이라 하는데, 과거와 경제구조는 물론이고 사회의 흐름이 많이 변했을 것으로 보여지는 지금도 이러한 이론을 적용하여 집을 지으면 좋은 효과와 결과를 가져온다.

오랜 역사와 경험으로 얻어진 지식과 지혜를 바탕으로 집을 짓는다면 그 형상이 나타난다. 우선 우리나라는 겨울에는 중국의 동북삼성방향에서 거칠고 매서운 바람이 불어와 차가운 공기가 유입되고 병해충이 날아든다.

겨울철과 이른 봄에 황사가 날아들고 구제역과 같은 병해충이 중국방향에서 날아드는 것이 바로 이것이다.

우리 조상들은 이 바람을 차단할 필요성을 생각했다. 그래서 마을을 정하고 집을 지을 때 황사가 날아오는 방향을 차단할 필요가 있었다. 우리 땅에서 보면 이 방향은 서북쪽이다. 풍수지리에서 방향을 나눌 때 이곳은 건(乾)이라 부른다. 그리고 이곳에서 불어오는 방향은 건해풍(乾亥風)이라 부른다.

풍수지리에서 방향은 총 24개의 방위로 나누고 집을 판단할 때는 각기 3개의 방위를 묶어 8개의 방향으로 나눈다. 이 때 북서쪽은 술건해(戌乾亥)의 방향에 해당하는데 겨울철에 이곳 방향으로부터 불어오는 바람은 폐에 작용하여 병을 일으키고 추위를 강하게 느끼게 만든다. 예로부터 가장 무서운 바람인 것이다.

사람들은 서북쪽에서 불어오는 매서운 바람을 막기 위한 방법으로 산을 등지고 집을 지었다. 자연적으로 배산임수가 이루어지는 결과를 가져왔으며, 우리나라는 북반구에 치우쳐 있으므로 따스한 빛을 뿜어내는 태양은 남쪽에서 반원을 그리듯 떠서 지나간다. 이 빛의 존재가 흔히 남향이라는 고정적인 사고를 만들어 내었다.

사람이 살아감에 있어 물은 반드시 필요하다. 사람들은 남쪽으로 물이 있어 식수를 구하고 논에 물을 대어 농사를 지을 수 있는 터를 찾아 마을을 세우고 집을 지었다. 남쪽의 물과 태양은 따스함과 온기, 더불어 생명력의 근원인 물과 잘 어울리니 남향의 조건을 충족시키는 기본 사항이 되었다. 그리고 이러한 지형을 마을의입지에서 최고로 삼았으니 이를 배산임수(背山臨水)라 하였다.

우리나라의 지형은 평소에는 그다지 심하지 않지만 여름이 되면 제법 많은 비가 오기도 했다. 장마가 지는 계절에는 태풍이 불어와 많은 비가 뿌려졌는데 때로 피해를 보는 경우도 생겨났다. 낮은 지대의 논밭이 떠내려가기도 하였고 물가에 지은 집은 장마철에 피해를 보기도 했다. 이 장마철의 피해는 흔히 수재민이라 불리는 사람들이 생겨났는데 이는 기본적인 풍수사상을 무시한 결과이다.

장마철이 되면 피해가 커지기도 했다. 길보다 낮은 지대에 지어진 집에 살거나 강가에 너무 가까이 살면 수해를 입는 경우가 생겼다. 그래서 강가로부터 일정 거리가 떨어진 곳에 집터를 정했다. 대문은 건물보다 낮은 곳에 자리하여 비가 오면 물이 자연적으로 배수를 할 수 있도록 위치를 정해 집을 지으니 이를 전저후고(前低後高)라 했다.

건물은 내부적으로는 출입구를 좁게 하고 내부를 넓게 하여 생활의 편리성과 가족의 보호를 목적으로 한 구성을 취하였다. 출입구가 좁거나 정면으로 들어오는 곳에 내외벽이라는 벽을 쳐서 누구라도 쉽게 몰려들지 못하고 바람이 들이쳐서 사람이 상하는 것을 방어하였으니 이를 전착후관(前窄後寬)이라 했다. 입구는 좁게하고 내부는 넓게하여 주인의 자율성을 보장하였는데 사실 이 구성은 안으로 들어온 재물이 밖으로 나가지 말라는 심오한 사상이 담겨 있었다.

이와 같이 자연의 조건에 순응하는 가옥의 배치야말로 이 땅에 살아가는 사람들이 추구한 가장 이상적인 조건이 된다. 대지가 이와 같은 입지를 가지고 있지 못하다면 배산임수, 전착후관, 전저후고의 법칙은 이루어질 수 없으니 좋은 집의 조건은 이미 이러한 조건을 충족시킬 수 있는 대지에서 시작되는 것이다.

좋은 집의 조건은 안정감이 있어야 하고 병이 없어야 한다. 어느 곳에 자리를 잡은 터인가에 따라 병이 가족의 화목과 희망을 깨트릴 수도 있다. 바람이 강하게 불어오는 곳과 막다른 곳, 지나치게 지대가 높은 곳, 늘 습기가 머무는 곳, 물이 곧바로 들어와 마치 찌를 듯 다가오는 곳 등은 병이 오는 곳이므로 피해야 한다.

(2) 나쁜 집

좋은 집이 있다면 나쁜 집도 있다. 사람이 살면 병이 나고 지위가 하락하며 경제적으로 위기를 가져오는 집이다. 집의 완성된 모습에서 모든 것이 증명되기는 하지만 사실 설계부터 신중하게 접근하여야 한다. 집을 짓는 과정에서 이미 많은 것이 정해진다. 사람의 역량이 아니라 자연의 이치에 따라 좋지 않은 결과를 만들어내는 경우가 있는데 이를 나쁜 집이라고 할 만하다.

집을 짓기 전에 택지를 구하는 것이 순서이다. 때로는 이미 지어진 집을 구매할 경우도 있는데 이는 택지를 구하는 과정이 생략된다. 그런데 일반적인 경우 택지를 구하는 과정이 매우 중요하다. 어떤 택지를 구하는가에 따라 이미 명예와 경제적인 부분의 많은 부분이 결정된다고 볼 수 있다. 남편이 경제력을 확립하지 못하고 어머니가 병에 시달리며 자녀가 학습능력이 떨어지는 것은 집의 영향이 많이 좌우하기 때문이기도 하다.

택지가 좋다고 하더라도, 혹은 가격이 산 택지라 하더라도 주변 건물이 지나치게 높아 위압을 당하고 빛이 들지 않아 어두운 택지라면 애초에 집을 짓지 말아야 한다. 아니, 선택을 피해야 할 것이다. 아무리 기개가 높고 두뇌가 영특하고 학식이 풍부해도 주변의 영향을 받지 않을 수 없다.

사람은 자연의 지배를 받는다. 극복을 하기 위해 노력하고 때로 이겨내지만 에너지의 흐름을 무시할 수는 없는 것이다. 주위의 사물이나 인공 구조물에서도 에너지가 피어난다. 높은 건물이 주변을 두르고 있으면 그 위세적이고 억누르고자 하는 에너지에 위압당해 사업이 위축당하고 회사 생활은 늘 위기에 다다른다. 주변 건물이 높아 자연채광으로 이용할 수 있는 빛이 스며들지 않으니 집안은 어둡다. 예로부터 빛이 스며들지 않으면 산 사람은 병이 든다. 음택에 해당하는 지하방이 그런 경우이다. 병이 돌고 따스한 에너지가 흐르지 못해 자녀는 학습의 능력이 오르지 않는다. 따라서 어떤 경우라도 주위 건물에 억압당하는 대지를 선택하면 안된다.

바람이 직충하는 막다른 골목의 집은 늘 가격이 싸다. 좋은 경관을 가졌거나 택지가 넓어도 가격은 늘 싸다. 이 택지가 싼 이유를 찾지 않고 손에 넣고 좋아한다면 미래가 암흑이라는 것을 예측할 수 있다. 막다른 골목이나 바람이 차오르는 도로의 끝에 자리한 부지라면 쳐다보지도 말아야 한다.

이러한 모양을 지닌 택지는 병이 많고 재산이 흩어지기 때문에 미래를 기약하기 어렵다. 경사가 진 길의 아래쪽 방향 끝에 자리한 건물은 브레이크가 파열된 차가 돌진하여 충돌할까 두렵고, 물이 곧장 다가오면 마치 찌르는 듯한 느낌에 서늘함은 물론이고 어딘지 모르게 음습하고 기분이 나쁘다. 이러한 지세에 지어진 집은 늘 병이 많으며 돌연사와 같은 흉한 일들이 일어날 가능성이 높다.

지붕은 일직선으로 강직한 것이 좋다. 지붕이 멋을 내거나 들쭉날쭉 어수선하면 이 집에 사는 사람들의 머릿속이 엉클어지니 쓸데없는 생각으로 시간을 보내는 경우가 많아진다. 아울러 이 집의 가장은 가장으로서의 역할이 약해지고 때로 정신적으로 압박을 받아 병이 생기고 사업이 복잡해진다. 아울러 이 집에 사는 학생들의 경우에는 흐트러진 에너지로 인해 학습에도 방해가 일어난다.

2. 주택의 입지

(1) 자연에 순응한 택지

사람이라면 누구나 좋은 택지를 구하고 올바른 집에서 살기를 원한다. 그러나 모두가 원하는 집에서 사는 것은 아니다. 사실 많은 사람들이 무난한 집에서, 무난한 택지에서 산다고 생각하는 경향이 있다.

과연 그럴까?

좋은 택지를 구하는 과정에서 반드시 살펴야 하는 조건들이 있다. 자연을 이해한다는 마음으로 바라보는 것이다. 무엇보다 택지가 자연에 순응한 지세인가를 살펴야 한다. 좌우로 산자락이 둘러싸거나, 산자락이 없다면 적당한 높이의 건물이 있어 에워싸고 있는지 살펴야 한다. 이 건물군의 높이는 택지에 짓고자 하는 집의 높이와 어느 정도 어울리는 높이여야 한다. 택지를 둘러싼 산자락은 흔히 '청룡백호'로 호칭되는데, 청룡 백호가 없다면 주변의 집들이 인공적으로 그 역할을 한다. 주변의 집들이 지나치게 높으면 보호를 하는 청룡과 백호가 오히려 기세등등하여 주인을 억압하는 격이니, 눈에 보이지 않는 사이에 억압당하고 지나치게 낮으면 바람이 밀려와 좋지 않다.

특히 등을 지켜주는 건물을 잘 살펴야 한다. 자연에서는 등을 지켜주는 산을 현무(玄武)라 하여 바람을 차단하는 역할을 한다. 배산임수의 주산과 같은 역할이 바로 택지에서 등에 해당하는 지대의 건물이다. 자연에서는 산이 그 역할을 하지만 도시에서는 적당한 높이를 지닌 건물이 그 역할을 한다.

주산 역할을 하는 건물의 높이는 매우 중요하다. 지나치게 높아 억압하는 것은 물론이고 바람이 빌딩의 벽을 타고 내려와 가족이 살고 있는 건물을 찌르면 역시 좋지 않다. 주산 역할의 건물이 들쭉날쭉 하거나 요철이 많고 각이 많아도 불리하다. 그 높이 또한 일정한 규칙에 따른다. 가족이 거주하고자 하는 집이 2층 정도의 건물이라면 뒤를 가려주는 건물의 높이가 5~6층 이상 높으면 살풍이 일어난다.

이상적인 택지는 자연에 순응한 택지이다. 주산이 있으며 앞으로 물이 흐르고 좌우로 청룡과 백호가 둘러쳐져 바람이 자고 물을 구하기 쉬우며 앞으로 적당한 논밭이 있어 먹을 것을 자체적으로 얻을 수 있는 땅이 바로 명당택지라는 이름으로 불려왔다. 그러나 시대의 변화와 도시화로 이러한 자연적인 조건은 찾기 어려워졌고 인공적인 구조물이 대신한다. 역시 도시에서 충분히 이러한 택지를 구할 수 있다.

예로부터 조상들이 사용했던 주택을 짓기 위한 터잡기도 이 자연의 법칙에 근거한다. 그러나 최근 몇 십년 동안 아파트를 비롯한 다가구주택의 대량건립이 오래도록 이어온 터잡기의 법칙을 무시하는 결과를 가져오기도 했다. 그 결과로 질병과 문란이 많이 일어난다고 보는 견해도 있다.

근본적인 터잡기의 방식은 전통풍수의 간룡법(看龍法)을 따른다. 간룡법이란 산 능선이 어디로 흐르고 있는지, 어떤 형상을 지녔는지를 살피는 것이다. 도시에서 물은 도로가 대체하고 있으며 간룡은 고층 건물이 대체하고 있다. 도시에서는 이 원리를 적용함으로써 가시적으로 보이는 모든 사물을 산맥의 흐름에 비유한다.

(2) 바람이 통하지 않아야 한다

전통적으로 이어져 온 마을의 택지를 살펴보면 마을은 공통점을 가지고 있다. 특히 시야에 들어오고 일반적으로 알 수 있는 작은 마을의 대부분은 두 가지 경우에 해당한다는 것을 알 수 있다. 그 하나의 경우는 소규모의 산골마을로 주변에서 높은 산을 등지고 물을 바라보는 언덕에 형성된 형태라는 것이고, 평야에 펼쳐진 마을은 구릉을 등지고 있거나, 산을 등지지 못하면 나무라도 심어 등지거나 언덕을 등진 형태라는 것이다.

주택들은 단순히 등에 산을 등진 것이 아니다. 좌우로 산자락이 뻗어 나와 어머니가 팔을 감아 아이를 안듯 감싸고 있는 모습이다. 이를 좌우측 구별하여 청룡 백호로 부르는데, 이는 산이 마을을 감싸 바람을 차단하고 있는 모습이다. 만약 산자락이 부족하거나 미약하여 감싸주지 못하는 경우가 생긴다. 평야지대에서 흔히 보여지듯 나무를 심어 대신하는 경우가 적지 않다. 이를 비보풍수(裨補風水)라 한다.

바람이라는 에너지는 많은 요소를 가지고 있다. 최근에는 이를 이용해 전기를 생산하듯 운동에너지가 적지 않다. 그런데 예로부터 선인들은 이 바람이라는 글자를 풍(風)이라고 쓰듯 바람속에는 벌레가 있음을 알았다. 산자락이 약하거나 없어 바람을 차단하지 못하면 나무라도 심어 바람을 차단한 모습이 전형적인 모습이다. 바람속의 벌레가 나뭇가지와 잎에 달라붙어 병을 방어한다는 사고는 지금의 병해충 방제법이 취할 정도로 중요한 방법이다. 이러한 모습을 지닌 택지가 아늑함을 주는 최고의 택지이다.

서울의 경우도 지극히 풍수적이다. 물론 조선이 도읍할 때의 기준으로 살펴볼 것이다. 천리 이상을 달려온 맥이 북악산에 머물고 좌측으로 낙산이 뻗어내려 동대문으로 불리는 흥화지문(興化之門)에 이르니 이것이 서울의 청룡자락이며, 반대쪽으로 인왕산 줄기가 뻗어 숭례문에 이르니 이를 백호로 볼 수 있다. 예로부터 서울의 사대문 안은 이 두 줄기의 산자락 안에 포근히 감싸여 있었다.

청룡은 남자의 속성이고 백호는 여자의 속성이다. 청룡의 자락 안에서는 남자들이 발복하고 백호자락에서는 여자들이 발복한다. 이는 자연이 지닌 속성이다. 서울의 경우를 세밀하게 살펴보면 북악산에서 웅기하였다가 청룡자락이 낙산으로 뻗어내려 이루어졌다. 청룡을 이루는 여러 자락인 동숭동 뒷산이나 마로니에 공원 부근과 대학로가 남자의 자리에 해당하는 곳이다. 따라서 이곳은 남자의 인격이나 사업운, 명예를 상승시킬 수 있는 좋은 기운이 흐르는 것이다. 예전에 이곳에 서울대학을 세운 것은 아마도 이런 이유 때문이 아니었을까 추측을 해 본다.

북한산 아래의 경복궁이 서울을 한성으로 부르며 건국했던 조선의 수도 개념이다. 지금의 서울개념과는 매우 다르다. 애초에 서울은 대략 60만의 인구를 예상하는 지역이다. 그러나 지금은 1000만이 넘는 인구가 거주하는 곳이다. 따라서 지금과 조선의 서울은 달랐다. 경복궁을 정궁(正宮)으로 삼아 명당으로 자리하고 백호는 인왕산 자락이 된다. 부근의 청운동 등이 여성의 운이 좋아지는 곳으로 재산과 사회적 명성을 기대할 수 있다.

북서풍의 차갑고 살인적인 바람이 통하지 않으려면 배산임수의 으뜸인 주산이 좋아야 한다. 서울의 경우에는 북한산을 등에 지고 주산으로 낭군 격으로 삼았으며, 남산을 안산(案山)으로 하여 아내 격을 삼아 경복궁을 배치하였다. 북한산을 주인이나 남자로, 남산을 아내이며 하인 개념으로 삼아 서울을 그 사이에 두어 바람을 차단하여 안정을 기하였다. 이를 국쇄(局鎖)라 하였다.

최근 지어지는 몇몇 아파트나 주택단지에서 광고와 선전을 하며 혹세무민하는 경우를 봤다. 간혹 산을 보고 산다고, 혹은 산의 정기를 받는다고 산을 바라보는 형상으로 집을 지어 내부를 배치하는 경우가 있다. 거실이 높은 산을 바라보는 형상이다. 관악산 인근의 아파트가 그러한 경우가 더러 있다.

자연을 바라본다는 입지로 선전하거나, 산의 정기를 받는다는 주장으로 유명 풍수사의 자문을 받았다는 식의 억지 주장을 한다. 이러한 경우에는 높은 산을 바라보기 위해 거실에서 고개를 쳐들어야 한다. 높은 산은 자연의 현상으로 낮은 지역을 굽어본다. 따라서 낮은 지대에서 산을 올려다보는 지세는 자연적으로 위압을 당해 거주자가 비굴해지고 허리를 숙이는 상황이 오고 만다.

(3) 도둑을 피하고 생토를 찾아라

세상을 살면서 가장 무서운 것은 무엇일까? 전쟁, 전염병, 암과 같이 셀 수 없는 여러 가지가 있을 것이나 도둑 또한 무서운 대상이 아닐까 한다.

그런데 유난히 도둑이 자주 출입하는 그런 집의 형상이 있다면 믿어질까? 사실을 말하자면 도둑이 유난히 많이 드나드는 집이 있다. 그리고 그 형상은 동일한 모습을 지닌다. 도둑이 사는 집이 아니라 도둑질을 당하는 집의 형상이 있다면 무섭지 않은가?

바위산이나 돌산, 유난히 날카로운 돌이 많은 지형에서는 주택을 짓지 않는 것이 좋다. 옛 어른들은 날카로운 바위가 많은 곳에 집을 지으면 쇠붙이로 흉한 일을 당한다고 했다. 그리고 도둑이 많이 든다고 했다. 그러나 둥글고 부드럽게 느껴지는 돌은 괜찮다.

특히 주변 산세를 살펴 규봉(窺峰)이라는 것을 피하라 했다. 규봉은 도둑봉이라 하는 것으로 다른 사물이나 건물, 다른 산의 오목하게 파인 곳 너머로 마치 넘겨보듯 다른 산이 보이는 형상이다. 흔히 앉으면 보이지 않고 서면 보이는 산이라 말하지만 사실 그보다 큰 산도 규봉에 속한다.

산이 보이지 않는 도시에서는 건물이 산의 역할을 한다. 건물 사이로 보이는 작은 건물의 모습이 규봉과 같은 역할을 한다. 건물 사이로 비껴져 다른 건물 사이로 희미하게 보인다거나 언덕이나 높은 건물 너머에서 내 건물을 내려다보는 형상, 그리고 건물의 틈이 아주 미세하여 바람이 새어 들며 소리가 나거나 작은 사물이 넘겨다보듯 빼꼼하게 보이는 것이다.

특히 배산임수의 법칙에 따라 언덕에 집을 지었는데 마치 다른 사람의 어깨 너머로, 내가 고개를 돌려 어깨 너머로 다른 사람을 살피듯, 담 너머로 다른 사물이 보이듯 언덕 너머로 다른 건물의 모서리가 보이거나, 다른 산이 보이면 여지없이 도둑을 맞으며 귀한 것을 잃어버린다 하였다. 이러한 곳에 집을 지으면 도둑을 맞고 사람이 다친다. 이 귀한 것에는 명예도 포함되며 건강과 학업의 성취도 포함된다.

예로부터 사람들은 땅을 밟아야 건강하다는 말을 많이 한다. 그냥 땅이 아니라 생토를 말한다. 건강은 생토에서 얻어진다. 생토란 자연 그대로의 땅이다. 메우거나 다른 곳에서 퍼온 흙이 아니라 바로 그 자리에서 나는 땅이다. 자연 그대로를 이해하고 자연 그대로의 땅을 밟으라는 것이다.

집을 지으려면 생토를 찾는 것도 중요한 일이다. 대지를 살펴보면 축대를 쌓고 새로이 성토하여 만든 땅이 적지 않다. 혹은 강을 메우거나 호수를 메우고, 때로는 공장지대에서 택지로 변경된 곳도 있다. 심지어 공장지대의 슬러지나 쓰레기가 매립되었던 땅, 혹은 공장지대에서 오염된 땅을 퍼다가 매립하여 택지를 조성하는 곳도 있다. 겉으로는 드러나지 않지만 매우 불안하고 건강이 염려스러운 택지이다.

어디에서 온 것이지 알 수 없는 흙으로 메운 땅에 집을 짓는 것은 매우 불안한 일이다. 다행히 오염되지 않은 산에서 퍼온 흙이라면 문제가 없지만 만약 공장지대의 슬러지나 공동묘지의 흙, 공장지대에서 오염된 흙이 날려져 온 곳에 집을 짓는다면 결국 거주자의 건강은 멀어질 것이고 미래 또한 그다지 밝지만은 않을 것이다.

생토를 찾는 일도 정성을 들여야 한다. 지나치게 경사가 심해 기운 곳이나, 칼로 자른 듯 낭떠러지 모양의 절토지도 바람의 영향으로 건강에 무리가 오고 예측하지 못한 흉한 일이 일어나기도 한다. 바닥에 쓰레기를 매립하였다면 악취가 나고 병이 온다. 등에 산을 잘라 수직의 면이 생기거나 기울기가 심해 뒷집이 지나치게 높게 축대를 쌓는 것도 바람의 흐름을 날카롭게 하여 부정적인 에너지를 발생시킨다.

좋은 터를 찾는 것은 집의 설계나 집을 짓는 행위보다 중요하다. 대지의 형태가 미치는 영향도 집의 형태만큼 중요하다. 만약 남쪽에 넓은 공터가 있어 태양이 비추어 들고 밝은 기가 머문다면 주택에 좋은 기운이 가득할 것이다.

건물에 입주하거나 사무실을 만들 때, 혹은 소규모 점포를 전세내거나 임대 할 경우에도 자본이 부족하다는 이유로 건물 모서리 부분의 삼각형 부지를 사용하거나 임대를 하면 결국 병에 걸리고 만다. 특히 주택의 대지는 거주자 중에서 여자에게 영향을 미치고 대지는 재물을 의미하니 만약 대지가 불규칙하고 어그러지며 삼각형이 되면 거주자 중에 여자가 몸을 상하고 재산이 흩어진다.

건물 몸체도 중요하다. 건물 몸체는 생산을 의미하니 정성들여 설계하고 지을 것이다. 아울러 임대를 하거나 사무실 건물, 혹은 학습의 공간으로 사용할 건물이라면 어떤 경우도 네모지거나 원형이 우선이며 지나치게 예술적인 건물은 에너지의 흐름이 불규칙하므로 피하는 것이 좋다.

건물의 면이나 각이 튀어나오고 들어가기는 반복하고 외형이 불규칙하고 들쑥날쑥 혼란스러우면 생산이 이루어지지 않거나 에너지의 흐름이 불안하며 임신이 잘 안되고 학업이 이루어지지 않는 경우도 있다. 심미적인 것과 풍수적인 것은 때때로 반대로 달리는 경우가 많으니 단정하고 단아하며 변화가 적고 단순한 건물이 학습공간이나 사업공간으로는 이상적이다. 매우 신경쓸 일이다.

건물의 지붕도 매우 중요하다. 지붕은 명예를 지켜주는 것이니 만약 지붕이 불규칙하고 이지러지며 균형이 맞지 않으면 명예가 사라지고 학업이 깨지는 경우가 발생한다. 지붕의 멋은 차라리 지붕이 없는 것만 못하다고 할 수 있다. 또한 아예 지붕이 없으면 명예를 논할 수 없으리만치 비천한 것이다.

(4) 대지의 형태를 파악하라

대지를 구할 때 어떤 경우라 해도 삼각형의 대지는 피한다. 만약 삼각형 대지에 주택을 짓거나 대지에 담을 설치하여 삼각형의 공간이 나온다면 건강을 심하게 상하는 일이 생기게 된다. 아울러 건물 내부에 삼각형의 공간을 만든다면 대수술을 요하는 병에 걸린다. 공간 분할하여 삼각형의 대지와 건물 시설이나 삼각형 구역이 나오지 않도록 해야 한다.

대지의 형태도 많은 영향을 미친다. 어떤 경우라도 삼각형의 대지는 반드시 피해야 한다. 만약 삼각형 대지라면 내가 사용하는 공간은 잘라 삼각형의 예리한 공간을 버리거나 다른 공간으로 사용하고, 때로 오픈하여 나무를 심거나 하는 방법으로 사용한다. 차라리 삼각형의 예리한 부분은 포기하는 것이 이상적이다.

삼각형이 아니라 해도 담을 막다보면 삼각형에 해당하는 공간이 생길 수 있다. 건물 내부에도 삼각형이 생길 수 있다. 어떠한 경우라고 해도 반드시 피해야 하므로 담을 치는 경우도 삼각형의 공간이 생길 수 있으므로 신중해야 한다. 만에 하나 삼각형 모서리가 나온다면 과감하게 포기하는 용기가 필요하다. 건물의 경우에도 구간을 구획할 때 삼각형의 공간이 나타나면 큰 수술을 받을 가능성이 증가한다.

애초부터 좋은 대지를 선택하는 것이 헛수고를 줄이는 것이다. 대지의 형태를 감안하고 구하는 것이 중요하다. 가장 좋은 대지의 형태는 직사각형이다. 그러나 너무 길면 좋지 않으므로 1:1.618정도의 대비가 이루어지는 구성, 가로 세로의 비율이 2:3이나 3:5정도가 이상적이다. 건물도 이러한 기준에 맞게 지어지면 가장 좋다. 이러한 비율은 동서양의 공통적인 미적 관념이 동일함을 보여주는 것이다. 그러함에도 동양적인 사상은 이를 풍수적인 관점으로 적용 승화시켰다.

좋은 대지를 만났다고 모두 안심할 것은 아니다. 어디에나 만족스러운 대지는 있을지언정 모든 것을 충족시키는 대지는 없다. 그래서 사람의 노력이 필요하다. 가꾸고 수정하고 정성을 들이는 것으로 충족에 가까이 다가갈 수 있다. 자연의 이치를 이해하고 다가가는 것이 충족에 다가가는 길이다.

지나친 욕심이 오히려 충족을 그르칠 수 있다. 나무를 좋아한다고 해서 마당에 큰 나무를 심으면 좋지 않다. 예로부터 정원에는 큰 나무를 심지 않는 것으로 알려져 왔다. 지나치게 큰 나무는 공기의 흐름을 방해할 뿐 아니라 재산의 손실을 가져오며 고목이 있으면 거주자 중에 여자에게 큰 병이 온다. 아울러 지나치게 큰 나무의 가지가 지붕을 덮으면 집과 나무에 낙뢰가 떨어진다.

작은 나무와 화초는 배치에 따라 달라진다. 일반적으로 마당이나 정원은 네모진 형상을 가진 경우가 많다. 정원 내부의 에너지는 나름의 순환 시스템을 가지고 있다. 그러나 네모진 형상은 직진시스템을 요구하므로 순환 시스템에 제약을 준다. 가장 이상적인 순환시스템은 원형이다. 정원이 사각형인 경우에는 모서리에 키 작은 나무나 키가 크게 자라지 않는 나무나 화초를 심으면 정원의 공간 구성이 원형이 되어 에너지의 순환이 부드러워진다.

마당에 큰 돌을 두는 것도 좋지 않다. 돌은 지나치게 변화가 심하다. 여름에는 뜨겁게 달아오르고 겨울철에는 지나지게 차가워짐으로써 정원의 에너지를 지나치게 뜨겁거나 차갑게 변화시켜 주위와 다른 에너지의 왜곡 현상을 일으킨다. 이와 같은 에너지의 왜곡은 결국 거주자의 건강에 영향을 미친다.

돌이라고 해서 무조건 나쁜 영향을 미치는 것은 아니다. 돌의 크기는 기본적으로 쌀 두섬 정도를 기준으로 한다. 그나마 옆으로 누운 와석(臥石)은 그럭저럭 아름답기라도 할 것이나 마치 화산을 연상시키는 뾰족뾰족한 돌이라든지 지나치게 커서 사람의 허리 이상으로 큰 돌은 매우 흉하다. 이 돌이 마당에 있으면 거주자 중 여자가 피해를 보고 작은 돌이라도 집안으로 들이면 남자가 피해를 보게 된다.

자연을 좋아하거나 치장을 원하는 사람은 때로 정원에 연못을 파거나 물고기를 기르고, 때로는 풀장을 만들기도 한다. 마당에 연못을 파거나 분수대를 만드는 것도 생기를 흐트러뜨리므로 신중해야 한다. 특히 연못에 물을 대는 과정이나 분수를 이용해 물을 뿌리는 과정에서 발생하는 물소리는 신경쇠약을 불러온다.

정원이나 마당은 생기의 흐름에 민감한 요소다. 에너지의 충돌이나 분할은 결국 좋지 않은 결과를 가져온다. 정원이나 마당은 건물보다 약간 낮은 곳이 적당하며 앞마당보다 뒷마당이 넓을 경우에도 가정에 불안요소가 생겨난다. 가능한 뒷마당은 없거나 넓지 않은 것이 좋다. 만약 뒷마당이 넓어지면 안주인이 신경 쓸 일이 많아진다.

정원과 마당은 여자의 공간이다. 정원이나 마당이 파헤쳐지거나 손상을 입으면 금전적 피해가 오고 여자에게 병이 온다. 우리나라의 경우 대부분 주된 건물의 앞쪽에 마당이나 정원이 있어 생기가 보전된다. 마당의 생기가 여자의 건강이나 위생에 좋은 영향을 준다. 그러나 고택(古宅)의 경우 주된 건물의 뒤에 마당이나 정원이 있는 경우가 많은데 이는 제실이나 사당을 짓고 간혹 별당을 짓기 위한 공간으로 사용을 했다.

동양 삼국의 정원은 비슷하면서도 차이가 있다. 아울러 마당의 배치에 따라 에너지의 흐름도 달라진다. 일본의 경우에는 건물 내부에 소형의 마당을 만드는 관계로 여성이 남성에게 종속되는 기운을 가진다. 미국은 건물 앞뒤로 정원이나 수영장을 배치하는데 이는 가정의 불화와 올바른 부부생활을 방해하는 요인이 된다.

(5) 도로와 물

풍수지리라는 말은 장풍득수(藏風得水)를 줄인 말이다. 즉 풍수지리는 바람을 가두고 물을 얻는 것에서 시작되었다. 바람과 물은 천기와 지기의 표상이다. 서양에서는 이러한 개념을 에너지라고 표기한다. 즉 풍수지리는 인간이 살아가는데 필요한 자연적인 에너지를 어떻게 다를 것인가 하는 것을 연구하고 살아가는 생활 전반에 적용하는 것이다. 따라서 바람과 물은 기온의 변화를 나타내고 생존을 의미하기도 한다.

사람은 물을 마시지 않고는 살아갈 수 없다. 물은 대지의 기운을 나타낸다. 물은 강하게 불어오는 바람을 차단하거나 생기를 차단한다. 에너지의 흐름을 차단하는 기능적인 측면에서 물은 탁월하다고 볼 수 있다. 물의 흐름은 기의 흐름을 보여주는 잣대가 된다. 물이 대지를 감아 흐르면 매우 좋은데 마치 배를 둘러 말듯 돌아들면 환포수(環包水)라 하고 직선으로 가로지르면 횡대수(橫帶水)라 하여 매우 좋은 물이다.

안동지역의 오래된 역사를 증명하는 하회마을처럼 물이 도망치듯 빠져가는 것이 아니라 양택지를 에워싸듯 감아 돌아 흐르는 것이 가장 좋다. 반대로 물이 반대로 꼬리를 말고 도망치듯 나가거나, 물이 빠져 나가는 모습이 오래도록 길게 보이면 거수(去水)라 하여 매우 흉한 물이다. 이러한 물이 보이면 재산이 빠져나가듯 사라지고 병이 많이 발생한다. 도시에서는 도로를 물로 보기 때문에 그 형상과 흐름에 따라 물과 같은 현상을 나타낸다.

가장 나쁜 물이나 길은 등 뒤에서 찌르듯 직선으로 다가오는 것이다. 이를 당배수(撞背水)라고 하는데 아무런 방비도 없는 사람을 등 뒤에서 때리는 격이니 얼마나 두렵겠는가? 양택에서 당배수를 만나면 재산이 흐트러지고 사람의 운명을 예측하기 어렵다. 두려운 것은 음택도 마찬가지라는 것이다.

물은 화살과 같다. 정면으로 들어오는 물도 매우 두려운데 흔히 충(沖)이라고 표현한다. 이는 마치 화살이나 칼 끝이 목을 파고드는 것과 같은 위험성을 지니는데 하루아침에 파산을 당하거나 불행한 사고가 일어날 가능성이 높아진다. 또 두 개의 물이 합쳐지는 물길 아래쪽도 마치 도로가 집보다 높은 곳에 있는 것처럼 불길하다. 그러나 두 개의 길이 합쳐진 상태에서 길보다 높은 지대에 해당하는 택지는 좋은 대지이다. 그러나 도로

보다 낮거나 합쳐진 곳의 삼각형 대지에 해당하는 아래쪽은 불안하며 터널 앞도 매우 불길하다.

물은 흔히 재산으로 평가하여 물이 보이면 재산이 많이 생기는 대지로 판단한다. 그러나 물이 빠져나가는 모습이 아득하니 멀리 보이면 재산을 잃게 될 것이며 물이 흐르는 소리가 들리는 계곡 옆이나 낙차 큰 폭포 부근도 불길하다. 물소리가 들리거나 햇빛에 반짝거리는 폭포수의 물이 물고기의 비늘처럼 보이면 거주자는 신경쇠약이 걸릴 가능성을 배제할 수 없으며 형제간의 불화도 예견된다. 물소리가 들리지 않는다고 하더라도 큰 물가에 살면 호흡기 질환과 관절염이 온다.

물이 정면으로 들어오는 곳은 반드시 피해야 하고, 사방으로 택지를 에워싸듯 도로가 있는 경우에는 고립의 기운이 강하므로 피한다. 도로로 인해 대지의 에너지가 휘말리거나 흩어지고 때로는 고립되기도 하니 독불장군이 나타나고 전도가 막혀 상업이 잘 되지 않으며 학습자는 머리가 아프고 신경쇠약이 괴롭힌다.

대지가 도로보다 높은 것이 좋지만 약간의 높이가 좋은 것이다. 도로보다 높은 것이 좋다지만 지나치게 높으면 오히려 바람을 맞을 수 있으므로 높아도 1미터 이상 높이려고 성토를 할 필요는 없다. 도로가 집안으로 뚫고 들어오는 경우는 화금살(火金殺)이라는 충(沖)에 해당하는데 이는 불화살이 날아들어 몸에 상처를 입히는 것이나 같으니 심한 경우 사람이 죽기도 한다.

부 록

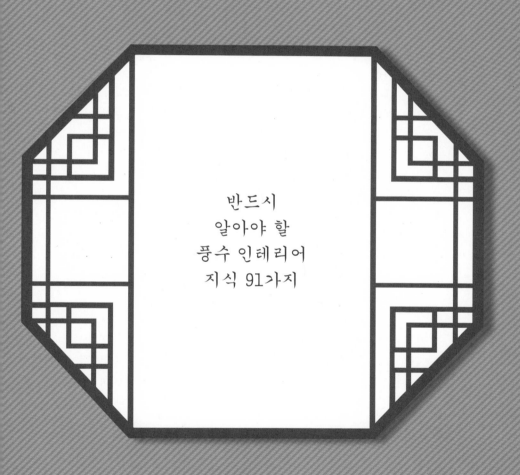

반드시
알아야 할
풍수 인테리어
지식 91가지

1. 방향이 남향인 집

집의 방향이 남향이면서 북이나 북서쪽에 등을 대고 남쪽이나 동남향을 하고 있으면 자연히 따뜻하기 마련이며 더불어 모든 집의 기운이 밝아진다는 의미를 지님. 북서쪽이 막혀야 가장 안정적인 집이다.

2. 햇볕이 들어오는 집

생기는 땅에서만 받는 것이 아니라 태양으로부터도 받으며 모든 생물은 햇볕을 필요로 하는데 같은 햇볕이라도 기가 일어나는 아침 햇볕을 받아야 함. 햇빛이 스며들지 않는 집이라면 어둡고 병이 많아진다.

3. 교통이 편리한 집

교통이 좋아야 업무의 효율성이 높고 귀한 손님도 오고 복도 들어온다. 교통의 중심지는 바로 상권이 발달하고 인간생활에 있어 중심이 되기 때문이다. 그러나 대형 도로와 너무 가까운 집은 소란스럽고 소음공해와 공기중의 오염이 걱정되므로 큰 도로보다는 이면도로가 주택으로는 유리하다.

4. 도로에 인접한 집

대지에 도로가 면해 있어야 대문을 내거나 도로를 이용하기가 편하다. 대지의 사면 중에서 최소한 한 면만은 도로에 접해야 하는데 이왕이면 주택의 서쪽에 큰 도로가 있으면 좋다.그러나 반드시 구애받는 것은 아니다. 한 면에 도로가 접하는 것보다 더 좋은 것은 도로의 교차점으로 코너가 되는 대지에 위치한 집이다. 단 집의 위치는 도로보다 높은 곳이어야 하고 도로가 정면으로 달려드는 모습이 아니어야 한다.

5. 집 앞의 전경이 좋은 집

활동의 근원지이며 성장의 요람인 주택의 전경은 거주자의 건강과 신경에 영향을 미친다. 지나치게 높은 건물이 눈앞을 가린다면 집안은 어두워지고 사람은 우울해지며 비굴하게 변한다. 집앞의 전경은 거주자에게 정서적인 안정에 좋은 영향을 준다.

6. 집의 북서방위에 큰 나무가 있는 집

집의 북서방위에 큰 나무가 있다면 그 집을 지키고 행복을 주관하는 것으로 알려져 있는데 이는 겨울의 찬바람을 막아주기 때문이다. 만일 이 나무를 베면 큰 화를 당하고 후손이 끊어진다는 이야기가 전할 정도로 조상들은 중요하게 여겼다. 그러나 나무가 지나치게 가까워 건물에 닿는다면 얻는 것보다 잃어버리는 것이 더 많다. 적당한 이격거리가 필요하다. 그 거리는 나무가 커도 커도 가지가 건물에 닿지 않는 거리이다.

7. 좌우의 균형

택지 주변의 산은 부드러워야 한다. 모가 난 바위 등이 바라보고 있다면 횡액을 피하기 어렵고 건강을 보장받지 못한다. 뒷산은 물론이고 앞산이나 좌우의 산이 불거지거나 등져 있는 곳은 피해야 한다.

8. 골짜기의 택지는 피한다

산의 골짜기는 절대 피해야 한다. 바람이 골바람 되어 밀려드는 곳은 유산, 사산, 폐병 등이 침습하여 가족의 건강을 위협한다. 지나치게 가파른 골짜기는 여름에 시원하다고 생각할 수 있으나 산사태 등의 위험이 있고 가족의 건강을 해치는 터다. 이러한 골짜기는 축사를 지어도 해가 있고 곡식도 잘 자라지 않는다.

9. 매립지를 피하라

주택지로 선정되거나 광고되는 곳의 일부는 매립지일 가능성이 높다. 늪이나 매립지 땅은 피해야 한다. 근본적으로 이와 같은 땅은 지기(地氣)에너지를 얻을 수 없기 때문이다. 건물이 기울어지며 균열이 일기도 하고 매립한 땅의 성분이 불순하여 병을 가져오거나 악운을 가져올 수 있기 때문이다.

10. 수직의 절토는 피하라

집을 지으려고 택지를 선정할 때 땅이 흐물흐물하고 산화토(酸化土)가 많은 산 밑이나 높은 언덕 밑을 피해야 한다. 절토를 하여 집을 지을 땅의 뒤가 지나치게 경사가 심하다면 살풍이 발생하여 폐와 연관된 병을 불러들일 가능성이 높다. 아울러 지기(地氣)를 얻을 수 없을 뿐 아니라 산사태의 위험이 높다.

11. 지나친 경사는 피하라

지나치게 경사가 심한 곳은 피하는 것이 좋다. 우선 지기의 안정을 이룰 수 없어 자주 근심이 생길 수 있다. 산 아래서는 산 정상으로부터 경사각 30°각도 이내를 피해야 한다. 60°각도가 가장 안정적이고 이상적인 地氣에너지를 얻을 수 있기 때문이다. 이름하여 완만한 각도를 지니는 터에 주택지를 선택하는 것이 이상적이다.

12. 명승지와 경승지를 피하라

바위가 하늘을 찌르고 폭포의 모습이 마치 선녀가 하늘을 나는 듯하다고 칭송받는 아름다운 곳이라 해도 택지로는 어울리지 않는다. 바위가 지나치게 드러난 곳은 풍수적으로 악산(岳山)이다. 악산이 가까이 보이는 곳을 피해야 한다. 아름다운 산이라 해도 바위가 지나치면 강한 기운에 짓눌리거나 몸을 아프게 만들고 모습이 좋지 못한 산의 바위에서는 악성 에너지가 나오기 때문이다.

13. 산의 능선을 파악하라

산의 능선 위나 능선 높이 이상으로 건물을 지어서는 안된다. 이는 근본적으로 바람을 피하기 어렵기 때문이다. 언덕에 집을 짓는 것은 기를 타고 있기 때문에 권장할 만하지만 지나치게 높아 뒤가 모두 보일 정도로 능선을 넘어서는 높은 건물이라면 좋을 것이 없다. 아파트와 다세대 주택의 경우도 뿔난 듯 가장 높은 것은 그다지 좋지 않고 언덕 위에 지은 높은 집도 주변을 살펴 능선보다 높으면 좋지 않다.

14. 수맥

수맥이 통과하는 곳은 피해야 한다. 수맥 위에 집을 지으면 수맥파의 영향으로 사람이 다치거나 건물에 균열이 온다. 사산, 조산, 불임 등의 원인이 될 수 있으며 우울증이나 병을 악화시키기도 한다.

15. 배산임수

집을 지을 때의 가장 중요한 제일법칙은 배산임수의 법칙이다. 산을 등지고 물을 바라보는 지세에 집을 짓는 것이다. 간혹 남향이라는 말을 하는데 이는 북서풍을 막을 수 있는 산을 등진 남향이라는 말이다. 남향을 고집하여 산을 쳐다보고 집을 지어서도 안된다. 이 집에 살면 결국 소인배가 되고 남에게 허리를 굽히는 일이 많아진다.

16. 물소리
물소리가 들리는 곳은 피하라. 신경쇠약이 오고 부부싸움이 격화되며 결국 형제간의 불화가 오며 재산 싸움이 일어난다.

17. 주변 건물을 살펴야 한다
주변 건물이 지나치게 난삽하거나 각이 많으면 거처를 정함에 주의해야 한다. 내가 살고 있는 주변 건물이 난삽하거나 각이 많이 돌출되어 있으면 내가 피해를 당하고 구설수에 몰린다. 심지어 사고가 일어나 피해를 당할 수도 있다.

18. 나무를 파악하라
개인 주택이나 소형 주택이라면 주택 주변의 나무에도 신경을 써야 한다. 구부러진 나무가 나를 향하거나 비비 꼬인 나무, 뿌리가 드러난 나무가 문을 가리거나 문을 지향하는 경우, 또 마당에 있으면 화를 입는다.

19. 암석이나 바위는 지극히 흉하다
마당이나 거실에 있는 돌은 재앙을 불러들인다. 마당에 높이가 1미터 이상이 되거나 불길이 피어오르듯 날카로운 각이나 모양을 지니는 경우, 혹은 거실에 놓여진 수석이 많거나 날카로운 형상을 지니면 거주하는 여자가 생식기에 문제가 일어나고 심지어 암이 발생하여 죽음에 이르기도 한다.

20. 물의 직충(直冲)을 피하라
물과 계곡은 매우 위험한 존재이다. 도시에서는 도로가 물로 분석된다. 물이 집을 향해 직선으로 흘러 내려오는 곳(直來)도 피해야 한다. 이는 사람의 몸을 찌르는 흉기와 같다. 만약 산의 지각이나 다른 건물이 앞을 막아서면 무방하다.

21.삼각형 대지는 피하라
집터의 모양이 삼각형이나 또는 한 쪽 끝이 뾰족한 곳은 피해야 한다. 더욱 무서운 것은 담을 둘러 삼각형 공간이 나타나는 것이다. 이 경우에는 매우 위험하여 거주자가 대수술을 받을 가능성이 증가한다. 내부적으로도 삼각형 공간이 나오지 않도록 조절해야 한다.

22 위압감이 드는 대지는 피하라
사람은 자연을 벗하여 살았다. 사람이 아무리 강하다고 해도 자연의 위압감을 굴복시킬 수는 없다. 큰 나무 밑이나 높은 건물 밑도 피해야 한다. 이는 사람이 살아가면서 위압감을 느끼기 때문이다. 큰 나무나 건물, 혹은 큰 산을 정면으로 바라보며 살아가는 것은 위압감 속에 살아가는 것으로 존재감을 약하게 만든다.

23. 진동과 공기가 나쁜 곳은 피하라
주변이 시끄럽다면 신경쇠약에 걸릴 가능성이 높아진다. 주변에 소음이나 진동이 심한 곳이라면 철로가 가까이 있거나 공장지대일 것이다. 가능한 피하는 것이 정신 건강에 이롭다. 만약 공장지대라면 폐수가 있거나 공기가 나쁜 곳일 가능성도 있다. 소리가 신경쇠약을 일으킨다면 물소리도 크게 다르지 않다.

24. 땅을 살펴라
집을 지으려 한다면 모래땅이나 자갈땅은 피해야 한다. 모래땅과 자갈땅은 지기가 미치지 않는 곳이거나 생기가 머물지 않는 땅이다. 아울러 지반이 약해 재물의 피해가 예상되는 곳이기도 하다.

25. 산의 높이에도 주의하라
한국 사람들이 남향을 선호하는 것은 태양빛이 많이 스며들기 때문이다. 남향집이라도 앞산이 너무 높다면 고개를 처들고 살펴야 한다. 이는 배산임수에 위배되는 것으로 소인배의 품성을 만들기 때문에 피해야 한다. 북향집일 때는 뒷산이 너무 높은 곳은 피해야한다. 이는 남향으로 스며드는 빛을 차단하기 때문이다. 햇빛이 미치지 못하면 음풍(陰風)이 발생하여 건강을 해치며, 일조시간이 너무 짧아 연료비가 지나치게 많이 든다. 일정거리를 두면 햇빛이 스며들기 좋고 남쪽의 산이 낮은 곳이라면 구애받지 않아도 된다.

26. 집터보다 집 뒤가 낮은 곳은 피하라

배산임수는 가장 기본적인 조건이다. 아울러 집 뒤가 낮으면 안정감이 떨어지고 바람의 영향을 막을 수 없다. 만약 길보다 낮은 터에 성토를 하여 집을 지은 곳이라면 뒤가 빈듯 낮아지는 경우도 있는데 그다지 좋은 집터는 아니다.

27. 자연친화적이라야 한다

좋은 집이란 좋은 지기(地氣)가 많이 배출될 수 있고, 좋은 기를 지속적으로 받아들일 수 있는 그런 곳이다. 아파트와 같은 건축물은 개인주택과 비교하여 자연과 멀어지는 구조를 취할 가능성이 높다.

자연 친화적이라는 말은 자연적인 기가 존재하는 집이다. 좋은 기가 모이는 곳은 바로 현대식 표현으로 한다면 환경 친화적이며 환경에 거슬리지 않는 그런 곳이다. 수맥이나 지전류가 없이 좋은 토질로 구성되어 있는 곳이 바로 그런 곳이다. 집을 지을 때는 생토의 땅에 짓는 것이 중요하다.

28. 향(向)도 중요하다

집을 지을 때는 좌향을 논하게 된다. 향은 바로 집이 바라보는 방향을 의미하며 정기(精氣)인 태양을 얼마나 받을 수 있느냐의 문제에서 시작되었다. 우리나라의 지형에서는 남향집이 좋지만 반드시 서북방향에서 불어오는 건해풍을 막는 산이나 큰 건물이 있어야 한다. 우리나라의 지형상 북향집은 물론이고 서향집도 많지 않다. 그러나 배산임수의 법칙에 따르고 보면 북향이나 서향, 동향집도 지세에 맞는 집이 나올 수 있다.

29. 채광과 환기가 잘되는 집이어야 한다

채광과 환기는 거주자의 건강과 관계가 있다. 지세에 순응하는 자세가 주요하다. 동쪽이 높고 서쪽이 낮은 집이나 남쪽이 높고 북쪽이 낮은 집은 채광과 환기가 제대로 되지 않는다. 때에 따라서는 거리를 조정함으로써 일정 부분 수정하거나 그 영향을 줄일 수 있기는 하지만 동쪽이 높다는 말은 생장의 기운이 내포되어 있는 아침의 밝은 기운을 받기 어려울 수도 있다는 말이며 서쪽이 낮다는 말은 충만된 기가 아닌 쇠락(衰落)하는 기운인 오후 태양의 기운을 오랫동안 받게 된다는 것이다. 남쪽이 높다는 것은 태양에너지를 충분히 받을 수 없는 것과 마찬가지다. 반면에 북쪽이 낮으면 북서풍의 영향으로 늘 냉기가 도는 그런 집이 되기 쉽다. 그럼에도 불구하고 남향을 고집하여 높은 산이나 건물이 앞을 가린 상태라면 더욱 좋지 않다.

30.조경도 중요하다

현대 조경과 옛조경은 차이가 있다. 그러나 조경이란 마당을 가꾸고 관리하는 점이라는 것에서 변화는 없다. 집 마당에 집 높이보다 키가 큰 나무가 있다면 집을 누르고 있는 형국이 된다. 또한 뒤틀림이 심한 나무는 집안에 일이 꼬이도록 만든다. 벽을 타는 나무는 물론이고 가시가 많은 나무도 건강에 영향을 미친다. 마당에 큰 나무는 집안을 가난하게 만들고 거실이나 안방에서 시야를 가리는 나무가 있어 답답해지면 심장병이 생기는 경우가 있다.

31. 베란다는 개조하지 말고 그대로 두는 것이 좋다

집을 지으면 때로는 거실이나 방이 좁아 보이거나 실제로 좁은 경우가 있다. 이 때는 대부분 베란다를 터서 넓히는 선택을 한다. 실내 공간을 넓히기 위해 베란다를 없애고 거실의 폭을 넓히거나 방을 넓히는 경우가 있는데 선택에 신중해야 한다. 베란다는 외부에서 밀려오는 비바람이 직접 침투하는 것을 막아 주는 완충 역할은 물론이고 외부의 기와 내부의 기가 직접 충돌하는 것을 막아준다. 또한 베란다를 개조하여 내부의 면적을 넓히다 보면 어느 한 면이 지나치게 길어지게 되는데 비율이 1:2가 넘으면 빈상이라 하여 좋지 않다.

32.집은 크다고 해서 다 좋은 것이 아니다

가족이 모여 살다가 일부가 독립하여 나가거나 자식들이 외국으로 간다거나 하여 집안에 살던 사람들이 많이 빠져나가면 기력이 약해지거나 헛것이 보인다고 하는 경우가 적지 않다. 이는 집안이 비기 때문이다. 집이 너무 넓으면 좋지 않다. 가족 수에 맞추어 집을 짓거나 선택하는 것이 좋다. 1인당 가장 좋은 면적은 대략 5~10평이다. 4인 가족을 기준으로 20평 이하는 좁다는 기분이 들고 40평 이상은 너무 넓어서 좋지 않다. 빈방이 많거나 사람의 온기가 집안 구석구석 미치지 못하면 그 만큼의 사기(邪氣)가 침투하고 사람은 헛것이 보이거나 불안심리가 가중되며 손길이 닿지 않는 공간에 나쁜 기운이 차지한다.

33.무덤이 있었던 자리는 좋지 않다

땅을 새로 사서 집을 지을 때는 애초에 어떤 자리였는지 파악하는 노력이 중요하다. 산업화와 근대화, 도시화가 급속도로 진행되며 옛 모습이 변해 어떤 곳이었는지 알지 못하고 집을 짓다가는 낭패를 볼 수 있다. 또한 다른 곳에서 흙을 가져다 부어 대지를 구성했다면 어디서 퍼온 흙인지 관심을 가져야 한다. 집을 짓기에 생토가 좋지만 반드시 모든 조건을 충족시키기 어려우므로 메운 땅이 어디에서 온 흙인지 파악해야 한다.

애초에 무덤이었거나 무덤이 있던 곳에서 퍼온 흙이라면 때로 문제가 심각해진다. 간혹 집을 짓다가 시신이 나오는 경우가 있는 데 이때는 잘 처리 해주지 않으면 엄청난 재앙을 초래한다. 만약 시신이나 유골을 모르고 그냥 집을 지으면 계속해 우환이 일고 이유없는 죽음이 따르는 것을 막을 수 없다.

34. 고압선과 변전소의 문제

고압선 주위에서 살다보면 불안감이 가중된다. 고압선 근처의 집에서 기형아가 태어나는 것은 이미 보도가 되었다. 고압선 부근의 농장에서 비가 오는 날 젖소가 심장마비로 죽은 사건도 이미 보도가 되었다. 고압선이 영향이 없다는 주장은 이치에 맞지 않는 말이다.

고압선에는 강한 전류가 흐르고 있으며 집안에 전도성이 강한 물질이 있으면 집안으로 침투하며 거주자에게 영향을 미친다. 아울러 일정 공간에 고압으로 인한 전기 터널이 생기게 되는데 이는 사람에게 치명적인 영향을 준다.

35. 외딴 집은 좋지 않다

나이를 먹으면 전원주택을 생각하거나 편안한 노후로 자연과 벗하고자 한다. 그리고 실천하는 사람도 적지 않다. 간혹 전원주택을 선택하다 보면 외딴집에 거주하게 되는 경우가 있다. 그러나 사람은 나이를 먹을수록 사람과 어울려야 한다. 마을이란 말의 의미를 되새길 필요가 있다. 집들이 옹기종기 모여 있는 곳이 마을인데 인심도 후하게 된다. 여러 갈래로 집이 흩어져 있는 마을은 서로의 주장이 강하고 지극히 이기적이다. 아울러 나이를 먹으면 병원이 필요한데 혼자 살면 위급한 순간에 누구의 도움도 받지 못할 수 있다.

36. 쓰레기 매립장을 메운 곳은 피한다

집을 지으려고 땅을 팠더니 매립한 쓰레기가 나왔다는 보도를 접한 적이 있다. 아마도 쓰레기 매립장이거나 다른 곳에서 흙을 퍼와 대지를 조성하는 중에 매립장 흙을 퍼온 가능성이 높다. 어찌 되었든 쓰레기가 나온다는 것은 썩은 땅 위에 집을 지은 것과 마찬가지다.

쓰레기가 매립되었던 땅은 나쁜 영향을 주는 기가 지속적으로 나오기 때문에 건강에 문제가 오고 재산상 손실도 많다. 화학공장이 자리하고 있던 곳도 크게 다르지 않아 선택하지 않는 것이 이상적이다. 눈에 보이지 않는 기라고 해도 언젠가는 영향을 미치기 때문이다.

37. 큰 도로를 끼고 있는 집이나 아파트는 좋지 않다

묘 옆으로 강이 지나는 것은 아주 흉한데 이는 장마철에 강물이 범람할 우려 때문이다. 아울러 물이 흐르는 소리가 들리는 곳은 신경쇠약이 뒤따른다. 양택에서 도로는 물과 같은 것으로 본다. 집 옆으로 큰 도로가 있다면 큰물이 흐르는 것과 같다.

도로변은 차량의 소음으로 인해 항상 시끄럽고, 차량의 빈번한 이동에 따른 먼지도 역시 집 안으로 들어오게 된다. 건강을 위협하는 주범이 소음과 먼지, 물의 범람이다. 소음은 거주자의 신경을 자극하여 신경쇠약에 걸리게 하며 부부싸움을 유발한다. 아울러 차가 많이 이동하기 때문에 예측하기 어려운 사고의 우려도 있다.

38. 막다른 집이나 복도식 아파트의 맨 끝 집

바람의 영향은 무시하기 힘들다. 풍수지리에서 바람을 중요하게 다루는 이유는 바람으로 인한 형상들이 인간들에게 영향을 미치기 때문이다. 골목 막다른 집은 바람이 직선으로 찌르고 들어가는 형상이다. 이를 사람의 몸에 찌르는 화살과 같은 것으로 본다. 이곳에 사는 사람들은 의욕 저하를 느끼게 되고 강한 기의 충돌에 따라 신경질적인 성향을 지닌다. 특히 막다른 골목에서 바로 현관으로 이어진다면 흉한 사건도 연이어 일어날 수 있다.

39. 집안 내부에 수석을 많이 두는 것은 좋지 않다

거실은 마당과 같다. 마당이 없는 집은 거실이 마당의 역할을 한다. 마당이 거주자 중 여자의 영역이듯 마당이 없는 집의 거실은 마당의 역할을 하는 격이므로 여자에게 영향을 미친다. 특히 마당이나 거실에 큰 돌을 놓았다면 여성의 피해는 불을 보듯 뻔하다.

마당에 큰 돌을 놓는다면 더운 여름이면 돌은 주위와 비교해 지나치게 높은 온도까지 오르고 겨울에는 땅의 온도보다 훨씬 더 차가워진다. 이 온도의 차이가 병을 가져온다. 아울러 사람이나 짐승을 닮은 돌, 탑, 돌로 만든 조각도 피하는 것이 좋다.

40. 박제를 두는 것은 좋지 않다

모든 사물은 고유한 기를 지닌다. 이 기가 에너지로 사람에게 영향을 미친다. 오링 테스트를 할 때 사진만으로도 그 반응이 가능한 것은 실물이 아니라 해도 사진속의 물체가 지닌 고유의 기의 영향때문이다. 생명이 끊어진 동물 박제는 정상적인 죽음에 의한 것이 아니고 살해를 당한 것일 가능성이 높아 살기를 띄게 된다. 특히 오랜 병약자나 아직 미성숙한 어린이, 외부의 자극에 민감한 임산부 등은 좋지 않은 영향을 받는다.

41. 담장이 집에 비해 너무 높으면 좋지 않다

담이 있는 집과 담이 없는 집의 차이는 기의 흐름 차이이다. 담이 없다면 내외의 에너지가 혼동, 또는 소통되지만 담이 있다면 내부의 기가 안정된 것이다. 담이란 도둑을 막고 내부의 기를 안정시키는 중요한 요소이지만 잘못 설치하면 오히려 설치하지 않은 것보다 못하다.
집에 비해 담장이 너무 높으면 집이 담에 짓눌리게 되어 집안에서 상당한 답답함을 느끼게 되어 생활하는 사람들이 신경질적적으로 바뀐다. 이는 높은 산이 둘러싼 것과 같은데 이를 천옥(天獄)이라 부른다. 또한 담이 지나치게 높으면 도둑이 눈독을 들여 도둑질의 표적이 된다. 담이 높으면 도둑의 출입을 방해하고 방어할 것 같지만 오히려 도둑이 쉽게 탄로나지 않아서 유리하게 도둑질을 할 수 있다. 특히 벽돌을 옆으로 세워 날카로운 모양을 드러내거나 철조망과 유리조각을 꽂거나 설치하는 것은 극히 나쁘다. 또한 성벽 모양으로 만드는 것은 투쟁과 싸움을 의미한다.

42. 침실 가까이 큰 나무가 있거나 나무가 많으면 좋지 않다

정원수는 일견 아름답고 공기를 정화시키는 것으로 보인다. 물론 생물학적인 존재로서의 정원수는 매우 좋다. 그러나 풍수적으로 큰 나무는 집 안에 들이는 것이 좋지 않다. 담의 낮은 부분과 약한 부분을 방어하고 집의 조화를 보완하는 것이 정원수이다.
특히 담으로 둘러싸인 집안의 정원수는 산소를 배출하고 탄산가스를 흡입하여 거주자에게 신선한 공기를 공급한다는 긍정적인 의미가 있다. 그러나 낮에는 그렇지만 밤에는 그 반대로 인간과 마찬가지로 나무도 산소를 흡입하고 탄산가스를 배출한다. 이러한 이유 때문에 정원수가 좋지 않은 것이다. 더불어 예로부터 나무가 커서 지붕을 가리거나 건물에 닿으면 그 건물의 기를 나무가 빨아들인다고 여겨져 왔다.
나무가 침실 가까이 있다면 더욱 곤란하다. 나무가 침실 가까이 있다면 야간에 나무가 배출하는 탄산가스가 침실로 들어오게 되며 수면중인 거주자에게 나쁜 영향을 준다. 창은 밖을 보고 바람을 통하게 하며 기의 순환통로로 이용하는 것이다. 너무 큰 나무는 햇빛을 가리게 되어 자연채광에 문제를 일으키고 한여름에는 낙뢰를 맞아 쓰러질 가능성이 있어 위험을 초래하기도 한다. 더구나 나무에 가려 집안이 습하고 음지가 되면 집안을 침울한 공기로 변화시키며 여름에는 습기를 머금고 해충의 보금자리로 변할 가능성이 있다. 더구나 큰 나무는 뿌리가 많아 집의 기초를 약하게 하고 가족의 재화를 창출하는 것으로 여겨지는 땅의 생기를 흡수한다.

43. 애완동물은 집밖에 두고 기르는 것이 좋다

우리나라에서 예전에는 동물은 야외에서 길렀다. 언제부터 애완동물의 역사가 시작되었는지 알 수 없으나 최근에는 가족과 함께 살거나 집안에서 기르는 짐승들이 많아진 것은 사실이다.

인정적인 면을 제외하면 개나 고양이 같은 애완동물은 때로 건강에 치명적인 영향을 미친다. 털이 무성한 애완동물들은 조금만 관리를 소홀히 하면 각종 벌레들의 온상이 되기 쉽다. 아울러 그들의 배설물이나 이곳저곳에 흘리는 침, 빠진 털이 사람들에게 결정적인 건강상의 문제를 제기하게 만든다.

애완동물은 몇몇 종을 제외하고는 동물 특성상 털이 있고, 아무리 깨끗하고 조심해서 관리해도 털은 빠진다. 집안에 노약자나 어린이가 있을 경우에는 호흡기 질환을 야기할 수 있으며 이미 증명된 바가 있다. 동물을 기르고 사랑하는 것은 인간적인 매력이지만 가급적 집안에 두지 말고 외부에 두고 키우는 것이 건강에 도움이 된다.

44. 집 주위에 짓다가 만 흉칙스런 건물이 있으면 좋지 않다

길을 가다 보면 십년이 되도록 완공이 되지 않은 집을 볼 수 있다. 벽은 허물어지고 철골은 드러난다. 하늘을 향해 튀어나온 철구조물은 마치 피뢰침 같은 모양이다. 자신이 살고 있는 집이 환경적으로, 풍수적으로 아무리 좋아도 주위에 혐오시설이나 완공되지 못해 방치된 건물이 있다면 좋지 않은 에너지가 영향을 미친다.

45. 마당에 연못이나 분수대를 설치하는 것은 좋지 않다

물은 재산이다. 그러나 병을 옮기는 좋지 않은 매개체이기도 하다. 넓은 부지에 집을 지으면 분수대나 연못, 혹은 풀장을 선택할 수도 있다. 그러나 마당에 연못이나 분수대를 만들면 마당의 생기를 흡수한다. 마당의 생기를 흡수한다면 거주자는 생기를 잃어 약해진다. 생기를 잃으면 거주자는 건강을 잃게 되므로 마당에 연못이나 분수대를 설치하면 안된다. 더구나 오래도록 청소를 하지 않거나 다른 이유로 물이 흐려지면 장기계통이나 안질이 오고 병이 깊어진다.

46. 대문 바로 옆에 화장실을 두는 것은 좋지 않다

옛 건물을 보면(대략 1975년경부터) 마당 한 쪽에 외부 화장실을 두거나 대문 옆에 화장실을 배치하는 집이 많았다. 대문과 화장실이 함께 있는 경우는 남자의 명예가 나빠지고 재물운도 흘러나가 버린다. 대문은 기의 출입구이며 명예와 재물이 드나드는 곳이다. 이곳이 지저분하다면 드나들며 모두 더럽혀지는 것이다.

대문으로는 언제나 깨끗한 기운이 들어와야 하는데 이는 거주자들의 건강과 밀접한 관계가 있다. 대문과 화장실이 같이 붙어 있는 경우에는 대문으로 들어오는 기운에 화장실의 탁한 기운이 묻어서 함께 집 안으로 들어온다. 밖에 있거나 안에 있거나 큰 차이는 없어서 화장실의 배치는 신중하고도 고려됨이 원칙이다.

47. 녹색 관엽 식물을 키워라

도시에서의 생활은 삭막하다. 회색 도시건물은 눈의 피로를 가중시키고 정신을 어지럽힌다. 간간히 야외로 나간다면 그나마 심신을 달랠 수 있을 것이다. 그것이 어렵다면 집 안에 녹색의 관엽 식물을 키움으로써 삭막함을 달랠 수 있다.

특히 겨울은 생기가 수축되는 계절이다. 아울러 거실 내부의 기를 온화하고 생기있게 만드는데 잎이 넓은 식물은 도움이 된다. 거실에 잎이 무성하고 잘 자라는 화분을 둬 확장의 개념으로 수축의 기를 상쇄한다. 그러나 지나치게 뾰족한 잎을 지닌 나무와 지나치게 가는 잎을 지닌 식물, 침의 형태를 지닌 식물은 도움이 되지 않는다.

집 안에 녹색의 관엽 식물을 두는 것은 풍수상 매우 좋은 기운을 준다. 넓은 잎은 금전운도 좋게 만든다. 넓은 잎의 관엽 식물은 산소를 많이 발생시켜 쾌적한 기를 만들기도 한다. 공기가 맑아진다는 것은 내부의 쾌적함으로 머리를 맑게 하는 것이다. 이로 인해 학습능력을 배가 시키고 정신을 맑게 한다. 그러나 주위를 할 것도 있으니 기를 빼앗아가는 시든 식물이 있다면 빨리 치워야 한다.

48. 침대 커버에 신경을 쓴다

색은 단순하게 바라보거나 보이는 그대로의 색채 이외에도 많은 의미를 지닌다. 모든 사물이 에너지를 뿜어내듯 색도 나름의 기를 지니고 있다. 또한 색은 사람의 마음에 작용하며 의미하는 바가 짙어 풍수적으로도 영향을 미친다.

경기가 나빠지면 많은 사람들이 금전 운에 신경을 쓰기 마련이다. 자금이 필요하거나 새어나가는 돈이 아쉬울 때가 있다. 이 때는 물론 집의 형태가 어떤가를 살피는 것이 우선이지만 집안의 컬러를 살피는 것도 중요하다. 금전 운을 바란다면 노란색과 금색을 택하는 것이 현명하다. 특히 부부의 침실에 침대 커버를 노란색이나 금색으로 선택하면 금전 운이 좋아진다. 침태 커버와 벽지도 노란색이나 황금색 계열을 선택하면 금전 운이 상승한다. 부엌에 노란 장미나 프리지어, 해바라기 등을 꽂아두면 집 안의 재운이 상승한다. 예로부터 식복은 재운과 관련이 있었다. 주방의 여러 기구들을 금색이나 황토색에 가까운 색으로 칠하거나 무늬를 주고, 때로 포인트를 주면 금전 운이 상승할 것이다.

49. 고층 아파트에서는 의도적으로 황토색을 사용한다

사람은 살아가며 지력의 영향을 받는다. 지력은 일정한 범위 내에서 생기의 영향을 준다. 사람은 땅을 밟으며 살아가라는 말을 하는 것은 바로 이 지력 때문이다. 지력이 미치지 못하는 곳에서는 병이 오고 몸이 약해진다. 고층 아파트의 경우처럼 땅과 멀어진다면 실내 정원과 같은 시설이 도움이 되겠지만 땅바닥과 멀어지면 식물도 잘 자라지 않으므로 땅을 의미하는 황토색으로 땅의 기운을 뿜어내도록 한다.

5층 정도의 아파트 저층이면 당연히 생기가 미치는 곳이므로 건강에 도움이 되고 지력의 도움을 받아 금전 운도 나쁘지 않다. 그러나 건물의 배치나 앞 건물의 배치에 따라 햇빛이 가려 어둡다면 밝은 금색이 포함된 벽지나 가구를 사용하고 전등을 이용해 밝은 분위기를 만듦으로써 생기를 충족시킨다. 또한 생기가 미치는 높이는 한계가 있으므로 7층 이상의 아파트에서는 땅의 기운을 보충해주는 흙색(황토색), 엷은 갈색, 아이보리색을 사용해 가구나 벽지를 바르면 좋다.

50. 침대 사용시 수면의 위치

잠을 자는 법에도 풍수적 영향을 받을 수 있다. 침대를 사용하는 경우와 침대를 사용하지 않는 경우도 마찬가지다. 침대 안 쪽에서 남편이, 바깥 쪽에서 아내가 잠을 자는 것이 침실의 기운을 효율적으로 사용하는 것이다. 침실의 기운은 대각선으로 흐르기 때문에 문에서 먼 쪽에 기운이 세게 흐른다. 그러나 아내가 기운이 없을 때는 서로 잠시 자리를 바꾸는 것이 좋다. 일반적으로 잠자리에 누웠을 때, 여자는 남자의 왼쪽 팔이 있는 방향에 눕는 것이 건강에 좋다.

51. 족열두한(足熱頭寒)의 법칙을 생각하라

잠을 자는 문제는 단순하지만 깊이 생각할 부분이기도 하다. 잠을 자는 법에도 여러 이론들이 존재한다. 북 쪽에 머리를 주지 말아야 한다는 이론이 있는가 하면 귀문방에 머리를 두지 말라는 주장도 있다.

예로부터 간단하고도 아주 확실한 주장은 바로 족열두한의 법칙이다. 어떤 방향인가를 따지지 않고 집안 내부의 기를 따지는 방법으로 발을 따스한 곳에 두고 머리를 차가운 곳에 두고 자라는 것이다. 이 말은 창가 방향으로 머리를 두고 발은 방 안 쪽 방향으로 향하라는 말이다. 동서남북의 기준이 아니라 생기를 기준으로 하는 것이다.

52. 양기를 조절한다

햇빛이 스며든다면 다행이지만 때로는 거실이 지나치게 어두운 경우도 있다. 배산임수의 법칙에 맞게 집을 지었지만 북향이라면 거실이 북쪽을 바라보게 되므로 당연히 거실이 어둠침침할 것이다. 거실이 어둡다면 양의 기운을 가진 목재가구를 둔다.

거실은 집의 중심이므로 음양의 균형을 맞추는 것이 관건이다. 단순히 어두운 것만이 중요한 것이 아니라 집의 중심은 거주자의 건강을 관장하는 곳이다. 따라서 어둡거나 습한 기운이 머문다면 거주자의 건강에 적신호가 올 수 있다. 어둡다면 목재가구를 배치하는 것도 좋다.

밝은 색으로 그려진 꽃이나 해가 비쳐 온화하고도 따스한 느낌을 주는 산 그림이나 사진을 배치하고 붉은색 계열의 소품을 놓아 따스함을 추가 시킨다. 따스함을 배가시키기에는 백열전등보다 붉은색이나 은은한 색이 스미는 삼파장 램프나 다양한 형태의 등을 선택하는 것도 도움이 된다. 거실에 배치하는 가구는 일반적으로 직선으로 잘리거나 면이 돌출되는 가구가 많으므로 소파에는 쿠션이나 부드러운 무릎담요 등을 배치하여 온화함을 추구하고 조명은 가능한 둥근 것이 좋다.

53. 아무 기념품이나 침실에 두지 말라

여행을 다녀오면 짐이 부푼다. 때로는 정말 필요한 물건을 사오는 경우도 있지만 때로는 단순히 내가 다녀온 여행지를 알리기 위해 선물이나 물건을 구입하는 경우도 있다. 이 물건들이 거주자의 운을 앗아갈 수도 있다.

여행지에서 구입한 물건은 거주자의 공간과 어울리는지 살펴야 하고 내부의 기운을 살펴 배치를 하여야 한다. 근본적으로 기가 나쁜 물건이라면 구입하지 않는 것이 좋다. 예를 들어 이집트에서 구매한 물건이 피라미드와 관련이 있다면 금전 운을 극도로 악화시킬 것이다. 구매 물품이 집안의 기운과 어울리지 못하면 생각지도 못했던 곳에서 불필요한 지출이 늘고 수입이 줄어들어 금전 운에 타격을 준다.

그림 하나에도 영향을 받는 것이 집안 내부의 에너지이다. 그림이나 사진을 장식한다고 해도 에너지의 특징을 살펴야 한다. 무거운 항아리를 이고있는 아낙의 그림이라면 그 고통의 기가 집안 내부에 영향을 미친다. 찡그린 표정의 조각상 등은 최악의 기념품이다. 석고나 돌로 만든 기념품은 이미 좋지 않은 영향을 미친다. 그런데 고통의 표정이나 힘든 표정, 혹은 누가 보아도 힘이 들어가야 할 정도의 고통스러운 형태나 사물, 그리고 그림이나 사진이라면 아예 폐기하는 것이 좋다. 은사로부터 선물을 받았거나 금전적으로 꼭 아껴 두어야 한다면 거실이나 침실에 두지 말고 창고를 마련하는 것이 좋다.

54. 식탁은 벽에 붙여두지 않는다

외부와 닿은 벽은 외부의 기운이나 또는 다른 이웃한 집의 기운이 미친다. 내부의 벽도 다른 공간을 분리하는 기운을 지닌다. 아울러 벽이란 운의 흐름을 막는 기운을 지니고 있다. 따라서 침대와 마찬가지로 식탁을 배치한다면 조금이라도 벽에서 뗀다.

주부들이 식탁이나 냉장고에 지갑을 두는 경우가 많다. 가급적 식탁 위에는 지갑을 두지 않는 것이 좋다. 냉장고나 김치냉장고와 같은 가전제품 위에 지갑을 두는 것도 나쁘다. 부엌은 화구인 가스레인지나 가전제품이 있으므로 해서 불(火)의 기운이 강하므로 금전 운을 태운다. 지갑과 영수증은 침실 서랍이나 상자에 따로 보관한다. 영수증은 가능한 지갑이나 주머니에 넣고 다니지 않는다.

55. 냉장고와 전자레인지는 붙여놓지 않는다

만물은 모두 상생의 도움과 상충의 대립이 존재한다. 집안 내부에도 이 두 가지의 경우는 늘 존재한다. 물(水)의 기운이 강한 냉장고와 불(火)의 기운이 강한 전자레인지는 상극이다. 물은 불을 끄지만 불은 물을 끓게 만들 수도 있다. 이 과정은 모두 원래의 성질을 변화시키는 것으로 매우 좋지 않다. 물과 불의 기운이 가까이 있거나 붙어 있으면 기운이 충돌하여 지출이 많아지고 원하지 않던 자금이 새어나간다. 이처럼 금전 운이 급격히 저하되므로 가능한 일정거리를 벌려 배치한다. 그러나 주방의 구조와 배치상 어쩔 수 없이 나란히 배치해야 한다면 중간에 나무판이나 벽을 이용해 격리시키고 중화시킨다.

56. 칼은 보이는 곳에 두지 않는다

물체는 고유의 기가 있으며 물건은 주인의 손에서 사용하여 에너지를 배출한다. 주방용 칼은 살기를 발산하는 기구이다. 예전에는 칼이란 보이지 않는 곳에 배치하는 것이었으나 최근에는 밖에 노출시켜 진열하는 경우가 적지 않다. 칼은 살기를 지니고 있으며 사용하면 때로 에너지를 자르고 무서운 결과를 가져온다.

때때로 칼을 도마와 함께 보이는 곳에 두는 경우가 있는데 칼은 보이는 곳에 두면 애정 운이 나빠진다. 외제의 고급 칼은 식탁이나 주방의 개수대 부근에 세우도록 만들어진 경우도 있는데 반드시 칼집이나 서랍 안에 넣어두어야 한다. 설거지를 하며 칼을 보이는 곳에 마구 방치하면 때로 불행한 일이 생겨난다.

칼은 반드시 보이지 않는 곳에 수납한다. 아름다운 문양을 새기거나 장인의 땀이 깃든 비싼 식칼이라 해도 칼은 칼일 뿐이다. 아울러 수저와 포크 등도 수납하는 것이 좋다. 아무렇게나 관리하면 대인관계가 나빠지므로 반드시 가지런히 정리해 수납한다. 많은 가정이 수저와 포크와 같은 부엌의 물건들을 드러나도록 배치하는 경우가 많은데 가능한 건조가 되는대로 수납하는 것이 좋다.

57. 현관 정면에는 거울을 두지 않는다

전실이 있는 집은 전착후관의 원리에 따라 좋은 기의 흐름을 만들 수 있다. 그런데 간혹 전실을 만들고 현관 정면에 거울을 배치한 가정을 볼 수 있다. 사무실의 경우에도 정면에 거울을 달고 있는 경우를 본다.

정면에 거울이 있으면 들어오는 복을 나가게 하므로 반드시 피해야 할 배치이다. 출입구에 거울을 두어 나가고 들어오며 거울을 이용해 몸단장을 하는 것은 필요하다. 따라서 거울을 다는 행위는 매우 중요하다. 그러나 그 거울을 어느 방향에 다는가 하는 것은 심사숙고할 일이다.

어떤 경우라도 정면에 거울을 달면 안된다. 전실을 지나 내부로 들어서며 정면에 거울이 있어도 좋지 않으므로 문에서 정면의 거울은 무조건 피한다. 거울을 왼쪽 벽에 걸면 금전 운이 좋아지고, 오른쪽에 걸면 출세와 교제에 특별한 효과가 있다. 남편의 운에 관련있는 테두리가 있어야 하고 팔각형 모양의 거울이 길하다.

58. 거실에는 절대 거울을 두지 않는다

전실이 없거나 좁을 경우는 거실에 거울을 비치하는 경우가 있다. 출입구 앞에 거울을 걸어서 들고 나가며 옷 매무새를 살피는 경우가 많다. 거실에는 어느 방향과도 상관없이 거울을 걸지 않는다. 거실의 거울은 가족 사이를 해치므로 무조건 떼어 낸다.

59, 수족관은 신중하게

수족관은 메마른 시멘트 건물에서 수분을 제공하므로 도움이 된다. 특히 감기 예방에도 도움이 되는 것이 사실이다. 아울러 수족관은 돈을 부르는 소품이기에 큰 집일 수록 수족관을 설치하는 경우가 많다. 그러나 수족관은 부부관계에 나쁜 기운을 미칠 수 있으므로 신중히 선택한다. 어떤 경우도 침실에는 부적절하며 전기장치나 기포 발생기에서 소리가 나면 거주자 중에서도 여자가 신경질적으로 변한다.

60. 옷의 수납이 저축 운을 상승시킨다

소비가 미덕이라는 시대이기는 하지만 금전 운을 상승시키고 미래를 대비하는 방법은 역시 저축과 관련이 있다. 옷을 수납하는 방법만으로도 저축 운을 상승시킬 수 있다. 저축 운이 상승하면 금전 운이 상승하므로 저축 운은 곧 금전 운이다.

스커트는 집게가 있어 두 군데를 고정시킬 수 있는 옷걸이를 사용하는 것이 좋으며 부득이 한 곳만 고정되는 옷걸이를 사용한다면 치마 양쪽으로 반씩 접어 건다. 치마를 상하로 나누어 반으로 접어 걸거나 수납하면 기가 분산된다.

바지는 거는 것이 좋지만 수납해야 한다면 중앙 부분에서 반으로 접고 다시 반으로 접은 다음 수납한다. 서랍에 넣을 때는 바지허리 부분이 옷장 안쪽을 향하도록 하고 어떤 경우도 마구잡이로 던지듯 수납하지 않는다.

61. 얇은 옷, 여름옷은 위 칸에 수납하라

양택에서 음양이란 바로 태양의 기운과 땅의 기운이다. 주택은 땅의 기운과 태양의 기운이 만나는 곳에 자리한다. 땅과 가까울수록 음의 기운이, 위로 올라갈수록 양의 기운이 강해진다. 모든 사물은 음양의 기운이 조화로울 때 가장 이상적이다. 얇고 가벼운 옷들은 양의 기운을 지니고 있으며 주로 양의 계절에 입게 된다. 양의 옷은 양의 에너지와 어울리게 위쪽에 수납한다.

62. 속옷은 중간에서 약간 위 칸

속옷은 건강은 물론이고 음양의 조율이라는 측면에서 생각한다. 몸에 직접 닿는 속옷은 복을 불러오는 데 큰 영향을 미친다. 특히 사람의 몸에 직접 닿는 속옷은 내부에서 상하 음양을 조율하는 역할을 한다. 따라서 수납장소는 음양의 기운이 균형을 이루는 위치인 중앙에서 약간 위쪽에 수납한다.

63. 무겁고 두꺼운 옷은 아래 칸

무거운 옷은 대부분 겨울옷이거나 환절기 옷이다. 이 시기의 옷은 대부분 음의 기운이 강하거나 불규칙한 시기의 기운을 지니고 있다. 양의 상징인 여름옷을 주로 위 칸에 두는 것처럼 음의 기운이 작용하는 무거운 옷과 두꺼운 옷 등은 아래 칸에 두어 음양의 조화를 맞춘다. 아울러 환절기에 겹쳐 입는 옷도 두꺼운 옷의 범주에 넣어 수납하거나 장롱을 사용하는 것이 기를 유지하고 보호하는 방법이다.

64. 왼쪽에는 무겁고 긴 옷, 오른쪽에는 가벼운 짧은 옷

고정된 농이나 벽면, 혹은 수납공간도 기가 흐른다. 이 기를 활용하여 금전운을 상승시키고 복을 불러들이는 것이 수납의 방법이다. 왼쪽에서 오른쪽으로 갈수록 가볍고 짧은 옷을 건다. 특히 세탁소에 옷을 맡기면 비닐 커버를 씌운 채 가지고 온다. 먼지를 탈까 두렵기에 이 비닐 커버를 걷지 않고 옷을 걸어두는 경우가 적지 않다. 그러나 이 비닐 커버는 불의 기운을 지니므로 장롱이나 수납장소의 기를 좋지 않게 하므로 벗긴다.

65. 종이박스에 수납한다

간혹 농이 부족하거나 장소가 좋지 않아 수납박스를 이용할 때가 있다. 이 때는 통기성이 좋은 종이박스를 사용하는 것이 가장 유용하다. 일반화된 플라스틱박스는 가능한 피하는 것이 좋다. 플라스틱은 불의 기운이 있어 금전운을 태운다. 불의 기운은 소멸의 기운이므로 가능한 사용하지 말아야 하지만 어쩔 수 없는 환경이거나 꼭 써야 한다면 조금 두터운 천을 깔아 수납하는 의류에 직접 닿지 않도록 배려한다.

66. 이불은 장롱 제일 위칸에 넣는다

잠을 편안하게 자는 사람이 운이 좋은 사람이다. 신경이 약해지거나 몸이 약해지면 깊은 잠을 자기란 여간 힘들기 때문이다. 잠을 잘 자는 사람, 즉 운이 좋은 사람이 되기 위해서는 침구 수납에 신경을 쓴다. 이불을 장롱에 수납하는 경우에는 습기가 차기 쉬운 아래칸보다는 건조하며 드라이한 위칸에 수납한다.

철이 지난 이불을 수납하며 부피를 줄이고자 압축팩을 사용하는 경우가 있다. 오리털 이불이나 거위털 이불, 이와 같은 소재의 겨울 파카를 수납하는 과정에서도 부피를 주리고자 압축팩을 사용한다. 그러나 압축하는 과정에서 금전운이 사라지므로 압축팩에 넣어 보관하는 것은 피한다.

67. 속옷은 색깔별로 가지런히 수납

브래지어의 캡은 풍요로운 금전운을 상징한다. 이는 브래지어의 캡이 그릇의 모양이며 금전과 관련이 있는 금형의 형상을 지니고 있기 때문이다. 브래지어를 수납할 때는 절대 찌그러지거나 그 모양이 변하면 안된다.

수납할 때는 찌그러지거나 눌리지 않도록 두 개로 접어서 겹친 다음 짙은 색은 바깥쪽에 옅은 색은 안쪽에 차곡차곡 수납한다. 팬티는 옅은 색은 바깥쪽에 짙은 색은 안쪽에 수납하는 것이 좋다.

68. 넥타이와 스카프는 동그랗게 말아서 수납

넥타이나 스카프는 진취적인 행동력을 나타낸다. 아울러 고정적인 금전운을 상징하기도 한다. 운을 좋게 하고 싶다면 동그랗게 말아 서랍이나 바구니에 보관한다. 접어서 보관하는 것은 가장 나쁜 보관 방법이다. 넥타이 걸이를 이용하여 여러 장의 넥타이를 걸 때는 서로 겹치지 않도록 한다. 각각의 홀더에 한 장의 넥타이만을 걸어둔다. 스카프도 가지런히 접어 보관하는 것이 옳은 수납 방법이며 소재에 따라 구분해서 수납하고 향수를 함께 넣어두면 애정운이 상승한다. 여러 계절의 스카프를 마구 섞어 걸어두는 것은 빤 양말과 새 양말을 섞어두는 것과 같다.

69. 양말과 스타킹은 한 세트로 접어 보관한다

양말과 스타킹은 인간관계를 나타낸다. 현대사회에서 인간운은 바로 명예이며 금전운과 직결된다. 양말은 반드시 좌우를 한 세트로 접어 수납해야 하는데 공간을 따로 마련하는 것이 좋다. 양말이 짝짝이로 따로 나뒹굴면 인간관계가 나빠지고 주위로부터 좋지 않은 평을 듣게 된다. 스타킹은 둥글게 말아 예쁜 상자에 수납하고 올이 풀린 것은 바로 버려야 애정운이 높아진다.

70. 셔츠는 제대로 접어 보관해야 기운이 분산되지 않는다

셔츠를 보관할 때는 우선 옷의 양쪽 겨드랑이 부분을 뒤로 접는다. 이 방법으로 접어야 앞쪽이 반듯하게 드러난다. 셔츠의 앞이 울거나 반듯하지 못하면 명예에 금이 간다. 소매는 어떻게 접든 상관없다. 옷의 중앙 부분에서 다시 뒤로 반을 접으면 기운이 분산되지 않는다. 반으로 접은 상태에서 둥글게 말아 수납하는 것도 좋다,

71. 가방은 허리보다 위쪽에 보관

가방은 행동력을 높여주는 아이템이다. 가방을 수납할 때 중요한 것은 바닥에 닿지 않게 두는 것이다. 아무 곳이나 던져두거나 차곡차곡 쌓아두면 건강에 적신호가 온다. 가방을 바닥에 두면 허리가 아프고 움직임이 둔해진다. 가방은 자기 허리보다 위쪽에 수납하는 것이 좋고 늘 경쾌하게 움직이길 원한다면 고리에 걸어 수납하는 것도 좋다. 장롱 안쪽에 고리를 마련하여 걸어두는 것도 좋은 수납의 방법이 된다.

72. 숯을 넣어두면 운이 상승한다

숯은 예로부터 청결, 소독, 그리고 나쁜 기운을 몰아내는 용도로 사용했으며 지금도 부패를 방지하거나 벌레를 방어하는 데 사용한다. 수납공간에는 숯과 같이 마이너스 이온을 발하는 물건을 함께 넣어두면 좋다. 공간에 청정한 공기가 감돌면 좋은 운을 끌어들일 수 있다.

73. 주방의 수납

주방을 정리하는 것은 옷장을 정리하는 것처럼 중요하고 금전운과 관계가 있다. 특히 건강과도 관계가 깊다. 가벼운 물건은 위칸에 넣어야 균형이 잘 맞는다. 도자기같이 흙으로 만들어진 물건과유리같이 물의 성격을 가진 물건을 같은 칸에 수납하는 것은 금물이다. 도자기 그릇은 낮은 칸에, 유리그릇은 눈높이 보다 높은 칸에 수납한다.

주방용 조리기구를 싱크대 벽에 걸면 저축운을 향상시킬 수 있다. 그러나 프라이팬을 지저분한 상태로 걸면 금전운이 소멸된다. 동일한 소재와 색상을 선택해 약간의 간격을 둔 다음 나란히 건다.

74. 조리기구는 동일한 소재와 디자인으로

조리도구는 싱크대 문 안쪽 보이지 않는 곳에 두는 것이 금전운을 상승시킨다. 여러 가지의 조리기구를 싱크대 주변에 늘어놓는 것은 보기에도 불결하고 어지럽지만 인간관계는 물론이고 가족관의 불신간도 초래한다. 그러나 동일한 디자인의 세트라면 보이는 곳에 통일감이 있게 걸어두는 것도 인간관계의 운을 향상시키는 데 좋다.

조리기구는 싱크대 아래에 수납한다. 물의 기운을 갖는 냄비류는 싱크대 아래에 수납한다. 미네랄워터도 마찬가지. 그러나 주식인 쌀이나 소금, 기름 등을 싱크대 아래에 수납하면 갖고 태어난 금전운까지 없어지므로 피하도록 한다.

75. 식품은 가스레인지 밑에 수납

불의 기운은 금전운을 소멸시키고 개인의 운을 날려 버린다. 가스레인지는 불의 기운이 넘실되는 곳이다. 가스레인지 밑과 주변은 불의 기운이 강한 장소이므로 간장, 기름, 통조림 등 먹을거리 등을 수납한다.

76. 도마는 항상 세워둔다

옛날에 동쪽에 부엌을 배치하면 좋다는 것은 자연채광으로 인해 살균이 되기 때문이다. 주방은 가능한 건조하게 유지되어야 가족이 건강하다. 식품을 썰고 다지는 도마는 항상 청결하게 보관해야 한다. 도마는 때로 화장실 이상으로 세균이 번식하는 곳이기에 늘 신경을 써야 한다. 주방은 물을 사용하는 곳이지만 습기가 없을수록 거주자에게 건강을 제공할 수 있다. 특히 도마는 깨끗이 닦아 물기 없는 곳에 세워두는 것이 좋다.

77. 조미료는 하얀 도자기통에

조미료는 가능한 사용하지 않는 것이 좋지만 사용하지 않을 수 없는 특징을 지닌 물건이다. 가능한 화학조미료를 사용하지 않는 것이 좋은데 건강에 영향을 미치기 때문이다. 또한 화학조미료는 여러 물건들과도 작용을 한다. 따라서 양념통은 흙의 기운을 갖는 하얀 도자기 제품이 좋다. 하얀 도자기는 금전운이 새 나가는 것을 막아주지만, 속이 보이는 조미료 통은 돈이 모이지 않게 한다. 따라서 남은 양을 볼 수 있도록 제조된 플라스틱 조미료 통은 가능한 사용을 하지 말아야 한다. 더불어 플라스틱 통은 불의 기운을 가지고 있으므로 조미료의 성향을 변화시킨다.

78. 타이머는 보이는 곳에 둔다

시간은 돈이라는 말이 있지만 역시 시간을 가리키는 기구도 돈이다. 키친 타이머를 눈에 보이는 곳에 두면 낭비되는 돈을 줄일 수 있다. 그러나 주방에 시계를 걸거나 디지털 시계를 거는 것은 권장할 만한 것은 아니다.

79. 무거운 접시는 아래 칸에

무거운 접시나 지나치게 큰 그릇은 아래 칸에 수납하고 재료와 크기로 인해 가벼운 것은 위 칸에 수납한다. 이러한 방식은 무게 중심을 잡는 데도 유리하다. 식기 선반에는 다양한 물건을 수납하지 말아야 한다. 식기 선반에 식기 외의 물건을 두면 그 물건의 기운을 식기가 흡수하여 좋지 않다. 특히 과자나 먹을거리 등을 함께 넣어두면 돈을 헤프게 쓰게 된다.

80. 도자기류는 유리제품보다 낮은 칸에

유리제품은 눈높이보다 위쪽에 두고 도자기류와 섞어서 수납하지 않는다. 흙을 소재로 한 도자기와 물을 소재로 한 유리를 같이 두면 흙과 물의 기가 섞여 좋은 기운을 잃게 된다. 이는 흙이 물의 기운을 막기 때문이다. 아울러 물이 넘치면 둑을 타넘듯이 조화가 깨지기 때문이다.

81. 오픈형 수납장에는 컵에 캔디나 구슬 등을 채운다

수납장은 문이 있어야 기를 모으는 데 유리하지만 때로는 문이 없는 오픈헌 수납장도 있다. 물론 문을 닫을 수 있도록 하는 것이 좋지만 때로는 오픈형 수납장을 사용하는 것이 빠르고 편리할 때도 있으므로 사용은 계속 이어진다.

문이 없는 오픈형 수납장에 컵을 바로 세워두면 금전운이 모두 사라져 버린다. 이 때는 컵에 캔디나 구슬 등의 둥근 물건을 넣어두면 풍요로운 기운을 가져올 수 있다.

82. 현관의 신발

현관에 여러 켤레의 신발을 늘어놓은 것은 좋지 않은 기운을 불러들이는 것이나 다름없다. 따라서 현관의 신발정리는 매우 중요하다. 가능한 문이 달려 있는 신발장을 사용하며 신발은 습관적으로 신발장에 넣고 또한 신지 않는 신발은 되도록 치우는 게 좋다. 신발을 수납하면 바로 문을 닫는다. 신발장은 약간 낮게 설치하여 꽃이나 키 작은 화분을 놓아두면 맑은 기를 받아들 수 있어 좋다.

83. 현관의 청소

예로부터 청소는 밖에서 안으로 쓸어 들어왔다. 이는 재산을 안으로 모은다는 의미가 강한 행동이다. 청소를 할 때는 밖으로 쓸어나갈 것이 아니라 안으로 모아 버려야 한다. 현관 청소를 할 때는 비로 쓸어 낼 것이 아니라 물걸레로 깨끗이 닦는 것이 바람직하다. 비로 쓸어 낼 경우 공기중으로 먼지가 피어오르듯 혼탁한 기(氣)가 흩어져 안으로 들어오기 때문이다.

84. 침실의 색상

침실은 운을 만드는 중심이기도 하며, 생산의 공간이기도 하다. 침실은 오랜시간 기를 받으며 잠을 자는 곳이고 오관을 열어 기를 받아들이는 공간이기도 하므로 자신에게 주어진 천운을 바꿀 수 있는 곳이기도 하다. 침실은 단순히 부부 관계에 따른 가정의 분위기를 상승시키거나 애정의 흐름뿐 아니라 그 가정의 재물에 관한 운까지도 관여하는 공간이기 때문에 가구 배치나, 침대 위치, 벽지 색상 등에 유의하는 것이 바람직하다.

침실의 운을 좌우하는 요소 가운데 빼 놀 수 없는 것이 색상이다. 화합과 사랑을 이끄는 색상이 맑은 기운을 담은 색이다. 침대를 덮은 요가 황색이며 마주 보이는 서랍장 역시 황색이고 그 곁에 연한 베이지 색을 띤 경쾌한 모양의 화장대로 꾸미면 안온한 분위기가 넘쳐 화합과 사랑을 상징한다.

85. 침대를 벽에 붙이면 왜 나쁜가

침대는 가능한 창 쪽에 머리를 둔다. 때로 부득이하게 침대를 벽으로 붙여야 한다면 일정한 거리를 두는 것이 좋다. 침대가 벽에 붙어 있게 되면 각종 먼지와 이물질들이 침대 밑 벽에 다닥다닥 붙어 있게 된다. 나쁜 기운은 실내 한복판을 피해 벽 쪽에 몰리기 때문이다.

침대를 벽에서 20~30cm 떨어지게 하고 침대 머리를 대체로 동쪽이나 남쪽을 향하는 게 이상적이다. 침대 머리 위에 TV 등 전자 제품이 있으면 호흡기 질환 두통 불면증 등 질병이 걸리기 쉽다.

86. 침실의 일조량

침실이 있는 안방이 지나치게 밝다는 것은 곧 일조량이 많다는 뜻이기도 하다. 침실은 지나치게 밝으면 좋지 않다. 적당한 어둠과 습도가 머물러야 안정감이 있고 깊은 잠을 이룰 수 있다.

빛은 재물 운에만 영향을 끼치는 것이 아니라 침실의 습도를 빼앗는 작용도 하므로 커튼을 이중으로 하여 빛을 차단하는 방법을 취하여야 한다. 지나치게 밝을 때는 커튼이 어둠을 만들어 깊은 잠을 잘 수 있도록 도와준다. 그러나 늘 어둡다면 침실이 습해지기 쉬우므로 늘 환기를 시키고 빛을 불러들여야 한다.

침실과 안방 조명을 적당히 밝게 침실은 기를 생성하는 공간이다. 아침 햇살이 들지 않으면 부부 관계뿐이 아니라 재물에 관한 운도 역시 나빠진다. 따라서 침실에 자연광이 들어오는 것이 중요하다. 단 지나친 것은 잠을 설치게 만든다. 밀폐된 공간에서 통풍이 잘 이루어지지 않는 것도 문제다. 때때로 통풍을 시키고 빛을 불러들여 자연살균을 하는 것도 감성과 성장, 혹은 금전운에 도움이 된다.

87. 둥근 조명은 태양이다

조명은 건물 내부에서 태양 역할을 한다. 가족이 거주하는 주택이나 아파트에서의 가장 이상적인 등의 형태는 둥근 형태의 밝은 조명이다. 이는 대부분의 건물이 선과 면, 길이로 이루어진 것을 감안하여 음과 양의 조화를 이룬다는 점에서 더욱 바람직하다. 주방의 경우도 그다지 다르지 않아 조명도 청결한 느낌이 드는 것으로 밝게 하는 것이 좋다. 특히 주택 내부의 대부분 등이 밝고 따스한 느낌을 주는 것이 좋다. 반면 식탁 조명은 어두운 것도 무방하다. 만약 주방 조명이 한곳에 쏠리면 주부 건강 또는 애정에 중심을 잃기 쉬우므로 유의해야 한다. 따라서 주방의 불이 꺼지거나 불안정하면 반드시 전등을 교체해 주어야 한다.

88. 스탠드를 활용하라

북쪽(北方)엔 스탠드 조명을 설치하는 것이 좋다. 서재나 아이들 방의 책상은 북쪽이나 북동쪽에 두는 것이 길하지만 대부분 어둡다. 가장의 공간으로 사용하기 좋은 서북쪽 역시 어둡다는 약점과 습하다는 약점을 가진다.

이 어둡고 습한 부분에 빛을 들이고 습한 기운을 날리는 스탠드는 찰떡궁합이다. 스탠드가 있다면 적당한 밝기를 조절해 줄 수 있으며 집중력을 모아 주는 점에서 더욱 중요하다. 학습 위주의 방이라면 천장 조명과 함께 스탠드를 설치하는 것이 기본이다.

89. 침대 머리 어느 방향이 좋은가

옛부터 전해지는 말이 있다.

"동쪽에 머리를 두고 자면 부귀영화를 누리고, 남쪽에 머리를 두고 자면 장수하고, 서쪽에 머리를 두고 자면 가난해지고, 북쪽에 머리를 두고 자면 명이 짧아진다. 예로부터 건강과 화복을 이끄는 무난한 방위가 동쪽과 남쪽이다."

이 같은 말이 오랜 세월 구전(口傳)으로 전하는 말이다. 잠잘 때 머리 방향은 채질과 연령 남녀 생체 리듬에 따라 조금씩 다르다. 여러 가지의 주장에도 불구하고 가장 중요한 것은 머리를 차게 하고 다리를 따스하게 하여 잠을 자라는 족열두한의 법칙이다.

90. 눈에 보이지 않은 전자파를 피하라

현대 사회에서 전기와 전자제품이 없다면 살기가 힘들어질 것이다. 이처럼 전자기기는 우리 생활에 한 단면처럼 익숙해져 있다. 전자기기 사용이 급증하면서 사무실과 집은 물론 거리에서까지 전기장과 자기장 속에서 살고 있다. 이 자기장은 전자파와 함께 인체에 치명적인 문제를 일으키고 있다.

가전제품은 대부분 모터가 뒤쪽에 있기 때문에 앞면보다는 뒷면에서 전자파가 많이 나온다. 따라서 모든 전자기기는 앞쪽으로 설치하고 뒤쪽에 자리 잡지 말아야 한다. 또한 머리 방향을 피해 설치하여야 하며 아이들 방에는 가능한 설치하지 않는다. 만약 설치를 하였거나 설치할 수밖에 없다면 그나마 최소한으로 영향을 줄이기 위해 수면 중에는 플러그를 뽑아 전류 흐름을 차단한다.

91. 거실의 화분과 고가구

거실에 놓아지는 화분에도 나름의 규칙이 있다. 키가 큰 화분을 놓기보다는 키가 작은 화분을 여러 개 놓아 많은 기가 생성되도록 한다. 꼬인 나무나 뿌리가 드러난 나무, 가시가 많은 나무는 피하는 것이 좋다. TV나 오디오 등은 가능한 동쪽으로 배치하고 서쪽에 놓인 책상이 있다면 동쪽 또는 북쪽으로 자리 잡는 것이 좋다.

고가구 등이 있으면 가능한 밝은 곳에 놓아야 한다. 고가구를 구석진 곳이나 숨기듯 어두운 곳에 두면 집안싸움이 생긴다. 만약 구석에 고가구를 배치하였다면 조명을 설치하거나 조명 아래 두는 것도 좋은 방법이다.

참고문헌

- 삶의 터전 양택풍수 미르 / 안종선 / 2008
- 풍수지리 대원사 / 김광언 / 1993
- 왕릉풍수와 조선의 역사 대원사 / 장영훈 / 2000
- 한국 건축사 고려대 출판부 / 주남철 / 2002
- 풍수지리학의 최고경전 청오경, 금낭경 민음사 / 최창조 / 1993
- 자연과 수맥 그리고 순천학 기쁜 소식 / 임응순 / 2000
- 알기쉬운 생거지 풍수건축여행 기문당 / 박상근 / 1998
- 한국 명가의 풍수 동학사 / 김호년 / 1996
- 한국의 묘지기행 1,2,3 자작나무 / 고제희 / 1997
- 무량수전 배흘림기둥에 기대서서 학고재 / 최순우 / 1994
- 명당요결 오성출판사 / 김종철 / 1991
- 풍수지리 인자수지 명문당 / 김동규 / 1992
- 지리 나경투해 명문당 / 김동규 / 1985
- 지리오결 동학사 / 신평 / 1993
- 왕릉, 왕릉기행으로 엮은 조선왕조사 한국문원 / 한국문원 편집실 / 1995
- 풍수사상의 이해 세종출판사 / 천인호 / 1999
- 택리지 을유문화사 / 이익성 / 1993
- 호남의 풍수 동학사 / 백형모 / 1995
- 풍수지리학 설심부독해 예가 / 이돈직 / 2001
- 풍수지리 만산도 명문당 / 김영소 / 1982
- 명당과 생활 풍수 홍신문화사 / 성필국 / 1996
- 우리 하늘 우리 땅 우리의 조선철학 도서출판 장원 / 유환희 / 1988년
- 전통의 문화 음택풍수 매직북 / 안종선 / 2009

논문(학술지)

- 주역과 三神五帝思想과의 관계분석 박시익 / 한국정신과학학회지제5권 제1호 (2001년 6월)
- 치(置)와 화(和)의 개념으로 분석한 남계서원의 경관짜임 노재현 / 한국조경학회지 제37권 제4호 통권135호 (2009년 10월)
- 풍수사상이 인테리어에 미치는 영향에 관한 연구 김미영 / 경기대학교 (2006년)
- 풍수지리사상이 현대인의 주거선택에 미치는 영향에 관한 연구 안해우 / 중앙대학교 (2008년)
- 《황제택경(黃帝宅經)》의 문헌적 연구 장성규 / 건축역사연구 제18권 제6호 통권67호 (2009년 12월)
- 현대주택의 풍수 인테리어 응용에 관한 연구 고경수 / 동방대학원대학교 (2009년)
- 風水의 理論體系와 易의 原理 研究 김계환 / 동방대학원대학교 (2011년)
- 現代住宅의 風水인테리어 應用에 관한 硏究 고경수 / 동방대학원대학교 (2009년)
- 傳統地理學의 住宅立地와 內部空間의 方位的 象徵性에 關한 硏究 : 風水論의 《陽宅三要》와 《民宅三要》론의 比較 및 活用 可能性을 中心으로 이승노 / 문화역사지리 제23권 제2호 통권44호 (2011년 8월)

운(학습운 · 사업운)
성보의 풍수 인테리어

인 쇄 일 : 2015년 5월 28일
발 행 일 : 2015년 5월 28일
저　　자 : 안 종 선
발 행 처 : 도서출판 산청
등록번호 : 제2014-000072호
주　　소 : 서울시 금천구 시흥대로104다길2(독산동)
전　　화 : (02) 866-9410
팩　　스 : (02) 855-9411
이 메 일 : sanchung54@naver.com

* 지적 재산권 보호법에 따라 무단복제 · 복사 엄금함.
* 책값과 바코드는 표지 뒷면에 있습니다.